질적 연구 여행

질적 연구 여행
Journey through Qualitative Research

2015년 1월 26일 초판 인쇄
2015년 1월 30일 초판 발행

지은이 | 김진희 · 김영순 · 김지영
교정교열 | 정난진
펴낸이 | 이찬규
펴낸곳 | 북코리아
등록번호 | 제03-01240호
주소 | 462-807 경기도 성남시 중원구 사기막골로 45길 14
        우림2차 A동 1007호
전화 | 02-704-7840
팩스 | 02-704-7848
이메일 | sunhaksa@korea.com
홈페이지 | www.북코리아.kr
ISBN | 978-89-6324-399-3(93300)

값 16,000원
© Bookorea Publishing 2015

질적 연구 여행

Journey through Qualitative Research

김진희 · 김영순 · 김지영

북코리아

질적 연구자들의 여행 書

어느덧 질적 연구에 대한 정보와 자료가 넘쳐나 연구방법으로서 질적 연구를 이해하기는 쉽다. 그러나 그런 연구방법을 자신의 연구과정에서 자료 수집이나 분석을 위한 글쓰기를 할 때에는 체감의 강도가 달라진다. 이 책은 질적 연구를 도구(tool)로서의 연구방법을 넘어 연구자 자신의 일상과 삶의 실천방법으로 다루고 있다. 이러한 점에 초점을 두고 질적 연구자들의 개인적 관심사들이 어떻게 연구 텍스트로 전환될 수 있는지를 보여주는 질적 연구방법으로의 여행 書이다.

어느 학문이나 자신들의 길거나 짧은 역사 속에서 그어진 학문의 경계를 필연적으로 인정한다. 우리는 그어진 경계를 무너뜨려야 한다고 말하지만 그뿐이다. 운명을 거스르는 모험은 쉽지 않다. 그보다 새로이 등장한 학문이나 자신의 학문 분야에서 만들어지고 있는 학문적 담론들이 우리를 더욱더 학문 하는 사람의 굴레에 가두고 좀처럼 바깥으로 눈을 돌리지 못하게 하고 있다. 왜일까? 학문이 전문직업이 되면서 우리가 쌓아놓은 지식의 경계를 넘나드는 것이 점점 더 어려워지는 세상에 살고 있기 때문이다. 질적 연구도 마찬가지이다. 앞서 나온 이론이나 방법을 질적 연구라는 이름하에 활용만 할 뿐 숙의가 없다.

『질적 연구 여행』을 통해 만난 저자들은 각자의 학문영역에서 행해지고 있는 질적 연구의 주제와 담론을 생생하게 담아내고자 했다. 특히, 문화와 교육을 매개로 하는 영역 속에서 문화콘텐츠, 다문화교육, 문화예술경영 학문이 갖고 있는 고유한 속성을 질적 연구로 드러낼 때 초보 연구자들이 단계별로 알아야 할 내용을 재미있고 쉽게 담고자 했다. 저자들이 연구하는 분야는 이미 융·복합적인 학문이기에 다양한 연구방법이 필요하다.

그러나 질적 연구를 학위논문 작성을 위한 방법으로 활용하고자 하는 이들을 만난 저자들은 여전히 몇 가지 심각한 고정관념의 오해들을 목격했다. 첫째, 문화인류학 현지조사연구의 고전인 스프래들리(Spradley, J. P.)의 참여관찰 방법(participant observation, 1980)의 틀이 나온 지 35년이 지났지만 여전히 이 틀에서 벗어나지 못하고 있다. 이로 인해 참여관찰을 하지 않으면 질적 연구가 아니거나, 부분관찰이거나, 1회 방문관찰은 집중관찰보다 질이 떨어지는 자료수집으로 간주되는 등 초보 연구자들에게 오래된 개념을 그대로 습관처럼 받아들이게 하고 있다. 둘째, 한국에 소개된 질적 연구 번역서들의 문제이다. 대표적인 예로 크리스웰(Creswell, 1998) 등이 제시한 5가지 질적 연구방법론인 전기, 현상학적 연구, 근거이론, 문화기술지, 사례연구만 질적 연구에 해당한다는 틀에 갇힌 오해를 지속적으로 하고 있음을 봐왔다. 이로 인해 다양한 질적 연구 방법론을 시도하지 않고 있는 문제가 우리나라 질적 연구에서 계속 나타나고 있는 점이 이 책의 집필에 실제적인 자극원이 된 셈이다. 질적 연구 또한 우리가 그간 양적 연구의 한계를 실험처치와 수치적 결과로 일반화하는 미명하에 같은 연구방법을 수십 년간 반복해서 하고 있음과 결코 다르지 않게 느끼는 요즘이다.

이 책은 질적 연구의 이론을 다루거나 번역서에 의존하고 있는 한국 사회과학 분야의 질적 연구를 뛰어넘어 연구자 개인의 실천방법과 전략들을 쉽게 풀어내어 질적 연구를 처음 시작하려는 대학생 및 대학원생, 그리고 질적 연구에 관심을 갖고 있는 사람들을 위해 쓴 것이다. 특히, 학위논문을 써야 하는 대학원생들에게는 질적 연구방법을 선택하여 연구를 수행할 때 어떤 과정과 전략들이 필요한지, 연구과정을 하나의 실천현장으로 보고 논의했다는 점에서 대학 연구자 및 대학원생들에게 의미 있는 텍스트가 될 것이다.

또한 우리의 연구 활동에 다양한 학문적 배경을 가지고 있는 연구자들의 소통과 이해를 통해 이루어진 질적 연구에 대한 지적 호기심의 실천 결과라는 점에 주목할 필요가 있다. 크로스오버와 탈경계가 강조되고 있는 모든 학문 분야의 새로운 동향에 비추어 분야별 연구자가 가진 전문적 지식을 질적 글쓰기로 재현해주었다는 점을 자랑하고 싶다. 특히 학문 간의 경계가 무너지면서 다양한 방법론적 아이디어가 간학문적으로 차용되는 시대에 살고 있는 현재, 질적 연구에서의 다양화를 위해 연구자들이 먼저 이해하고 수용했다는 점에서 이 책의 내용이 새로운 연구 아이디어와 문제의식을 불러일으킬 수 있는 텍스트로 읽혀지기를 바란다.

이 책의 전반부는 세 명의 저자가 자신의 교육과 연구 활동에서 질적 연구를 통해 어떠한 이해와 오해, 실수 등의 경험을 가졌는지 에피소드, 비넷 등의 셀프연구로 구성되어 있다. 1장은 말하는 질적 연구자로서 학계에서 소박한 자유인의 여행을 즐기고 있는 김진희 이야기, 2장은 에스노그라피 연구자로 살아가는 현장 체험을 자신의 이동성과 다양성으로 키를 잡고 낯설게 하기와 가로지르기의 일상을 고백한 김영순 이야기, 3장 좌충우돌 초보 질적 연구자로서 문화예술에서의 관찰과 기록 여행을 쓴 김지영 이야기는 한 개인의 인생을 살아가면서 자기 나름대로의 질적 연구 여행의 위치와 방향을 들려주고 있어 이미 이러한 글쓰기가 실험적이며 다원적임을 실천한 사례들이다. 이들의 고백적 글을 통해 황야를 더듬거리면서 연구를 수행하는 이들에게 정답이 아닌 응답의 노력이 깃들어 있음을 알아차릴 것이다.

후반부에는 논문의 체제에 따라 질적 연구 글쓰기의 방법과 포토보이스, 에스노그라피와 스토리텔링, 인터뷰, 사례연구, 관찰 및 조사연구 등의 사례를 제공하여 연구자들에게 실제적인 감각을 배울 수 있도록 했다. 그리고 질적 연구방법론에서 많이 쓰고 있는 연구도구들의 활용법을 위해 여러 가지 자료를 제시하여 내용을 만들었다. 그러나 이러한 모든 것이 오롯이 연구자 자신의 연구현장이 되자면 소소한 것이라도 매일 읽거나 보거나 느낀 것을 메모하는 게 중요한 습관임을 명심할 필요가 있다.

　김영순 교수님과 김지영 교수님은 편집자의 의도와 방향에 맞게 기꺼이 자신이 맡은 주제를 써내려가고 조율하며 교정해주어 이 책의 공저자이자 첫 독자임에 감사드린다.

　이 책의 독자들은 학문 분야의 연구 활동에 활력을 불어넣어줄 실제적 방법론의 가치에 대한 확신을 갖고 새로운 것에 대한 상상력을 질적 언어로 재현해주기를 희망한다.

2014년 12월
질적 연구로 여행 중인 저자 김진희

CONTENTS

CONTENTS

CONTENTS

CONTENTS

1 장

말하는 질적 연구자

1. 자유인의 정체

    나의 이름은 '유랑인(nomad)'이거나 '자유인'이다. 인터넷 카페 닉네임과 SNS상의 이름으로 사용하고 있다. 무수히 많은 이름에는 의미가 있겠지만 내게 노마드와 자유인은 먼 훗날 이상이 아닌 지금 살아가고 있는 이 순간, 현실에서 내가 가장 나다운 아우라를 대변하는 이름이기에 이렇게 쓰고 있다. 노마드는 유목민, 철따라 이동하여 정처 없이 떠도는 사람일진대 학문적으로 보면 나는 유목민이다. 뭣 하나 제대로 한 것 없이 교육학-스포츠교육학-문화콘텐츠학으로 바꿔가며 공부하고 있는 내 모습이 철새인 것이다. 세부적으로는 여성학, 레저학, 문화학, 질적 연구방법까지 건드려보았다. 전적으로 나의 의지와 선택에 의한 것이지만 말이다.

    자유인은 내 안에 있는 질적 연구의 가치와 만남, 사랑, 열정을 말하는 또다른 이름이다. 내가 박사과정을 시작할 때 즈음인 1990년대 후반부터 우리나라 사회과학계, 구체적으로 교육학 분야에 질적 연구에 대한 용어들이 나오기 시작했다. 학회에서나 논문에서 '질적 연구'라는 제목을 보면 신비함으로 둘러싸여 쉽게 이해할 수 없는 '추상화'이지만 나에게는 그 끌림이 남달랐다.

    질적 연구라는 말을 듣고 산 지 15년이 지나고 있어 내 삶에 3분의 1을 동행하고 있다. 질적 연구 수업도 개설되지 않았던 시절, 막연하게 시작한 박사과정에서 직장까지 휴직하며 내가 지금 무엇을 하고 있나? 여러 책에서 말한 대로 잘 흉내 내면서 껍데기만 공부하고 있는 것은 아닌지 자문하면서 시작되었다. 물론 동기는 있었다. 질적 연구를 통해 한국 교육의 상실된 이미지를 재구성한 『네 학교 이야기: 한국 초등학교의 교실생활과 수업』(1997)을 읽고 저자를 직접 만나려고 한 나의 모험에서부터이다. 이 책의 저자는 나의 박사학위논문 심사위원, 논문과 책의 공저자까지 함께했다. 여기까지다. 자유인은 다른 세상의 질적 연구를 개척하고자 떠나고 머물면서 살아가는 운명이기에.

자유인은 방향을 정하지 않는다. '이쪽으로 가보세요', '정답은 이것입니다'라는 말을 하지 않는다. 그저 가고 싶은 대로 갈 뿐이다. 삶은 복잡하다. 이 짧은 명제에는 정답이나 해결책만 있는 것이 아니다. 우리 각자는 인생을 살아가면서 자기 나름대로의 길을 개척하며 여행하고 있다. 때론 홀로 여행하기도 하며 함께 떠나기도 한다. 나에게는 올바른 길이라도 다른 사람에게는 잘못된 길이 될 수도 있는 게 인생의 여행이다.

연구도 마찬가지이다. '최고의 연구란 무엇인가?', '가장 객관적인 연구방법을 제시하세요'란 있을 수 없다. 최선을 다해 노력한 것이 최고인 것이다. 질적 연구자인 나는 옳은 정답을 찾지 않는다. 그런 사람은 두 번 다시 만나지 않는다. 모든 것을 단순화하고 공식이나 쉬운 해결책으로서의 방법을 찾으려는 충동에서 자유롭지 않다면 진정한 질적 연구자라 부를 수 없다.

올바른 질적 연구자는 형식과 권위를 따지지 않는다. 연구 논문에는 일정한 형식이 있지만, 연구주제와 방법에 따라 형식이 다르다. 그럼에도 불구하고 우리 학계, 특히 대학원생에게는 획일적인 형식 따르기를 강요한다. 질적 연구자의 권위는 '교수님', '박사님' 호칭을 따지지 않는다. 무늬만 질적 연구자이거나 그의 논문은 질적 연구일지 모르나, 일상은 교수라는 직책에서 묻어나는 존경과 무한한 경외심을 갖도록 한다면 권위를 권력으로 착각하고 말없는 폭력을 일삼는 것과 다르지 않다. 참된 질적 연구자는 『논어』의 '문질빈빈(文質彬彬)'에 견줄 수 있다. 안과 밖이 같은 사람으로 사람을 대하고, 연구를 수행하고, 일을 처리하는 연구자이다.

자유인으로서 질적 연구가 한 가지 방향과 정답을 알려주지 않기 때문에 이 길로 계속 여행하고 있는 나는 우리가 더 위대하다고 인정하는 힘을 바로 나 자신에게서 찾거나 빌린다.

우리 모두에게 다르게 보이지만 내 앞에 나타나면 대부분 알아차릴 수 있는 힘! 역시 꾸준한 글쓰기이다. 글을 통해 말한다. 글은 나의 두 번째 '입'이다. 책이나 논문, 수많은 메모로 쓰인 글로 투쟁할 수 있고, 나의 여러 현장을 누비며 여행하는 노마드를 알릴 수 있다. 나의 경험 속에 내재해 있는 수많은 인과관계들에 당황하지 않고 다면적으로 생각하면서 연구행위를 하는 질적 연구자의 여정을 타인에게서 찾지 않고 나의 내면에서 찾을 때 연구로서의 여행에 감사하게 될 것이다. 그리고 희망한다. 『질적 연구 여행』을 읽으면서 여정을 떠나려는 수많은 신진학자들은 '희망'의 정체가 바로 당신 삶에서의 '자유함'이기를.

2. 교수는 전문가인가

근엄함
전문가
가까이 갈 수 없는 존재
자주 볼 수 없는 사람

여기에 해당하는 것은 무엇일까? 1초도 지나지 않아 '교수'라는 응답이 돌아온다. 그렇다. 학교라는 사회의 울타리 안에서 만나는 교수를 일컬어 이렇듯 건조한 이미지가 만연하다. 내가 여기서 주목하는 것은 '교수는 전문가인가?'라는 의혹이다. 박사학위를 받았으므로 교육받은 인간으로 치자면 전문가이다. 국가를 위해 일하는 사람을 만드는 활동인 교육 테두리에서 보자면, 일하는 인간으로서 전문적 자질 중 하나인 박사 인력을 양산했으니 전문가여야만 한다. 역설적이게도 교수는 전문가이지만, 전문가가 아닌 교수들이 대학사회에 몸담고 있는 것이 현실이다. 심지어는 퇴임 때까지 자신이 전문가임을 우겨대며 버티기까지 한다. "전문가란 무언가에 대해 모든 것을 알지만, 그 밖의 다른 것에 대해서는 아무것도 모르는 사람이다"라는 비어스의 말처럼 박사과정에서 공부한 아주 작은 전공을 전문적으로 배운 사람으로서 전문가 행세를 하고 있는 것이다.

전문가를 두고 멍 때리는 전문가, 답답한 전문가(자기 분야 외에는 무지한 전문적 문외한), 사이비 전문가(골 때리는 무늬만 전문가), 재수 없는 전문가(능력은 있으나 이유 없이 밥맛없는 안하무인형)로 정곡을 찌른 일침은 교수를 전문직으로 여기는 사회의 인식에 안주하는 전문가 교수들을 겨냥하고 있다(유영만, 2013).

지금 우리 사회에서 일어나고 있는 각종 문제는 전문가가 부족해서 생기기보다는 오히려 자신의 전문성만이 최고이며 나머지 지식은 별 볼일 없다고 생각하는 자만과 교만, 거만과 오만방자한 태도에서 비롯되고 있다. 자칭 질적 연구자인 내가 가장 경계하는 것이 직업인으로서 교수인 내가 바로 세상에서 유일한 전문가로 착각하며 살아가는 것이다. 이런 모습일 때에는 언제나 말만 하고 듣지 않을 것이며, 알고 있는 조그만 지식으로 평생 가르치려고만 드는 끔찍한 자화상이 떠올라서이다.

> 학문 하는 길에는 방법이 따로 없다.
> 모르는 것이 있으면
> 길을 가는 사람이라도 잡고 묻는 것이 옳다.
> 또 종이지만, 나보다 글자 하나라도 많이 알면
> 그에게 배워야 한다.
>
> (박지원, 『학문 하는 길』)

이때만큼은 컴퓨터를 끄고, 저는 한 주일 동안 내게 있었던 일을 떠올리며 일지에 무엇인가를 긁적입니다. 학기의 처음, 중간, 마칠 때 수업자의 저널을 꼭 학생들에게 공개합니다. 수업시간에 자주 1쪽짜리 '자투리 글'도 돌아가며 읽고 당신(학생)을 만나러 오기 위해 나(강사)는 이런 생각을 한 사람임을 노출하는 데 게으름을 피우지 않으려고 노력합니다. 나의 생각이 담긴 명언, 단상, 기사나 칼럼, 영어 글, 시, 만화 등 장르도 다양합니다. 강사가 어떤 사람인지,

공적인 영역인 수업에서의 메시지가 아닌 사적인 영역에서의 메시지를 통해 한 인간을 이해할 수 있는 단서가 되어 좋은 것 같아요. 요즘에는 수업의 여러 모습을 담은 사진을 동영상으로 보여주며 마무리하기도 합니다. 저도 방법을 바꾸거나 변화를 모색하는 거죠(김진희 외, 2013).

"무엇을 가르치거나 알고자 하는 앎의 차원은 함께 대화하는 가운데 스스로 자신을 새롭게 만들어가는 생성에 의미가 있다면 교육학을 공부하고 실천하는 우리에게 수업은 가르치는 자도 배우는 자도 따로 있지 않으며, 양자 간에 서로 배우며 가르치며 자신을 만들어가야 한다"는 가다머의 말을 되새겨본다. 그러한 점에서 박지원의 말은 내가 주로 혼잣말로 메모한 것을 연구 텍스트에 활용하는 비넷과 마주하고 있다.

내가 아무리 아는 것이 많다고 해도 분명히 모르는 게 있고, 전문 분야가 다르면 더더욱 그 분야에 대해 모를 수 있다. 이럴 때는 내가 가진 외적인 조건은 다 내려놓고 그 방면의 해박한 이에게 무조건 배워야 한다. 나보다 그 분야에 대해 아는 것이 많거나 경험이 많다면 그는 분명히 내 스승이 될 수 있다는 게 나의 입장이다. 내 주관에 맞춘 전체적인 조건만 가지고 따진다면 나는 형식에만 치우친 우물 안 개구리일 뿐이다. 그러나 그럴듯한 변명을 하자면, 현실에서는 다른 사람과 마주하고 말을 할 때 참 어렵다. 소인이기 그지없다. 순간을 참지 못한다. 그냥 넘어가지 않으니 전문가는 역시 우기거나 자신을 정당방위 하는 데 달인인 게 분명하다.

이 사회는 교수를 어떻게 보고 있을까? 교수에 대한 사회적 정의, "쉬운 이야기를 어렵게 하는 사람?" 여기 명쾌한 일화가 있다.

어느 교수가 논문을 썼다. 그리고 조교에게 읽어보라고 줬다. 조교가 읽고 난 후 그 교수는 "무슨 말인지 알겠느냐?"고 물었다. 조교가 알겠다고 하자,

교수는 그 논문을 다 찢어버렸다. 그러고는 조교가 읽고 나서 무슨 말인지 도무지 모르겠다고 할 때까지 논문을 더 어렵게 썼다는 것이다(강미은, 2008, p.92).

흔히 대학교수를 "쉬운 이야기를 어렵게 하는 사람"으로 이해하고 있다는 웃지 못할 정의는 교수인 나도 자아반성을 하게 한다. 조교가 이해할 수 없을 때까지 논문을 난해하게 쓰는 교수는 무엇을 위해 누구를 위해 논문을 쓰는 것일까? 세계적인 논문을 쓰고 세계적인 학자들과 어깨를 나란히 하고 있지만 정작 가까이 있는 고객으로서의 학생들에게 자신의 주장을 쉽게 설명하거나 설득하지 못한다면 세계적인 논문은 그 의미와 가치에 심각한 손상을 입을 수 있다. 그래서 전문가일수록 많이 걸리는 병으로 '지식의 저주'가 있다. "전문가일수록 비전문가에게 전문적인 용어를 사용하여 전문적으로 설명하지만, 비전문가는 전문가의 논리적 설명을 이해하지 못한다. 비전문가의 전문적인 설명을 이해하지 못하는 마음을 모른다는 것"이 바로 지식의 저주다.

'학사'— 들은 적은 있으나 설명할 수 없는 상태
'석사'— 무엇을 모르는지 알 것 같은 상태
'박사'— 나만 모르는 줄 알았더니 남들도 다 모르는 것을 아는 상태
'교수'— 어차피 모르는 것을 끝까지 우겨야 되겠다고 다짐하는 상태

대학의 목적과 마찬가지로 대학교수의 역할도 교수(수업), 연구, 사회봉사의 3가지로 축약되어 표현되어왔다. 최근에 한국 대학사회에서는 '연구 중심 대학' 또는 '대학원 중심 대학'이라는 구호가 선도적 대학의 속성처럼 강조되면서 연구를 수업보다 우선시하는 이해할 수 없는 움직임이 일고 있다. 그러나 대학은 분명히 교육기관이며, 존재이유는 가르침에 있다. 가르침이

없거나 소홀한 대학은 교육기관으로서 의미를 가질 수 없으며, 당연히 대학으로 불릴 수 없다.

「한겨레신문」그림판에 실린 그림과 일갈을 보는 순간 내 얘기를 하는 것 같았다. 내가 해야 하고, 하는 일이 바로 학위논문을 써 사회에 내보내는, 대학원에서 일하고 있음을 거론하지 않더라도 벌거숭이로 만들어버리는, 그리하여 내가 가장 중요하다고 생각하는 일이라는 것이 학문에 뜻을 두거나 흥미를 갖고 해낸 학위논문이 아니라 그저 냄비받침대로 안성맞춤인 것을 하나 더 추가해준 것에 있다는 명징(그림 1 참조). 전문가인 교수가 하는 일의 한 결과이기에 끔찍하다.

냄비받침 논문
취직도 안 되고 마땅히 할 것도 없어 다닌 대학원, 학문에 뜻이나 흥미가 있어 쓴 것도 아닌 학위논문…
자랑스럽게 선물할 사람도 없고, 준다 해도 읽기나 하겠는가? 논문이 나오면 읽는 사람은 세상에 딱 두 명(본인과 지도교수)이란 말도 있는데, 웬만한 논문들을 모두 디지털로 전환한다면 종이라도 아낄 수 있지 않을까.
추신: 들리는 얘기로는 마우스패드로도 안성맞춤이란다. (김한민 작가)

〈그림 1〉 학위논문의 활용(한겨레신문, 2012. 7. 27)

논문은 분명히 아무나 쓸 수 있는 글이 아니다. 요즘은 각 학교에서 내규를 만들어 대학원생들에게 학위논문의 필요조건으로 관련 학회에 학술논문 게재를 의무화하고 있다. 이들은 논문(소논문) 한 편을 쓰기 위해 스터디와 세미나 혹은 멘토링을 통해 논문 쓰기 훈련에 돌입하게 된다. 그러나 이들의 결과는 참담하다. 대부분 투고한 논문의 심사 결과가 '게재 불가'이다. 특히, 질적 연구로 쓴 논문들이 게재 불가를 많이 받고 있다. 심사자 개인의 관심사와 관점에 따라 다를 수도 있지만, 대화 없는 관찰과 인터뷰로 쓴 논문은 질적 연구의 흉내는 냈을지라도 질적 논문은 아니라는 것이다. 그렇기에 대학원생들은 출판 부적합이라는 심사 결과에 낙담하는 현실이 반복되고 있다. 중요한 것은 자신이 '질적 연구자인가?', '왜 이 연구주제에 이 방법을 써야 하는가?'에 대한 탐구 없이 선행연구 논문 몇 편 보고 자동적으로 자신의 논문을 거기에 맞추려고만 한다. 질적 연구 논문은 작지만 특이한 공감력이 논문 속에 묻어나야 한다.

어떤 학자들은 논문만이 가장 이상적인 형태의 글쓰기이며, 오직 논문을 통해서만 학문성이 보장된다고 주장한다. 그러나 질적 연구는 이상보다는 현상추구이며, 학문성은 소통의 공감에 두고 있다. 최근 교육부장관 후보자로 지명된 한 퇴임교수의 학술 산물인 논문 출판 문제로 사회가 시끄러웠다. 논문에 대하여 너무나 많은 의문을 던져준다. 학생이 써준 원고를 학술대회에 발표해도 아무런 문제가 없는 학회가 계속해서 열리고 있으며, 그렇게 만든 학술지에 표절로 얼룩진 논문 같지 않은 논문들이 출판될 수 있다는 게 이상하다.

학회에 가면 대학원생이 발표하고 지도교수는 이름만 올려져 있으며, 하는 일이 없다. 지도교수가 누리는 특권이다. 제자의 학위논문을 요약하여 학회지에 공동저자로 실으면서 논문지도비와 연구실적을 함께 챙기는 것을 관행이라 말하는 교수사회. 전문직이기 때문에 이러한가? 이런 논문이 읽을 만한 글인가? 학술지의 논문들은 전문가들이 일궈낸 '집단지성'의 결과물이라 할 수 있을까?

같지만 다른 연구를 수행하고 있는 나 또한 '교수'사회에 몸담고 있으니 자유롭지 않다. 그래서 나는 대학원생을 동료로 여겨 높임말을 쓰고, 일상에서 존중하며 대하기를 실천한다. 그렇지 않으면 나의 좁은 욕심이 언제 올라올지 알 수 없기 때문에 스스로 경계한다.

부끄럽고 창피한 것은 나와 전문가의 집단지성인 교수사회의 치부가 속속 드러나고 있는 지금, 자신의 이익을 위해 이를 외면하기만 하고 제대로 직시하는 전문가가 많지 않다는 점이다. 보이지 않는다고 존재하지 않는 것은 아니지만, 교수이면서 전문가의 집단지성은 침묵으로 일관하고 있다.

그렇다 하더라도 무엇을 하든지, 어디를 가든지 나는 항상 깨어 있어야 하고 그 속에서 무엇을 해야 한다는 명제에서는 배운 사람의 소명을 다해야 함을 일깨워주고 있다. 즉, 내 방식대로 새롭게 쓰고 말하고자 한다. 그렇게 했을 때 새로운 가능성을 일궈낼 수 있으며, 우리가 살아가는 데 성찰의 힘을 발원할 수 있기 때문이다. 나의 도전과 노력은 전문가로 간주되는 교수의 역할이 아니라 질적 연구자, 배운 사람으로서 한 목소리를 내는 데 있다.

혁명가란 따로 있는 것이 아니다. 잘못되고 공정치 못한 일이면 스스로를 희생해서라도 바로 고쳐나가는 사람이다. 개인의 사소한 일이나 사회와 국가의 일 모두가 이와 같은 것이다. 그것이 공부하는 마지막 목표임을 일찍이 일러준 권정생 선생은 그 자신이 바로 그러한 삶을 살다간 실천적 지성인이다. 그가 바로 살아 있는 질적 연구자인 것이다. 이때의 질적 연구자는 그 누구도 아닌 바로 지금을 살아가는 나, 우리여야 한다. 어떤 직위에 있거나 무슨 일을 하는 게 문제되어서는 안 된다. 질적 연구는 결국 누군가에 의해 이름이 붙여지는 것이 아니라 스스로 질적 연구의 이름을 만들어갈 수 있을 때 가능하다.

3. 질적 연구자와 교수로 산다는 것

질적 연구자로서 연구할 때 중요하게 생각하는 원칙이 있다. 첫째, 당연하다고 여기는 부분에 대해 질문을 던지는 것. 둘째, 기존 연구 결과가 달리 해석될 여지가 없는지 비판적으로 생각하는 것. 셋째, 별개의 영역이라 생각되는 현상 간 연결고리를 찾는 것.

연구자와 교수의 이중생활 가로지르기를 자유롭게 해야만 하는 일상에서 나는 내게 일어나는 다양한 커뮤니케이션 현상들을 주의 깊게 보면서 이걸 어떻게 알고 있는 이론과 연결시킬 수 있을까 고민한다. 어떤 인터뷰에서 나는 "연구할 때 나름대로 중요하게 생각하는 원칙이 몇 가지 있다"고 하였다.

첫 번째는 물어볼 필요도 없다고 생각하는 당연한 부분에 대해 생뚱맞지만 질문을 던져보는 것이다. 예컨대 온라인 채팅 환경에서 본인이 의식적으로 아바타를 선택한 것이 아니라 무작위적으로 주어지는 경우, 아바타와 실제 대화 상대방 사이에 어떠한 논리적 연결고리도 없다는 것을 알면서도 사람들이 여자 아바타와 남자 아바타를 부여받은 상대방을 다르게 대한다거나, 똑같은 동물 아바타로 표현되었을 때 각기 다른 동물들로 표현되는 경우에 비해 집단의견에 더 순응하는 경향을 보인다는 것을 발견했다. 이처럼 소위 '상식적으로' 그럴 것 같지 않은 결과에 대해서도 질문을 던져보는 것이 중요하다. 이 질문은 대학원생과 함께 나눌 수도 있고, 글로 쓰인 텍스트를 대학원생에게 검토해달라고 요청하는 것도 서슴없이 실행해야 한다.

두 번째는 기존 연구 결과들이 달리 해석될 여지가 없는지 비판적으로 생각해보는 것이다. 똑같은 개념을 보더라도 그 개념이 연구 모델에서 어떻게 다른 역할을 할 수 있을지, 주어진 결과가 연구자의 해석과 다르게 해석될 여지는 없는지를 생각해보는 것. 한 예로, 요즘 빅 데이터에 대한 논의가 활발한데, 데이터의 규모와 상관없이 데이터를 어떻게 해석할 것인가의 문제야말로 핵심적인 논쟁거리가 될 것이다.

세 번째로 전혀 별개의 것처럼 보이는 현상 간의 연관성을 찾아보는 연습이 필요하다. 교육학이나 문화콘텐츠학은 사람과 사람 사이의 행동, 관계, 맥락 등을 오랫동안 연구해오면서 최근에는 여기에 테크놀로지, 매스 커뮤니케이션 등 사람들이 만들어낸 사물을 매개로 사람 사이의 문화적 배경, 성격, 대화 상황, 본인과의 관계 등에 근거해서 특정 기대를 가지고 관찰하고 있다. 사람들 사이의 경험과 그로 인해 발생하는 효과가 달라짐을 관찰한다. 이 같은 원리가 미디어를 통해 매개된 커뮤니케이션에 대해서도 적용될 수 있는데, 같은 메시지라도 유명인이 트위터나 페이스북에 적는 글들이 신문이나 TV 인터뷰 등을 통해 전해지는 내용보다 더 개인적이고 진실에 근거한 얘기일 것이라고 생각하는 경향이 있다. 이런 관점에서 다양한 종류의 소셜 미디어와 전통적 매스미디어를 포함하는 미디어 지형에서 사람들이 개별 미디어를 어떻게 인식하고 있는지, 어떤 차원에서 미디어 간 유사성과 차별성을 지각하는지를 체계적으로 연구하는 것이 학계에 관심을 받고 있다.

나는 교수로서 현상을 지속적으로 낯설게 보기 위해 의식적인 노력이 필요하다고 강조한다. 소위 말하는 자기성찰(mindfulness)이 필요한데, 주어지지 않은 대안적 해결책에 대한 가능성을 열어두는 것이다. "짬뽕 먹을래? 짜장면 먹을래?"라고 물었을 때, 보기에는 주어지지 않았지만 '둘 다 먹으면 안

되나?' 하고 생각할 수 있어야 한다. 맞추기 위해 눈치 볼 것 없이 '짬짜면'이 바로 나와야 한다.

"교육이란 단지 희망에 대해 이야기하는 것"이라는 말이 있다. 교육이 진정 그런 것이라면, 내가 일상에서 가장 많이 하고 있는 학생들과의 수업에서 어떻게 교육을 진정 '교육답게' 만들 수 있는지, 그리고 그 과정을 통해 교육이 진정 교육다워질 때, 교육이 어떤 '힘'을 갖게 되는지를 보여준 '사건'으로서 학생들은 기억할 것이다.

나는 초등학교 교사, 대학의 강사, 호주 대학에서의 강사, 시민의 평생교육 강좌 등 다양한 대상에게 교육목적이 다른 환경에서 가르치는 경험을 계속 해왔다. 거기에서 배운 나의 경험적 대화는 이러하다.

머리로 하는 공부와 마음을 다해 하는 공부의 차이를 느꼈다. 교육학을 공부하는 일과 교육학 하는 일은 정말 전혀 다른 일이라는 사실을 학생들을 통해 더욱 실감할 수 있었다. 같은 책을 읽더라도 스스로 자신에게 비추어보고 고치고 새롭게 다지는 모습은 교육학이 갖는 인간 삶의 변화의 힘을 볼 수 있게 해준다. 같은 시기에 같은 책으로 모 대학에서 수업을 했지만, 거기서는 오직 개념 분석과 논의를 통해 시험출제의 중요성에 따라 알아야 할 것과 그렇지 못한 것을 구분 지으려고 했을 뿐 더 이상의 진전은 없었다. 물론 공부의 목적이 다르다 할지라도 책의 내용을 자신의 삶에서 다시 살아 있는 언어로 읽는 일은 아무에게나 주어지는 일이 아님을 깨달았다.

교수에게 있어서 가장 중요한 일은 수업이다. 연구는 의미 있는 것을 더 효율적으로 가르치기 위한 작업이며, 봉사는 지적 산출을 통해 사회에 기여하는 것만으로도 충분하다. 교수가 가르치는 일을 의미 있게 생각하고 실제로 잘 수행하고 있는지를 알아보는 방법은 여러 가지가 있을 수 있다. 여기서는 가르치는 일을 중요하게 생각하는 교수의 일상적 단면들을 하나씩 그려보고자 한다.

나는 혼잣말을 즐겨한다. 혼자 있을 때 메모한 노트를 보며 중얼거린다. 나의 대화, 나를 위한, 나만의 대화이다. 삶이 던지는 구체적인 물음들에 책임 있게 답변하는 방식이 '행동'만은 아니다. 내가 하는 행위의 대부분은 책이나 논문, 강의자료 등의 글이다. 글이 곧 행동인 셈이다. 그러므로 글 속엔 나의 생각, 철학, 지식의 깊이 등이 담겨 있다. 글을 통해 김진희의 단면이 공론화되는 것이다. 삶의 매 순간 가야 할 '길'을 자신에게 묻는 사람이 있을까? 어려운 고비마다 '길'을 잃지 않으려고 노력하는 삶을 살지만 그것에 만족하는가?

이러한 질문을 토대로 나만의 말걸기인 '대화'를 하려고 노력한다. 휴대폰, 아이패드, SNS, 노트북 등 내 일상에 깔려 있는 디지털 기계들과 잠시라도 이별하기 좋은 방법이 대화이다. 내가 한 인간으로서 대학교수, 질적 연구자의 여행 길을 떠남에 있어 한시도 내려놓지 않은 질문, 인간을 위한 '교육'이라는 것은 어떤 의미를 가질 수 있으며 어떤 내용을 다뤄야 할 것인가? 가르치고 배우는 나의 정체성을 지속적으로 유지하기 위해 내 수첩 첫 장에 늘 적어놓는 명제가 있다. 샤를르 드 푸코의 「나는 배웠다」라는 시이다.

나는 배웠다
다른 사람으로 하여금 나를 사랑하게 만들 수 없다는 것을.
내가 할 수 있는 일은 사랑받을만한 사람이 되는 것뿐임을.
사랑은 사랑하는 사람의 선택에 달린 일.

나는 배웠다

내가 아무리 마음을 쏟아 다른 사람을 돌보아도
그들은 때론 보답도 반응도 하지 않는다는 것을,
신뢰를 쌓는 데는 여러 해가 걸려도
무너지는 것은 한순간임을.

삶은 무엇을 손에 쥐고 있는가가 아니라
누가 곁에 있는가에 달려 있음을 나는 배웠다.
우리의 매력이라는 것은 15분을 넘지 못하고
그다음은 서로를 알아가는 것이 더 중요함을.

다른 사람의 최대치에 나를 비교하기보다는
나 자신의 최대치에 나를 비교해야 함을 나는 배웠다
삶은 무슨 사건이 일어나는가에 달린 것이 아니라
일어난 사건에 어떻게 대처하는가에 달린 것임을.

(…)

그리고 나는 배웠다
아무리 내 마음이 아프다 하더라도 이 세상은
내 슬픔 때문에 운행을 중단하지 않는다는 것을.
타인의 마음에 상처를 주지 않는 것과
내가 믿는 것을 위해 내 입장을 분명히 하는 것
이 두 가지를 구분하는 일이 얼마나 어려운가를.

나는 배웠다

사랑하는 것과 사랑받는 것을.

그리고 가르치는 사람인 내가 수업의 말미에 학생들에게 공개한 반성과 실천들을 모은 에세이 일부를 소개한다. 이 글은 수업을 수강한 학생들이 볼 수 있도록 하여 지나온 수업시간을 다시 떠올리며 서로에게 '학습'이 얼마만큼 이루어졌는지 자기평가를 해볼 수 있는 증거들이다. 또한 교수가 한 생각과 행동들을 모두 공개함으로써 강의평가 및 개선을 위한 지침으로 활용한다. 나는 가르치는 일을 중요하게 생각하는 교수이다. 가르치는 일이 중요함을 노출시키기 위해 2008년부터 책이나 논문에 나는 어떤 교수인지를 30가지, 15가지 등으로 정리하여 수업 관련 일상의 목록을 제시해왔다.*

① 강의하러 갈 때마다 묘한 긴장감을 느낀다.
② 아무리 익숙한 내용이라도 수업 전에 반드시 다시 한 번 점검한다.
③ 강의를 '죽 쑤고' 나왔을 때 갖게 된 나쁜 기분이 쉽게 사라지지 않아 과격한 운동을 하거나 영화를 본다.
④ 컴컴한 데서 (파워포인트로) 많이 가르치는 것보다 학생들의 얼굴을 보면서 수업하기를 훨씬 더 좋아한다.
⑤ 다양한 교수법 활용에 주저하지 않는다.
⑥ 연구할 때에도 수업에 활용할 수 있는 방법이 없는지를 생각한다.
⑦ 가르치는 데 치중하기 위해 출석 확인은 학생이 자율적으로 한다.
⑧ 학생들로 하여금 수업내용을 이해하기 위해 도서관에 갈 수밖에 없도록 만든다.
⑨ 학생들이 거칠게 (비난하듯이) 질문할 때 오히려 진지하게 대한다. (거친 질문

---

* 이 부분은 『스포츠교육학으로 실천하는 교육세상』(2009), 김진희 외 「체육인문학의 창」의 내용을 옮겨 인용하였다.

이야말로 정말 궁금해서 터져 나온다.)

⑩ 내가 열심히 가르치면 학생들도 열심히 공부할 것이라고 확신한다.

⑪ 내가 학생이었을 때 비판한 교수들이 가지고 있던 문제점들을 나도 갖고 있지 않은지 점검한다.

⑫ 내가 학생이었을 때 높게 평가한 교수들의 장점을 기억하고 수업에 활용한다.

⑬ 전공서적을 포함해서 국내 및 국외 책을 많이 산다.

⑭ 인터넷으로 국내외 대학의 수업계획안들을 점검하고 내 것과 비교·검토한다.

⑮ '선생님'으로 불리는 것을 좋아하고 '교수님', '박사님' 등으로 불릴 때 불편해한다.

교수에게 있어 수업은 가장 중요한 일이다. 가르치는 장면에 직면하는 모든 사람은 수업이 성공적으로 끝나기를 바란다. 수업 준비를 위해 자신들이 실제로 투입한 시간과 정성의 과소에 불문하고, 교단에 서는 사람들은 누구나 가릴 것 없이 학생들로부터 좋은 평가를 받고 싶어 한다. 이러한 마음은 자신들이 투입한 학습량에 불문하고 좋은 점수를 받고자 하는 학생들의 심리와 아주 비슷하다.

나는 좋은 수업을 전개하기 위해서는 무엇보다 먼저 수업에도 성패가 있음을 인정해야 한다고 생각한다. 성패가 있다고 전제해야만 성공을 위해 노력하게 된다. 이러한 전제가 없으면 수업을 '그냥' 하게 될 것이고 심한 경우에는 '해치우게' 될 것이다. 그냥 또는 해치우듯 진행하는 수업을 좋아하거나 환영할 학생들은 없다. 심지어 휴강을 기대했거나 출석 때문에 마지못해 앉아 있는 학생들조차 이러한 수업에 대해서는 신랄하게 비판한다. 준비 없이 수업에 임하는 자세는 평소에 공부를 하지 않으면서도 '평소 실력'으로 시험

장에 들어서는 배짱과 비슷하다.

성공적인 수업을 위해 필요한 조건들을 제시하는 방법은 다양하겠지만, 나는 일상적 상황에서 요구되는 조건들을 정리해보고자 한다. 이것들은 내가 즐겁게 수업을 마쳤거나 수업을 '죽 쑤고' 나왔을 때 스스로 기뻐했거나 화를 가라앉힐 때 생각해보았던 것들이다.

첫째, 수업을 맡은 사람들은 스스로 부끄럽지 않도록 철저히 준비해야 한다. 우연히 잘될 경우도 있겠지만, 준비되지 않은 수업이 성공할 가능성은 희박하다. 나는 최소한 5시간 이상 한 주의 수업을 준비한다. 교수들이 시험 준비를 소홀히 한 채 높은 점수를 받으려는 학생들을 안타깝게 생각하듯이, 학생들도 준비가 미비한 채 건성으로 가르치면서 호응을 받으려는 교수의 수업을 좋게 평가할 리 없다. (학생에 따라 다르겠지만) 수업 준비에 정성을 들일 경우에는 수업에 진지하기 마련이고, 그 결과 좋은 수업이 전개될 가능성이 높다. 그러나 많이 준비했다고 해서 혼자만의 일방통행식 강의나 설명은 하지 않는다. 학생들은 자신들의 기호에 맞지 않더라도 진지하게 진행하는 교수에게는 최소한의 예의와 존경을 표시한다.

둘째, 교수는 교실에 출석해 있는 학생들의 진면목을 정확하게 파악할 필요가 있다. 나는 최근에 ○○대학교 학생들이 학구열에 불타고 있다거나, 배움에 목말라한다거나, 그것도 아니면 배워야 할 이유를 잘 알고 있고 배울 준비가 되어 있을 것이라는 나의 확신이 어리석었음을 안다.

수업은 언제나 나의 기대와 너무 다르다. 그래서 난 내가 학부생이었던 시절을 자주 떠올리며, 학생들을 이해하려고 한다. 대학생 시절에는 올빼미처럼 밤에는 잠이 안 왔는데 낮에는 잠이 쏟아졌고, 궁금하고 신기한 것들이 너무 많아 학업에 집중이 안 되었으며, 듣기보다 말하기, 떠들기, 다투기 등에 더 열을 올렸을 뿐만 아니라 시간이 무진장 남아돌아 언제라도 공부할 수 있다고 생각했다. 다시 말해서, 학생들은 교실에 와 있지만 여간해서는 수업에 참여하기 어려운 많은 조건을 갖고 있다. 이 학생들을 수업에 끌어들이기 위해서는 배움의 중요함을 인식시키거나, 한마디라도 말하게 하거나, 떠들게 하거나, 달려들게 할 수 있는 자극이 필요하다. 예컨대 읽을거리나 생각거리 등 예습을 하게 만듦으로써 모르는 것들, 의견을 달리하는 것들, 궁금한 것들, 말할 것들을 안고 교실에 오게 해야 한다. 나는 아무런 준비도 해오지 않는 학생들을 수업으로 끌어오기 위해 질문을 많이 하거나 관심 있는 척하는 멘트를 자주 사용한다. 이러한 표현이 성공하면 학습 분위기가 고조된다. 심지어 실패하거나 '썰렁하더라도' 학생들의 주의를 끌어올 수는 있다.

셋째, 교수는 가르치고 배우는 관계라고 해서 곧바로 스승과 제자로 규정되는 것이 아님을 알아야 한다. 다시 말해서, 내가 맡은 과목을 수강하는 학생들은 그 과목을 선택하여 교실에 들어와 있기 때문에 그 과목을 담당하는 김진희 교수의 제자가 되는 것은 아니다. 교수와 학생들은 각각 가르치는 위치에 있는 사람 그리고 배우는 위치에 있는 사람일 뿐이다. 이들이 스승과 제자의 관계로 교섭하기 위해서는 존경과 애정이 있어야 한다. 가르치는 위치에 있는 사람들은 너무 쉽게 학생들이 자신들을 존경하거나 예의를 갖출 것이라고 생각한다. 존경과 예의는 사람들이 교류함으로써 갖게 된 좋은 인상에 의해 형성되며 직업이나 직함에 자동적으로 붙는 것이 아니다.

나는 가르치는 위치에 있는 사람들이 배우는 사람들을 너무 쉽게(때로는 함부로) 대한다고 생각한다. '군사부일체론'과 같은 유교문화의 영향이 크게 작용했기 때문일 것이다. 다른 각도에서 보면, 교수는 수업시간에 자리를 지켜주고 경청하며 필기하는 학생들에게 고마움을 가져야 한다. 그 일들이 쉽지 않기 때문이다. 나도 모르는 나, 내 감정은 언제나 블랙박스이다. "학력, 출신, 성별을 밝히지 않으며 차별을 허하라"는 나의 페이스북 프로필이지만 나도 누군가에게 매번 열등한 존재로 차별하며 구분 짓기를 하지 않는지, 품위를 잃지 않으려고 모멸감과 차별을 일삼지 않는지 도대체 종잡을 수 없는 내 안의 '감정의 찌꺼기'를 들여다보기를 소홀히 하지 않는다.

넷째, 교수는 모든 학생을 만족시킬 수 있는 수업이 불가능함을 인식해야 한다. 사실 이렇게 말하지만, 지난 15년간의 수업에서 많은 학생을 가르치며 이를 깨닫기는 쉽지 않았다. 더구나 대학교 체육학과에서는 마치 내가 학생들을 가르치는 게 아니라 불량품을 제조하여 사회에 내보내는 수치심이 일상을 짓눌러 심리치료까지 받을 지경이었다. 아무렇지도 않은 얼굴로 거짓말을 하고, 약자를 폭력으로 누르며 가로채고, 휴강을 일삼거나 아예 식당 등에서 식사하며 수업을 진행하는 것을 섬기며, 강의실에서 제대로 하는 교수를 이상한 선생으로 몰아가는 패거리 조폭문화, 학과장 등 권력을 쥔 교수 앞에서 줄을 서서 굽실거리는 것이 당당한 집단 속에서 교육이라는 게 무엇인지 회의적이었다. 나는 이때 연구실 앞에 'No student, No teacher'를 붙여놓으며 학생을 중요시하는 교수임을 드러냈지만, 현실은 그 반대로 흘러갔다. 교육이 희망을 위한 것이 아니라는 것을 일상에서 초 단위로 체험하며 경악했지만, 그래도 마음속으로는 '나는 희망을 노래하는 교육학자'라는 주문을 걸며 견디었다.

학생들의 수업 준비 수준은 천차만별이고 좋아하는 수업 유형도 아주 다양하다. 이들은 교수의 얼굴, 머리 모양, 옷매무새, 발음, 나이, 성별 등 온갖 것들을 가지고 마음에 든다느니 안 든다느니 등을 따지고 그것들을 공부하지 않는 결정적 핑계로 삼기도 한다. 교수는 이처럼 다양한 학생의 기호를 모두 충족시킬 수는 없으며, 충족시켜야 할 이유도 없다. 이 때문에 교수는 소신을 갖고 수업에 임해야 한다. 교수가 소신을 갖기 위해서는 다루어질 지식과 기술에 대한 이해가 깊어야 하고, 적절한 교수방법을 실험적으로 사용해야 하며, 학생들에 대해 애정을 가져야 한다. 가르치는 사람에게 실력은 그 어떤 조건보다 선행해야 하는데, 그 이유는 자신도 충분히 이해하지 못한 내용을 가르치면서 학생들을 세심하게 배려할 수는 없기 때문이다.

다섯째, 교수는 수업을 주업(主業)으로 확신하고 이를 통해 삶의 즐거움을 누려야 한다. 나는 일상이 즐겁지 않은 사람이 행복할 수는 없다고 확신하고 있다. 일상 가운데 가장 중요하고 비중이 큰 부분 가운데 하나가 직장생활이다. 직장에서 삶의 의미를 갖지 못한다면, 그 삶은 소외될 수밖에 없다. 마르크스의 '소외론'을 교육장면에 적용하면, 가르침으로부터 소외된 교수와 배움으로부터 소외된 학생의 존재를 떠올릴 수 있다. 가르치는 사람과 배우는 사람이 각각 주업인 가르침과 배움에 의미를 부여하지 않는다면, 이들이 구할 수 있는 즐거움은 일상 바깥에 있기 때문에 순간적이고 공허할 수밖에 없다. 우리가 인간의 존엄성을 확신한다면, 모든 사람은 주업에 최선을 다함으로써 삶의 의미와 즐거움을 갖기 위해 최선을 다하고 있다고 할 수 있다. 우리 모두는 자신에게 엄격하고 상대에게 관대해짐으로써 '관계로 이루어지는 사태'를 성공으로 이끌 수 있다. 수업은 관계가 성공적으로 이루어져야 할 대표적 장면이다. 그러므로 나는 교수가 교수답지 못하거나 학생이 학생답지 못할 때, 자신의 본분을 다하지 않고 요구만 하려 드는 것을 가장 경멸한다. 그래서 나는 내가 평소에 실천하고 있는 수업 준비와 강의실 분위기 등을 자주 드러낸다.

교사교육에서 교육학 이론과목과 교과 내용학, 교과별 교육학을 의무적으로 이수해야 했던 시절을 보낸 경험으로, 김자유에게는 교육학에 대한 그만의 틀이 정형화되어 있다. 즉, '가르치는 사람은 이러해야 한다'는 개인적 명제가 뚜렷하다. 철학을 바탕으로 그것을 구현해내는 구체적인 실행방법이 중요하다고 생각하면서 교육학의 이런 움직임을 자신의 수업에 늘 반영하려는 의지가 강하다. 특히, 최근에 회자되고 있는 교육과정, 수업방법 등에 대한 읽기자료 등을 놓치지 않고 보며, 개인적으로 이해한 것을 수업을 통해 실행한다고 설명한다(김진희 외, 2013).

　　최근에 교육계에서 이런 말을 많이 하면서 그 어떤 것을 정당화하는 것 같아요. "학습자 중심의 교육과정 설계와 수업 방식을 수용하라." "수업은 상호 소통으로서의 대화에 주목하고, 교수자나 학습자의 의미 구성에 초점을 두는 방식에 주목할 필요가 있다." "……그러기 위해서는 설계자인 교수가 상황에서 맥락적이고 반성적으로 구성하는 개인적·실천적 지식에 토대를 두는 방식을 염두에 둘 필요가 있다." 뭐 이런 것이죠. 그러면서 이야기를 강조하는 이야기 형식(storytelling)의 교육과정 모형, 듀이의 경험이론을 내러티브로 해석하는 내러티브 모형, 구성주의학습과 문화적 맥락을 강조하는 구성주의 등을 알고 있어야 하고, 수업에서 어떤 방식으로든 활용하려고 하죠. 그러나 쉬운 일이 아닙니다. 내가 이런 걸 이해했더라도 아이들에게 전달할 때는 언어가 달라져야 하고, 이해를 쉽게 하기 위해서는 파워포인트 등 매체를 써야 하는 등 여러 가지를 생각하게 되거든요. 여전히 파워포인트를 사용하지 않으면 무엇인가 강의 준비를 소홀히 했다는 강박이 남아 있거든요(김진희 외, 2013).

　　나는 교육과정의 구체적인 실행인 수업방법에 관심을 갖고 있기 때문에 학습자 중심 교육을 중요하게 여긴다. 한 예로, 위의 고백처럼 교수법 모임에서 자신의 방법을 동료들에게 드러내어 좀 더 다양한 의견을 듣고, 조언을 받아 자신의 수업에 반영하려는 실행에 초점을 두고 있다. 교수는 교사보다 가르치는 수업시간이 적고, 여러 행정적 업무 처리가 많지 않기 때문에 "혼자 쓸 수 있는 시간이 많다. 시간이 없다고 말하기 전에 자신이 시간을 어떻게 관리하고 있는지 솔직해져야 한다"며 가르치는 방식의 회귀, 전진, 통합, 종합 등을 넘나들며 부지런히 지식이 아닌 지혜를 담아내야 한다.

이것저것에 관심이 많아요. 그리고 관심으로 끝나지 않고 고민합니다. 내 수업에서 어떻게 해볼 방법을 찾는 거죠. 대학이 너무 개인적이기 때문에 정말 내가 어디로, 어떻게 가고 있는지 자문할 때가 많아요. 그런 점에서 경력이 많은 동료들을 만나서 나누는 형식적이지 않은 대화는 참 중요해요. 물론 이때의 동료들은 가려지죠. 한편으론 나의 방법을 강조하려 드는 가르치는 사람의 버릇을 한 번 더 보게 되어 움찔하기도 하죠. 모임은 서로 다른 생각을 가진 사람들이 한 조직 내에 있는 동료, 관심이 다른 전공으로 만나잖아요. 그렇기 때문에 한 가지 주제라 하더라도 이야기는 몇 가지로 나오니 그것 또한 의미 있죠(김진희 외, 2013).

가르친다는 것이 현 사회의 대학 상황에서 점점 더 많은 관심을 받고 있다. 지난 10년간 나는 교수법과 고등교육을 둘러싼 기대에 대한 전환을 목도하고 체험했다. 학생들, 특히 대형 강의를 수강하는 학생들은 파워포인트로 만들어진 강의를 당연하다고 생각한다. 더구나 그 학생들은 강의내용을 담은 파워포인트가 수업 전에 인터넷에 탑재되어(블랙보드나 다른 웹 기반 도구) 강의 자료를 내려 받고 출력해서 수업에 가기를 기대한다.

이러한 유행을 거스르기는 쉽지 않다. 이 요구를 만족시키지 못하면 학생들의 불안과 동요를 가져와 강의를 잠식할 것이다. 학생들의 욕구를 만족시키지 못하면 낮은 수업평가를 받을 수도 있고, 이러한 점수들이 교수의 강의를 평가하는 데 쓰일 것이다. 나도 물론 이러한 기대에 부응해왔고, 나의 모든 강의에 파워포인트를 써왔다. 하지만 나는 수업 전에 강의내용을 인터넷에 올리지 않는다. 강의 30분 전에도 수업내용을 계속 수정하기 때문이다. 강의를 준비하는 데 소요되는 시간은 현저히 늘어났는데 질이 나아졌다기보다 단순히 연애, 홍보 그리고 교육이 겹쳐 있고, 시각적인 자극에 익숙해진 젊은 세대들에게 쉽게 다가가기 위한 더 나은 이미지를 찾는 데 시간을 쏟으며 헤매고 있다는 게 솔직할 것이다.

　사회에서 빠르게 전개되고 있는 대학평가에 따른 재정지원, 학과평가, 교수의 강의평가 등의 잣대들이 마치 대학들의 존재이유를 가르침과 배움의 질을 형식적인 숫자로 보는 평가체제에서는 교육은 또 하나의 기술(technology)이 됨을 염려한다. 나는 그러한 표준화된 측정들이 교육학적인 향상을 가져온다는 데 대한 확신이 들지 않는다. 더 나아가 대학에서 질 좋은 교육을 판단한다는 '잣대'들에 대해 여전히 회의적이다. 오래가지 못할 것이다. 학생들의 차이와 다양성을 받아들이기를 요구하는 이 시대에 교육학이 점점 더 표준화만이 살 길인 양 치닫는 현실이 아이러니하게 느껴진다.

　교육의 본질은 만남의 결과로서 발현되는 교육적 작업에 의해 결정된다는 사실을 고려할 때, 진정으로 그 과목을 통해 지적으로나 정서적으로 학생들을 끌어들일 수 있다면 파워포인트 없는 수업이 오히려 칭송받아야 마땅하다. 기껏해야 부분적인 설명과 부분적인 진실을 보여주는 로고스가 지배하는 교육학에 대한 진실게임에서 우리가 앎(knowing)에 이르는 길의 복잡성과 감정을 더 드러내는 티모스, 뮈토스의 세계에 대한 목소리를 높일 때라고 나는 보고 있다. 교육학, 교육적 작업과의 진정한 만남은 바로 수업에서 그것을 요구하고 있다. 일방적인 설명이나 전달이 아닌 우리가 만난 이 시간을 어떻게 보낼 것인가에 초점을 둔 소통을 의미한다. 그 만남에는 서로가 가르치고 배우는 것이지, 교수와 학생이 따로 있지 않다고 본다. 그러므로 앞에 제시한 수백 년 전 박지원의 주장과 내 입장은 같다.

4. 질적 연구자의 글쓰기

4인치, 9.7인치, 14인치, 20인치…… 우리와 친숙한 기기들의 화면 크기이다. 스마트폰, 아이패드, 노트북, 데스크탑 모니터의 크기들이다. 나도 이것을 모두 쓰고 있다. 스마트폰으로 문자나 전화, 티켓예약 등을 하거나 텔레그램 같은 것으로 말없는 대화를 나눈다. 말없이 화면 보고 대화하는 것이 너무나 자연스러워진 일상이 되어버렸다. 1분 이내에 답을 하지 않으면 반응이 없다고 난리다. 회의도 단체톡을 만들어 채팅방에 입장해야 한다. 굳이 반응하지 않아도 될 것에 말 없다고 화면에다 쓴소리를 마구 쏟아낸다. 그 사람의 성질이 고스란히 이 작은 화면들에 갇혀 있다. 가장 자유로운 시대에 고립되어 있는, 서로를 감시하는 스마트한 교도소 생활이 일상이 되어버렸다. 이렇듯 스마트폰과 패드, 노트북 모니터는 나와 우리의 생활에 중독이 된 절친 사이다. 그럼에도 이것의 사용에 대한 중독성은 담배, 인터넷 게임과는 다른 차원으로 인식한다. 아마도 이것을 사용하는 것은 일을 하고 있다고 보는 것으로, 긍정적인 이미지가 강하기 때문이다. 즉, 사람들은 좋은 것이 갖고 있는 '해'를 잘 보지 못하거나 알더라도 그 심각함을 무시해버린다. 이젠 화장실에 가더라도 이들을 데리고 가지 않으면 불안한 세상이 되었다.

나는 우리가 이런 기기의 화면을 오랫동안 바라보며 친해질수록 질적 연구의 매력을 떨어뜨리거나 공감과 이해를 전제로 하는 질적 연구와는 멀어진다고 본다. 질적 연구자는 다른 곳에 있거나 교수가 되어야 글쓰기가 가능한 것이 아니다.

나는 아침에 글이 잘 써지는 편이라 아침 일찍 출근하여 오전에 하루 일의 80%를 처리한다. 수업이나 연구에 관련된 준비와 글쓰기를 오전 11시 전에 마친다. 어떤 날은 세 개 문장만 쓰기도 하지만, 철저하게 자기관리를 엄격하게 하는 편이다. 글쓰기를 하는 만큼 운동(산책, 등산, 호흡수련, 자전거타기 등)을 게을리 하지 않는다. 일상에서 실천하고 있는 당연한 질적 연구자의 평범함을 살펴보자. 우리 모두가 할 수 있고 해내야 하는 실천목록이다.

- **써라**: 사소한 것일지라도 떠오르는 것이 있다면 즉각 메모하라. 써놓은 것에서 연구에 관한 생각을 명료하게 정리할 수 있으며, 연구단계를 한 단계 진행할 수 있는 근거가 된다.
- **이야기하라**: 간단하게 쓴 것에 대해 이야기를 나눔으로써 보다 복잡하고 길며 큰 연구 텍스트를 완성해가도록 노력해야 한다. 동료들 사이의 공유하는 연구문화가 절실히 필요하다.
- **큰 그림에 집중하라**: 어떤 글쓰기를 전개할 것인지, 좋은 연구를 위해 어떤 방법이 도움이 되는지 독자가 쉽게 이해할 수 있도록 자신에게 끊임없이 질문과 대화를 던져야 한다.
- **자료를 섞지 말라**: 연구자로서 출판의 압력과 독자들이 많은 자료에서 나온 연구 결과를 신뢰할 것으로 착각하여 몇몇 논문의 자료를 자신의 자료인 것처럼 비도덕적인 행위의 결과는 나쁜 명성으로 금방 드러날 것이다.
- **신뢰를 주어라**: 단독 연구보다는 동료와 함께 연구팀을 이뤄 공동 연구를 수행하면서 나와 다른 사람과의 연구 경험이 중요함을 배워라.
- **정보를 제공하라**: 동료의 조언을 들어라. 그 속에서 동료의 관점을 이

해할 수 있고, 내가 가진 정보를 어떻게 제공할 것인지 알 수 있게 된다.

- **동료로부터 배워라**: 다른 분야의 동료로부터 많은 것을 배울 수 있다.
- **다른 분야를 읽어라**: 다른 학문의 내용은 나의 연구 활동에 더 많은 아이디어와 정보를 제공하는 데 도움을 준다.
- **열정적으로 일하라**: 최선을 다해 연구하여 얻은 연구 결과만이 연구의 한계를 극복할 수 있다.
- **연구 참여자/독자를 존중하라**: 연구 결과를 발표할 때 철저한 준비와 연구 아이디어의 적절하고 종합적인 분석이 드러나게 도움을 준 연구 참여자와 독자(청중)를 존중해야 한다.

이러한 일상을 실천하는 질적 연구자는 자신이 쓰는 연구물들을 자신의 스타일에 맞게 분류하여 언제라도 쉽게 꺼내어 활용하는 데 게으르지 않는다. 개인마다 자신의 고유한 글쓰기 스타일이 있다. 그 스타일을 계속 발전시키기 위해 자료를 모으고, 분류하고, 분석한다.

질적 연구자의 글쓰기는 글쓰기를 잘하느냐보다 오히려 글을 지속적으로 쓰며 분류하는 부지런함에 있다. 이를 위해 나는 개인적으로 구독하는 학술지와 논문, 책 등을 읽으며 북마크를 하거나 포스트 잇으로 메모하며 한꺼번에 컴퓨터에 입력하여 저장한다. 내가 분류한 질적 연구 글쓰기의 분류방법 사례는 다음과 같다.

질적 글쓰기 예—흔히 사용되는 몇 가지 조직 방법

(1) 고전/최초의 글쓰기—자연사 접근: 시간의 흐름, 장면의 전개 과정에 따라 쓴다.
　예: 김영지(1994), 「가출 청소년의 삶과 문화에 대한 생애사적 연구」
　　　• 가출 이전의 생활

- 가출 이후의 생활
- 직업훈련원생으로의 새 출발

(2) 깔때기 및 초점렌즈식 글쓰기: 초점 수렴적 혹은 초점 확산적 접근
　예: 이부미(1999), 「공동육아 문화의 교육적 해석」
- 어린이-교사 간의 별명과 반말
- 교육활동으로서의 '나들이'
- 부모-교사 간 소통 도구로서의 '날적이'
- 부모들의 공동체 의식과 '마실'

(3) 연구문제별 접근: 설정한 연구문제 하나하나에 답하듯이 쓴다.
　예: 강은영(2010), 「자발적 비혼 여성에 대한 자전적 생애사 연구」
- 자발적 비혼의 과정
- 자발적 비혼의 구조
- 자발적 비혼의 의미

(4) 집단별 접근: 이해, 관심, 관계의 집단/하위집단별로 쓴다.
　예: 이혜정(1989), 「'노는 애들'의 세계: 중학생 또래 집단의 학교 밖 생활에 관한 문화기술적 분석」
- 노는 애로의 입문: '찍힌 애'로
- 노는 애들의 모습: '통하는 애들'의 생활
- 노는 애로의 정착: '잘나가는 애'로

(5) 기술-분석-해석 접근: 기술에 이어 분석, 그에 이어 해석 순으로 쓴다.
　예: 김한미(2009), 「도제식 교수-학습의 방법과 구조에 관한 질적 연구: 성악 레슨을 중심으로」
- 기술: 도제식 교수-학습의 양상
- 분석: 도제식 교수-학습의 방법/ 도제식 교수-학습의 구조
- 해석: 해석 및 논의

(6) 주제별 접근: 발견한 문화 주제의 구조에 따라 구분하여 쓴다.

　예: 조용환(2009), 「고등학생의 학업생활과 문화 연구」, 고딩족 문화의
　　주요 주제
- 성적: 중요한 건 등수
- 막연: 잘 모르겠어요
- 유예: 대학교 가서
- 무미: 만날 똑같으니까
- 소외: 저희가 뭘 결정하겠어요

(7) 일화적 접근: 전형적 체험을 중심으로 일화를 소개하고 분석하는 식으로 쓴다.

　예: 권정운(2012), 「한 테니스 코치의 생애사」

　비넷 사용: 다양한 나를 기술하고, 등장시키기 위해. 비넷(vignette)이란 연극이나 영화 속의 짤막한 장면 혹은 책 속의 삽화나 에피소드, 사진 등을 일컫는 말로, 본론에서 등장하는 각각의 주제들이 상징적으로 요약되는 대화, 일화, 사진, 훈련 일지 등 본론의 표지 역할을 해주고 있다.

질적 연구를
시작하는
이들을 위한 Tip　　아래 질문들에 대한 답변 형태로 써나간다.

- 무슨 일이 벌어지고 있는가? 현상이 무엇이고 문제가 무엇인가?
- 그 문제-상황 속에서 사람들은 제각기 무엇을, 어떻게, 왜 하고 있는가?
- 그 일들은 세상과 어떻게 연관되어 있으며, 무슨 의미가 있는가?
- 그 일들은 내 연구문제에 어떤 답을 주는가?
- 나는 왜 다른 글쓰기 방식(기술, 분석, 해석)이 아닌 지금의 이 방식을 취하고 있는가?

"위 질문에 대한 답들을 우리 학문 분야의 동료들과 어떻게 공유하고 토론할 것인가?"가 중요하다. 말하지 않고 혼자만 수년간 쌓아온 연구내용은 공허하다. 질적 연구는 결국 우리가 가야 할 공동선을 지향하기 위해 연구라는 이름을 붙여 행하고 있음을 명심해야 한다.

질적 연구자는 일상에서 보고 듣는 눈과 귀, 그리고 손의 움직임에 따라 그의 연구수준을 말할 수 있다고 해도 지나치지 않다. 그만큼 일상에서의 실천이 연구 활동에 무엇보다 중요한 자원이 되기 때문이다. 질적 연구자의 일상적 글쓰기 비넷을 통해 내가 실천할 수 있는 글쓰기의 방법적 전략을 세울 것을 기대한다.

나는~~~
- 소크라테스가 되라!
- 비평친구를 만들어 정보, 생각 나누기
- 3A 메모 전략(메모수첩 3권 이상 만들기)
- 지도교수에게 제안하기 + 설득하기(고정관념 무너뜨리기)
- 연구방법 책/논문 고통 분담해서 읽고 의견 나누기, 활용해보기
- 글쓰기 멘토 따라 해보기 + 소통해보기(국내/국외학자)

이러한 실천은 컴퓨터가 해주지 않는다. 컴퓨터는 생각하지 않는다. 주인이 입력하는 대로 보여질 뿐이다. 많은 대학원생들이 질적 연구를 수행하면서 자기만의 보기로 현장에서 관찰과 인터뷰를 해오며 수집해온 자료에서 쓸만한 게 없다고 불평한다. 연구자로서의 여러 역할과 참여자와의 관계, 나의 배려와 관심은 어느 정도 친절하였는지보다 결과에 집착한다. 그러니 결과를 써도 연구자의 주관적인 글쓰기가 지나치지 않을까 노심초사한다. 그런 글쓰기는 질적 연구라고 불러서는 안 될 것이다. 일상에서의 메모, 다양한

관점에서의 보기와 쓰기를 통해 질적 연구자의 글쓰기를 알 수 있다. 대학원 과정에서 학기마다 하는 학위논문 계획서 발표와 최종 논문 공개발표의 메모를 보자. 너무나 비슷한 광경을 반복적으로 목격하고 있음을 글 속에서 알 수 있을 것이다. 굳이 말하지 않아도 이러한 소소하고 하찮은 것이라도 기록할 줄 아는 게 질적 연구자의 글쓰기이며, 그런 모습에서 나온 글쓰기는 다른 작품이 되는 것이다.

2014.10.22. 논문 예비 발표 메모

〈풍경〉

논문 예비 발표장의 배치는 교수 위주다. 맨 앞줄이 교수석으로, 음료와 간식 접시가 놓여 있어 대학원생들과 구분짓기를 하고 있다. 진행 방식은 교수만 질문할 수 있고, 발표자는 교수 앞에 서 있다. 그 모습에서 주눅이 들어 있는지, 자신 있는지는 알 수 없다.

교수들의 코멘트는 역시 박사학위 소지자다운 질문과 코멘트이다.
• 방법적인 면에서는 학위논문이라면 개발지향을 담을 것을 언급한다. 예) 프로그램 개발 등 결과 중심이고, 모델이나 이론이 정립되어야 석사학위논문으로 인정받을 수 있다.
• 논문내용이 대부분 인터뷰나 관찰, 설문조사 등 현장 자료수집을 한다고 하나, 현장조사를 하면서 필요한 것에 대한 언급은 하지 않는다.
• 교육현장을 조사함에 있어 필요한 내용을 모른다.
• 모델을 찾아 충분한 근거를 대야 한다고 말한다.
• 주제들이 대부분 성공요인, 성공사례를 찾아 제시한다. 정책보고서 작성인지, 연구논문 작성인지 헷갈린다.
• 석사학위 예비논문 발표자에게 석사논문을 참고문헌으로 한다 —"자존심 상하지 않느냐?"라고 묻는다.
• "선행연구가 부족했습니다"라고 하면서 제시한 참고문헌은 많다.

- 왜 이 연구를 하게 되었는지에 대해 자신의 경험을 말하는 것은 좋다. 그것으로 그쳐서는 안 되며, 그것을 기반으로 연구 주제에 대한 치밀한 내용분석이 이루어져야 하는데, 모두 자신의 경험만을 보태며 연구하게 되었다고 하며 넘어간다. 관련 연구내용 분석과 분리시키고 있다.
- 연구자 자신조차 형식에 치우쳐 있다. 형식이 중요할 뿐 내용은 무게가 너무나 가볍다.
- 가설이 있어야 목차가 나온다?
- 연구문제와 가설을 구분하지 못한 채 코멘트하고 있다. 인간의 사회생활 속 행동을 연구하는 사회과학연구에서 연구문제 제기와 가설 설정이 어떤 것인지 모르다니 역시 논문을 읽거나 쓰지 않으면서 가르치려고만 드는 모습이다.
- 가르치는 존재의 배움이 필요하다.
- 발표자가 연구윤리를 얘기하니 연구자의 연구과정이나 행위에서의 연구윤리가 아닌 연구대상(제목에 있는 것)에 있는 연구윤리가 필요하다고 코멘트 한다.

2013.10.29. 석사학위 논문 공개 발표 메모

- 최종 논문인데 연결고리가 없다.
- 목차의 나열이 중요하다.
  → 목차에 넣어야 할 내용의 순위/순서 ― 중요도를 알지 못한다.

왜 연구 틀이 있는가? 연구방법은 없고 문헌, 사례조사한 연구 틀이 전부이다.

  작은 것/큰 것　　　　　　　　　 ----
  중요한 것/중요하지 않은 것　 ---- 구분 ×

발표자의 자세― 68장의 ppt를 넘기며 청중을 배려하지 않는다.

> • 적합한 사례를 더 찾겠다고 한다.
>
> → 지금 제시한 사례도 많다.

우리는 여러 곳에서 '초심'에 대한 중요성이 강조되는 것을 목격한다. 그러나 수강생(연구자)이 연구방법론에 대해 백지인 상태라면, 연구방법론에 대한 초심은 연구방법론 교수자에 의해 좌우될 것이다. 여느 분야와 마찬가지로, 아니 무엇보다 연구방법론에서 강조되어야 할 '초심'은 연구방법을 통해 다양한 관점으로 연구 주제를 바라볼 수 있도록 동기부여가 되어야 한다.

〈연구방법론 수강생의 고백〉

'연구방법'은 어느 학문에서든 접할 수 있지만, 초보자가 느끼는 감정은 무엇을 상상하든 그 이상이다. 글쓰기(연구)보다 낯선 연구방법에 대한 두려움이 클 수밖에 없다.

나는 연구방법론 수업을 듣기 전 학술발표 준비를 위해 두 달간의 워크숍에서 연구방법을 경험했음에도 불구하고 연구방법론 수업은 분량과 강도가 수십 배 정도 차이가 나는 것 같았다.

연구방법론을 배울수록 수강생에게 가장 당혹스러운 것은 연구방법이 아니라 연구 주제가 변하는 일로 인해 방법의 설계가 다시 시작되어야 한다는 점이다. 자신이 선택한 연구 주제에 적합한 연구방법을 모르기 때문에 발생하는 이 엄청난 혼란을 막기 위해 연구방법론이 필요하다. 즉 연구방법론 수업이 궁극적으로 지향하는 목표는 연구 주제를 위한 연구방법의 선택이어야 한다.

논문 주제에 맞는 연구방법이 무엇인지, 그보다 논문 주제에 대한 탐색이 그저 단순히 자신의 관심사에서 시작한 수강생의 경우, 논문 성립에 대한 원초적인 두려움을 떨치지 못하고 연구방법이 어려워질 수밖에 없다. 일례로, 관련 논문 읽기나 내용조사를 단순히 내용습득으로 아는 수강생과 논리 구조나 연구방법에 대한 방법론적 '읽기'까지 나아가는 수강생들의 차이는 결국 논문에 대한 접근태도로 이어지게 된다.

연구방법에 대한 두려움을 극복할 수 있는 작은 실천은 자신의 주제와 관련한 연구방법이 어느 부분에서 필요한 것인지에 대한 큰 그림 속에서 얼개를 구성하는 것이다. 주제와 연구방법의 관계 속에서 목차나 내용 구성 등을 파악할 수 있다. 그러나 자신의 연구 주제에 대한 큰 설계도를 갖고 있지 않은 상태에서 방법 자체를 배우는 것은 종류의 나열을 통해 단계적으로 배우는 진도 나가기에 불과하다. 글쓰기의 당사자, 즉 연구자 본인이 연구 주제뿐만 아니라 연구윤리와 점점 멀어지게 되는 지름길로 가게 된다.

연구방법론에 대한 첫 이미지나 연구방법론에 대한 태도는 연구방법 결정으로 이어지게 된다. 따라서 연구방법론 교수자는 다양한 연구방법에 대한 첫 이미지나 연구방법에 대한 소개에 대해 고민해야 한다. 그 고민은 교수자의 차별을 통해 연구방법론 수업의 성패를 좌우하게 될 것이다. 교수자의 차별은 우등생과 열등생을 만들어내는 것이 아니라, 연구 자체에 대한 애정을 끌어내는 데 필요한 방법과 절차를 알려주고 그 길, 연구 주제에 적합한 연구방법을 설계할 수 있게끔 하는 것이다.

글쓰기에 대한 두려움은 연구자 당사자의 양심과 연구윤리로 얼마든지 극복할 수 있다. 연구방법론 교수자의 애정은 특정 연구 주제나 연구방법에 대한 호기심이나 애정이 아니라, 수강생이 선택한 연구 주제에 대한 최선의 연구방법을 선택할 수 있도록 도와주어야 한다.

안민주, 2014년 1학기 연구방법론 수업소감 중

5. 질적 글쓰기의 실험과 혁신

질적 글쓰기의 실험과 혁신은 나로부터 실천할 때 가능하다. 가장 중요한 것은 관점 전환이다. 관점 전환은 독서, 배움의 장에 참가하기를 게을리 하지 않고 비판적 글쓰기와 말하기의 축적에서 나올 수 있다. 기존의 어떠한 '글쓰기' 틀에도 구애받지 않고, 오로지 나의 연구 체험과 소산을 독자/청중/관객과 가장 적절하고 의미 있게 공유한다는 목적 하나에 충실한 '나의 글쓰기'를 시도한다. 글쓰기가 연구의 '종점'이 아닌 새로운 '시점'이고, 한 문제에 대한 '해답'이 아닌 새로운 '질문'(writing as inquiry)이며, 미완의 진행형 과정임을 강조한다.

서구, 영어 참고문헌 우월주의, 학문, 남성, 인간 등의 '중심'에서 탈주할 용기 또한 필요하다. 글의 주인인 '나'를 되찾기 위한 1인칭 주어를 사용해야 한다. 필자, 연구자보다 '나'가 되어야 한다. 최근에 이러한 방법으로 수행된 셀프연구, 자기연구라 불리는 성찰적 접근이 이루어지고 있다.

- 서덕희(2012). 사회적 소수자 연구 윤리로서의 초월: 국제결혼이주여성과 그 자녀들을 직면해야 하는 한 연구자의 성찰일지
- 김진희(2012). 자기연구, self-study, self-narrative
- 유정애 · 오수학(2012). 교육과 셀프연구

최근의 질적 글쓰기 흐름은 학문과 삶의 경계, 학문과 문학/예술의 구분, 학문 간 경계 넘나들기를 시도하고 있다. 구체적으로 현장 텍스트와 연구 텍스트의 구분이 불분명하고, 텍스트의 형식적 구분을 해체할 것을 주장하기까지 한다. 따라서 기존의 질적 연구에서 해온 구태의연한 표현/재현 장르 혁파, 새로운 장르 개발이 인터넷 서핑 속도, SNS 연결망의 확산과 견주기까지 한다. 질적 글쓰기의 구체적인 장르 예는 다양하다.

- 서사적 장르: 생애사, 전기, 자서전, 구술사
- 문학적 장르: 시, 소설, 수필, 평론, 희곡, 문집
- 실제/가상의 체험기록, 토론기록, 대화기록, 재판기록, 공문서철, 일기, 편지, 기도문, 시나리오
- 행사 보고서, 실행 보고서, 작업일지
- 기록영화(다큐멘터리, 로드무비 등), 포토 에세이, 음향 에세이, 영화 에세이(다문화교육 매체 활용 등)
- 트위터, 페이스북, 비디, 블로그 등 각종 SNS 표현물
- 수행(체험) 에스노그라피(performance ethnography), 비주얼 문화기술지
- 위 장르를 일부 활용 또는 종합한 포트폴리오

　학문 하는 사람에게 글쓰기는 기초이다. 대학원생뿐만 아니라 교수도 매일 글을 쓰지 않으면 도태된다. 글쓰기는 모든 지식인의 기초임에 틀림없다. 말하기는 지성인에게 필요한 기본이다. 글쓰기와 말하기에 능통해야 비로소 다른 사람 앞에서 자기 생각과 자기 꿈을 펼쳐 보일 수 있다. 이를 위해 고도원은 5분 글쓰기 훈련과 2분 스피치 훈련을 매일 할 것을 주장한다. 특히, 장차 한 사람을 움직이는 힘을 길러주는 데에는 글쓰기와 말하기만 한 것이 없다. 그러나 혹독한 훈련 없이는 글쓰기와 말하기는 공염불에 불과하다.

〈5분 글쓰기 훈련〉

나는 학생들을 가르칠 때 5분 글쓰기 훈련을 자주 활용한다.

5분 동안 글을 쓰려면 익숙한 방식에서 벗어날 수밖에 없으며, 따라서 대단한

무언가를 써야 한다는 부담감을 벗어낼 수 있다는 생각에서이다.

5분, 잠시도 멈추지 않고 5분 동안 글을 쓰는 것이다!

때로는 놀라운 일이 벌어진다. 자신조차 몰랐던 기억이나 감정, 생각이 떠오

르는 것이다.

-바버라 애버크롬비의 『인생을 글로 치유하는 법』 중에서

   질적 연구로 글쓰기를 할 때 연구자들이 가장 많이 참고하는 것은 관련분
야에서 출판된 논문일 것이다. 이 논문비평을 통해 연구방향, 방법, 결과의
글쓰기를 도움 받고자 한다. 그러나 그것은 어디까지나 동료의 예에 불과하
다. 자신의 논문 글쓰기에는 자신만의 관점을 담은 노하우를 고집할 필요가
있다. 지도교수와의 논문지도나 튜터링 과정에서도 지속적으로 대처해야 하
는 게 바로 글쓰기이다. 이를 위해 몇 가지 전형적인 질적 연구 학위논문 글
쓰기에서 연구자가 알아야 할 전략을 제시한다.
   첫째, 인간행동과 생활세계를 탐구함에 있어 다양한 인간의 행동과 특성
(성향)이 있음을 담아야 한다. 즉, 연구자의 위치를 명확히 해야 한다. 독자는
자신의 세상과 세계관(학력, 성, 취향, 관심사 등) 안에서 글을 읽기 때문에 연구자의
위치성을 나타내주는 방향(긍정/부정, 평범함, 이방인 등)을 명확히 한 결과의 글쓰
기가 필요하다. 표현의 범위는 독자의 입장을 고려하면서 너무 강하거나 세
지 않은 것으로 언어표현을 해야 한다. 자신의 현장 경험에서 나온 감정이나
체험담, 설명이나 이해를 돕기 위한 현장 사진 글쓰기, 기승전결의 논리적 구
성 등 다양한 글쓰기 기법을 담아야 한다. 연구 과정이 텍스트로 납득할 수

있게 자세하게 기록하라. 가령, 관찰을 했으면 언제, 어디에서, 누구와 얼마 동안 무슨 대화를 하였는지 모두 적어야 한다. 이런 사소함에서 독자들은 연구자의 치밀함에 감동 받는다. 현장에 있었다는 것을 가능하면 다양하게 제시해야 확인하는 사람들은 즐거워한다.

질적 논문의 글은 건조해서는 안 된다. 그리고 질적 논문이면서 양적 논문의 체제와 구조를 벗어나지 못한 가짜 질적 연구에 주의하라. 연구 결과가 한 개의 장(chapter)으로 구성되어 있다면, 무늬만 질적 연구로 봐도 좋다. 질적 연구는 몇 개의 이야기가 구체적으로 묘사되고 기술되어 이해를 구하기 때문에 2~3개 이상의 결과 공간이 있어야 함을 실천해야 한다. 어느 한 가지 방식으로의 글쓰기는 첫 독자인 지도교수부터 지겨워할 것이다. 또한 완벽하고 100% 진실한 것을 제시했을 때 거부감이 들 수도 있음을 명심해야 한다.

둘째, 연구(결과)는 현재진행형이며 완벽한 작품이 아니다. 우리가 연구 주제를 정하고 현장에 들어가 일정한 시간을 보내며 자료수집을 한 것은 연구자가 자신의 형편을 고려해 정한 것이지, 연구 참여자와 그 현장을 속속들이 담으려는 게 아니다. 따라서 연구자가 듣거나 보고 싶어 하는 자료들만 가지고 연구한 것에 그친다는 점을 인정해야 한다. 연구자가 보지 못한 것, 듣지 않은 것들이 수없이 많이 감추어져 있다는 사실을 명심해야 한다. 자신의 연구가 어디까지 진행된 것이고, 무엇을 수행하지 못했는지를 솔직히 밝힌다면 그것은 연구의 제한점이 아니라 연구자의 노력과정이 담긴 연구 상황의 약점인 것이다. 제한이 아닌 약점은 추후 과제로 남겨둠으로써 자신이 성취한 것과 하지 못한 것을 통해 독자에게 솔직한 이해를 구해야 한다. 그러므로 학위논문연구로 세상을 구하는 연구가 아닌 세상을 작게 알아가는 과정의 한 단면을 담는 것에 연구자로서 얼마나 최선을 다했는지 끊임없이 스스로 질문을 하며 비평해야 한다.

마지막으로 질적 글쓰기의 실험과 혁신은 오롯이 질적 연구를 수행하는 연구자들의 개인적 선택에 의한 것이지만, 그보다는 학문 후속세대 혹은 연구자들이 갖고 있는 개인적 편견이나 오해로 인해 아직까지 질적 글쓰기의 다양함을 맛보지 못했다면 다시 제자리로, 처음으로 돌아가 생각해볼 것을 권한다.

> 저는 관심사가 너무 많아 여러 분야와 주제로 뻗어 있는데, 이것이 질적 연구를 하는 데 문제가 될까요? 질적 연구 논문은 연구자의 주관적인 글로만 볼 수 있다는 생각이 드는데 어떻게 하면 좋을까요?

질적 연구 강의나 워크숍, 학위논문 발표장에서 수없이 받는 질문이다. 결국 연구자가 넘어야 하고 적절한 답을 찾아야 하지 않을까. 질적 연구 초기에 학계에서 여러 가지 편견과 오해가 논의되었다. 위 질문도 이러한 편견과 오해 안에 들어 있는 내용에 해당한다. 따라서 질적 글쓰기의 실험과 혁신은 멀리 있지 않고, 연구자 자신이 가장 높이 쌓고 있는 자신만의 벽을 넘을 때 가능해질 것이다. 누구에게는 해당되지 않지만, 누군가에게는 아직도 이러한 인식으로 인해 질적 연구에 의심을 갖거나 미심쩍어할 그들을 위해 10여 년 전으로 돌아가 질적 연구 관련 루머를 짚어보며 마무리한다. 당신은 이러한 편견과 오해에 자신만의 대답을 갖고 있는가? 그렇다면 당신은 당당한 질적 연구자이다.

- 질적 연구는 숫자나 통계를 쓰지 않는다,
- 질적 연구는 준거적 선택으로 대상을 표집한다,
- 연구기법의 차이로만 보고 관찰과 면담으로 자료를 수집하면 질적 연구이다,
- 질적 연구의 자료분석법은 체계적이지 못하다,

- 질적 연구는 신뢰도와 타당도를 강조하지 않는다,
- 질적 연구는 문화기술지와 같은 말이다,
- 질적 연구는 일반화할 수 없다.

2장

낯설게
하기와
가로지르기

1. 이동성과 다양성의 가치

　나는 하늘 쳐다보기를 좋아하고, 연구실을 내 집처럼 생각하는 50세의 사립대학 교수이다. 한때는 우리 딸들이 엄마 손을 잡고 학교로 나를 보기 위해 면회 온다며 자랑했던, 이른바 연구실지기의 한 사람이다. 내 아내는 최근에 와서야 대학교수들이 방학 때 학교에 안 나가도 된다는 것, 즉 방학이 있다는 것을 알게 되었다. 그렇다고 내가 연구실에만 틀어박혀 지독하게 글을 쓰는 스타일은 아니다. 내가 연구실에 있을 때는 현장연구에서 거둬들인 자료들을 텍스트화하는 작업을 할 때이다.

〈그림 2-1〉『미디어와 문화교육: 미디어 읽기를 위하여』(한국문화사, 2005)

〈그림 2-2〉『스토리텔링의 사회문화적 확장과 변용』(북코리아, 2011)

누가 우스갯소리로 이야기한 바와 같이 한국에서 가장 좋은 대학 중 하나인 해병대를 졸업한 것이 첫 번째 자랑거리이며, 다음으로는 나의 연구업적이다. 지금까지 나는 단독 저서 3권(『신체언어 커뮤니케이션의 기호학』, 『미디어와 문화교육: 미디어 읽기를 위하여』, 『스토리텔링의 사회문화적 확장과 변용』)을 집필했다. 이 중 『미디어와 문화교육: 미디어 읽기를 위하여』는 대한민국학술원 기초학문 분야 우수도서로 선정되었으며, 『스토리텔링의 사회문화적 확장과 변용』은 문화관광체육부 우수도서로 지정되었다. 또한 50권의 공동 저서를 출간했다. 공동 저서 중 교과서는 5종 10권이 있으며, 내가 대표 집필자를 맡았던 두산동아의 중학교 『사회』 교과서는 한국교육과정평가원 검정에서 1위를 차지한 바 있다. 또한, 논문은 단독 논문과 공동 논문을 포함하여 100편 이상 썼고, 번역서는 10권을 공동 번역했다.

50세의 평범한 교수인 나는 왜 이렇게 많은 책과 논문을 내며 글을 썼는가? 어쩌면 그 책들은 도서관 한 구석에서 주목을 받지 못하고 오랫동안 꽂혀 있거나 출판사의 창고에 재고로 보관되어 있을 수도 있다. 또한 나의 논문이 그 누구도 인용하지 않는 허접한 논문 취급을 받을 수도 있다. 그러나 중요한 것은 "내가 존재하고, 그러기에 나는 쓴다"는 것이다. 24세에 대학원에 입학하고, 34세에 교수가 되고, 지금까지 만 15년 동안 1년에 공저를 포함하여 평균 2.5편의 저서와 6.5편의 논문을 썼다. 이러한 실적은 밥 먹고 잠자는 시간, 강의하는 시간과 현지연구하는 시간을 제외하고는 거의 연구실에서 글을 써야만 나올 수 있는 업적이다. 그 덕분에 나는 40대 초반에 반백이 되었고, 노안도 빨리 시작되었다. 나는 이것을 학문이 내게 준 훈장이라고 생각하고, 당연한 학자의 책무라고 생각한다.

나는 교수가 되면서 학자로서 평생의 목표를 공동 저서와 번역서를 포함하여 100권의 저서, 150편의 논문 저술로 삼고 노력해왔다. 교수가 된 지 15년이 지나고 앞으로 15년이 남은 현재의 시점에서 나의 목표를 돌아보면 저서는 60%, 논문은 70% 이상을 완수했다. 앞으로 15년이 더 흐르기 전에 이러한 목표를 달성하고 아내와 작은 텃밭을 가꾸는 삶을 사는 것이 나의 작은 바람이다.

이런 업적을 내는 것에 대해 주변의 동료 학자들은 내게 잡식성 학자, 다작의 귀재, 논문공장의 공장장이라고 부르기도 하고, 때로는 '프로젝트 사냥꾼'이라는 용어를 서슴지 않고 이야기한다. 나는 그런 학자들을 보면서 '학자들이 연구하기도 바쁜데 남의 이야기를 할 시간이 있을까?' 하는 생각이 들기도 한다. 나는 모든 학자들, 교수들은 그 숫자만큼의 세상을 가졌으니 다른 세상에 있는 사람들에게 무어라 나무랄 필요가 없다고 생각한다. 그런데 다행히 세상이 좋아져 잡식성이라 비난받던 나는 '융합'이라는 그럴싸한 명칭으로 긍정적인 이미지를 갖게 되었고, '논문공장'이라는 평가 역시 '학교평가'의 잣대에서 학교의 기여자로 바뀌게 되었다. 내가 하고 싶은 연구를 하다가 쌓은 학문적 업적이 시대가 변화하면서 새로운 가치로 주목받게 되었으니 나는 요즘 늘 시대적 변화에 감사할 따름이다.

이쯤에서 내가 저서와 논문을 다작한 이유와 그 노하우에 대해 설명해야 할 것 같다. 내 노하우는 다른 게 없다. 연구 프로젝트를 최대한 논문으로 연결한 것이다. 그리고 이 방대한 작업들은 나 혼자서만 이룬 것이 아니라 '동명사'라는 나의 제자들의 학문공동체와 함께했다.* 현재까지 17명의 박사를 배출했고, 20명의 풀타임 박사과정과 3명의 박사후 연구원, 2명의 전임연구원, 2명의 연구교수, 1명의 강의전담교수를 보유하고 있다. 이런 인적 자원들이 보유된 내 연구실은 잘 짜인 학문공동체로, 집단연구의 중심센터 역할

---

* 동명사란 '인하대 동명(同名)의 사람들'의 약자로, 내 연구실의 문하생(문화정책 전공, 사회교육 전공, 다문화교육 전공)들이 세상에 이름을 빛내려는 의지로 뭉친 학문적 동지들의 모임이며, 온라인 카페를 운영하고 있다. 동명사의 결성 취지는 '동문수학(同門修學)', '명문천하(名聞天下)'를 표방하고 있어서 한 스승 밑에서 같이 학문을 닦고 배워, 이름을 세상에 널리 알리고자 하는 의도를 지닌다. 카페 주소는 http://cafe.daum.net/inha-dongmyung이다.

을 한다. 오히려 혹자는 이 정도 규모의 연구실에서 배출하는 연구 실적으론 저조하지 않은가 하는 딴죽을 걸 수도 있다고 본다.

이쯤에서 독자들은 궁금해할 것이다. 인문학을 기본으로 하는 학자가 어떻게 다수의 연구 프로젝트와 공학자들이 할 수 있는 다수의 연구실적을 생산할 수 있을까? 이런 의문은 내 삶을 들여다보면 이해할 수 있을 것이다. 이는 어떻게 보면 나의 자기 자랑으로 비추어질 수 있다. 그래서 편집자인 안동대 김진희 교수로부터 이 책의 취지와 내가 써야 하는 내용을 들었을 때 거절할까 고민도 했다. 실제로 나는 이런 글을 교수 임용 20주년이 되는 2019년, 즉 5년 후인 만 55세에 글로 남기려고 계획했다. 내가 나의 계획을 뒤로하고 이 글을 쓰기로 흔쾌히 승낙한 것은 55세가 되면 눈도 더욱 침침해질 테고 책상에 앉아서 집중하기가 더욱 어려워질지도 모른다는 생각이 들었기 때문이다. 그래서 이번 기회에 나의 생각을 정리해보기로 했다.

나는 틀림없이 질적 연구자이다. 좋은 질적 연구자, 훌륭한 질적 연구자라고 보기는 어렵지만, 나름 괜찮은 질적 연구자임을 자부한다. 그 이유는 내가 만든 질적 연구모형으로 현상을 기술하고 설명하고 해석할 수 있기 때문이다. 이 부분에 대해서는 6장에서 다시 만나게 될 것이다. 다시 나의 이야기로 돌아가, 내가 나름 괜찮은 질적 연구자가 된 것에는 내가 자란 환경도 영향을 미쳤다. 내가 경험한 잦은 이동과 이에 따른 다양성은 내 삶에 큰 영향을 주었다.

나는 강원도 양구에서 태어났다. '양구(陽口)'는 금강산 입구라는 유래를 따라 만들어진 지명이다. 양구는 박수근 화백의 고향, 선사유적지, 파로호, 수려한 산 그리고 많은 군부대와 군인들로 알려진 곳이다. 우리 집안은 그 지역 일대의 경주 김 씨(慶州金氏) 태사공파(太師公派) 문중의 중심이 되는 가문으로, 나의 할아버지는 항일운동을 적극적으로 지원하고 도왔던 분이다. 그런 이유로 내 아버지와 숙부는 일본 홋카이도에 끌려가 3년간 일본군의 비행장

건설에 노역을 해야만 했다. 귀국 후 아버지는 의용소방대를 조직하고 농촌 계몽을 위한 일을 하셨다. 나의 아버지는 당시 이장을 지내시면서 우리 마을에 새마을운동을 도입하신 것으로 기억된다. 이런 아버지의 영향으로 나는 철저한 민족주의 교육을 받으며 성장했다. 우리 동네는 절반 이상이 친척으로 구성된 이른바 집성촌이었고, 그곳에서 나는 마을의 운명을 개척할 지도자 수업을 받으며 자랐다. 그러나 어머니는 아버지와 다른 양육 방식으로 나는 기르셨다. 어머니는 비교적 사교적이신 분이셨다. 어머니는 다른 마을에도 많은 친구들이 있었고, 양구를 벗어나서도 아는 분들이 꽤 계셨다. 어머니는 어린 나를 데리고 이곳저곳을 다니며 많은 사람을 만나게 하셨다. 그리고 궁금증과 호기심이 많아 많은 질문을 던지는 내게 늘 천천히 또렷하게 가르쳐주셨다. 나는 어머니에게 감수성과 사회성을, 아버지에게 리더십과 책임감을 배웠다. 그 덕분에 나는 초등학교와 중학교에서 면장의 자제와 큰 장사를 하는 자제들을 제치고 반장과 회장직을 할 수 있었다. 공부도 늘 상위권을 유지했다. 그럴 때면 어머니는 먹기 귀했던 짜장면과 탕수육을 사주셨고, 서점에서 내가 원하는 책을 구입해주셨다. 나는 서점에서 주로 푸른 표지로 되어 있는 자유교양 도서를 주로 골랐던 것으로 기억된다.

나는 꿈이 많던 청소년 시절에 심훈의 소설 『상록수』를 읽고 평생을 가르치는 직업을 갖고 브나로드 운동을 하겠다는 다짐을 한 적이 있다. 그 후 대학에서 80년대 학번이라면 모두 투사였듯이 민주주의를 위한 시위도, 야학 서클 활동도 열심히 했던 것으로 기억된다. 그리고 가르치는 것에 대한 전문성을 쌓고자 교직과목을 선택하여 교사자격증을 획득했다. 이런 다짐과 경험들은 내가 사범대학에서의 교수를 선택하게 된 계기가 되었다.

대학생활 내내 나는 불분명한 미래에 대한 준비와 동경하던 브나로드 운동 사이에서 심한 갈등을 겪었다. 이런 갈등으로 군 입대를 미루었고, 결국 졸업을 앞두고 해병대 장교를 선택했다. 내가 해병대로 군 입대를 생각한 것에는 네 명의 누나들의 영향도 컸던 것 같다. 어릴 적부터 누나들은 나를 늘 여자애처럼 취급하고, 나 역시 누나들을 '언니'라고 불렀을 만큼 여성적 문화에 민감해 있었다. 이를 벗어나기 위해 나는 가장 남자다운 군대를 선택했다. 진해와 포항에서 예비장교 훈련을 받고 영광스러운 해병 소위로 임관했다. 그 후 광주에서 소대장 직무 교육인 기초군사반을 거쳐 김포 반도에서 소대장 생활을 했다. 김포 반도에서의 군대생활은 훗날 교수가 되고 나서 김포 검단 일대의 마을을 연구하는 데 큰 도움이 되었다. 그 후 중위로 진급하면서 책을 볼 수 있는 여유를 갖게 되었고, 대위가 되어서는 현재 검단 가현산 중턱에 위치하고 있는 해병 2사단본부에서 장교 생활을 하게 되었다. 이때 나는 모교인 중앙대학교의 야간대학원에서 공부를 시작했다. 당시 배움에 대한 열망은 군대생활보다 날 더 지배했다. 대위는 군대에서 중간 간부이며 직업 군인이지만, 사단 본부에서 장교생활과 대학원 생활을 하면서 가르치는 직업을 가지는 것보다 대학교수가 되겠다는 다짐으로 유학을 결심했다.

그런 결심을 굳힌 후 주경야독으로 유학시험을 준비했다. 시험 준비를 하면서 아내 윤현순을 중매로 만나 결혼하게 되었다. 아내 역시 음대에서 피아노를 전공했고, 독일로 종교음악 공부를 하러 가기 위해 준비하고 있던 중이었다. 아내의 집안은 대를 이은 기독교 집안이었고, 우리 집안은 불교 집안이었다. 결혼을 하게 되고 지금까지 아내와 동지 사이를 잘 이어오고 있는 것은 아내의 현명함과 너그러운 이해심 덕분이다.

지나온 내 과거를 주저리 늘어놓은 이유는 내 과거 경험이 지금의 내가 행하는 질적 연구를 풍부하게 해주었기 때문이다. 내가 경험한 이동성과 다양성은 질적 연구를 행하는 기본자세를 설정했으며, 연구 과정에서 생기는 다양한 문제들을 극복하는 데 도움을 주었다.

질적 연구자에게 경험은 자신이 수행하는 연구를 풍부하게 만든다. 강원도 양구에서 태어나서 중학교 때까지 경험한 수려한 자연환경과 가난한 농촌의 기억, 고등학생 시절을 보냈던 도시 춘천의 기억들, 대학시절 서울의 각박하고도 힘들었던 생활과 기숙사 경험들은 나의 시각을 다양하게 해주었다. 대학 졸업 후 군 장교 임관을 위한 훈련지였던 진해, 포항, 기초군사반 훈련을 받았던 광주, 첫 장교복무지였던 경기 김포와 강화, 그리고 안양 수도군단에서의 파견시절 역시 남들은 하지 못하는 다양한 경험으로 새로운 생각과 견해를 갖게 해주었다. 군 전역 후 국비유학생으로 선발되어 떠난 독일 만하임에서의 어학연수, 베를린과 포츠담에서의 석·박사 시절, 박사과정 중 미국 애리조나 주립대학 인류학 연구소의 자료수집 연구활동, 독일에서의 학위 후 조선대 연구교수, 경북대 연구교수 등으로 전라도와 경상도 지역에서의 교수생활 등 다양하고 많은 지역을 옮겨가며 지역적 경험과 문화 다양성을 몸소 체험했다.

그 후 나는 해외 현지연구뿐만 아니라 국내에서도 많은 공간을 옮겨 다녔다. 나는 동남아 지역, 중앙아시아 등 여러 나라에서 현지연구를 수행했다. 그뿐만 아니라 한국 내에서 향토문화전자대전 연구지였던 경기 부천과 서울 구로, LH공사의 사이버고향전시관 자료수집을 위한 인천·검단 등에서의 현지연구, 한국연구재단의 사회과학 지정 주제 사업 일환으로 강화도에서의 다문화가족 현장연구와 제주도 현장연구, 제주발전연구원에서 수행했던 제주지역의 스토리텔링 자원연구 등을

〈그림 2-3〉 매주 2회씩 하는 트레킹(2013.10)

수행했다. 특히 내가 자랑스럽게 생각하는 『베트남문화의 오디세이』 저작을 위한 5년간의 베트남 현지연구, 중국 소수민족 연구를 위한 윈난 성의 차마고도 일대 거주 소수민족 문화 답사 등에서 얻은 다양성은 나의 질적 연구자로서의 시각을 세련되게 만들지 않았나 하는 생각이 든다.

우리나라 학자들이 주로 북미에서 열리는 콘퍼런스에 참석하는 데 반해 나는 중국, 동남아, 중앙아시아, 동유럽 등지에서 열리는 학술대회에 참여했다. 현재 학술적으로 교류하는 대부분의 학자들은 거의 이 지역의 학자들이다. 또한 밴쿠버 브리티시컬럼비아 대학(UBC) 아시아연구센터에서의 안식년 기간 동안 해외 한국학의 중요성을 인식하게 되었다. 학술활동과 현지연구는 내가 지닌 로컬적 다양성을 글로벌 다양성으로 전환시키는 기회가 되었다. 앞으로 글로컬 마인드를 반영하는 연구를 해야 한다는 생각을 하게 되었고, 내가 수행했던 연구들을 글로컬적 시각으로 재해석할 기회를 갖게 되었다. 2013년 BK플러스 창의인재사업에서 수주받은 '글로컬 다문화교육 전문인력 양성사업'이라는 연구사업이 이에 속한다. 이렇듯 질적 연구자의 경험은 인재양성에 기여할 뿐만 아니라 다문화교육학이라는 인문사회 융합의 새로운 방향의 학문분과를 창출하게 했다.

앞서 이야기했듯이, 나는 내가 훌륭한 질적 연구자라고 자부하지 않는다. 다만 괜찮은 질적 연구자라고 생각한다. 내가 괜찮은 질적 연구자가 된 것은 거주나 체류하는 공간의 이동성과 다양성에 의해서이며, 이것이 내 학문을 아름답게 만들어주었다. 조용히 페이퍼 워크를 하고 책상에서 머리를 쓰는 연구자와는 달리 나는 자료를 찾아 움직이고 협업하고 말하길 즐기며 역동적으로 움직이는 연구자가 되었다.

좋은 질적 연구자가 되려면 자신의 주변에 산재한 다양한 경험을 즐겨야 하며, 길 떠나기를 즐겨야 한다. 내 집에는 언제나 배낭이 있고, 지금도 매주 2회 트레킹을 즐긴다. 나는 언제나 자료를 찾으러 떠날 준비가 되어 있다.

2. 낯설게 하기: 기호학과의 만남

모든 학자들, 특히 질적 연구자들은 자신의 이론적인 렌즈를 가져야 한다. 그것이 사물과 현상을 대하는 연구자의 입장이다. 나의 이론적 렌즈의 기초는 구조주의 기호학적 시각이 전제되어 있다. 그 이유는 '누구에게 학문 수련을 했는가?'와도 관련이 있다. 자신의 지도교수가 누구인지, 그가 어떤 생각을 가졌는지, 그의 사유가 어떤 철학적 패러다임으로 설명될 수 있는지 등은 질적 연구자에게 매우 중요한 이슈이다. 이에 따라 도제로서 수련 받는 기간 동안 일정한 영향을 받는 것은 사실이다. 박사 학위를 받고 그의 문하에서 세상으로 나와서도 그 영향은 오래 남아 있다. 그것은 때로 '계보'라고 불리거나 '학파' 혹은 독일어로 '슐레(Schuele)'라고 불린다. 우리나라에서는 이런 학문적 계보보다는 '어느 대학 출신인가?' 그다음 '지도교수가 누구인가?'를 따지는 것을 보면 연구자에게 이론적 렌즈, 즉 어떤 마인드를 가졌느냐보다는 어떤 옷을 입었느냐를 더 따지는 것 같다.

이왕 말이 시작되었으니 내 학문적 사상의 기반은 무엇인가를 설명하고자 한다. 독일 유학시절로 거슬러 올라가보자. 한국에서 석사 학위를 했기에 독일 유학은 박사학위과정으로 진학하려고 했다. 그러기 위해서는 지도교수의 초청장이 필요했다. 당시에 아우크스부르크 대학에서 포츠담 대학으로 자리를 옮긴 언어철학자인 베게너 하이데(Wegner Heide) 교수에게 초청장을 받았다.

포츠담은 베를린에서 기차로 1시간 정도 떨어진 자그만 도시지만, 브란덴부르크의 주요 도시이자 구동독의 도시로, 포츠담 선언과 상수시(sans-souci) 파크로 유명하다. 포츠담의 대부분의 유학생들은 베를린에 거주한다. 나는 베게너 하이데 교수와 인연이 되어 독일로 가게 되었지만 베를린에서 생활하면서, 특히 베를린 공대 가까이 살면서 베를린 공대 도서관을 이용하게 되었고, 여기서 베를린 기호학 콜로키엄에 정기적으로 참여하게 되었다. 그러면서 기호학에 관한 학문적 관심을 갖게 되었다. 학부 때 촘스키, 소쉬르, 비트겐슈타인, 레비-스트로스, 훔볼트 등을 배운 것은 사실이지만 기호학 슐레에서 깊이 있게 세상의 기호들을 문화와 연관 지어 연구하는 학자들을 보면서 기호학에 빠지게 되었다. 마침 베를린 공대 문화기호학연구소 소장인 롤란트 포스너(Roland Posner) 교수의 「세계 몸짓언어 사전 편찬」 프로젝트에 가담하게 되었고, 여기서 자연스럽게 전문석사과정을 공부하게 되었다. 포츠담에서는 언어학으로 박사과정을, 베를린 공대에서는 문화기호학과의 미디어교육 석사과정을 다니게 된 셈이다.

기호학과의 만남은 내 인생의 전환점을 만들어주었다. 베를린 기호학 모임에서 나는 내 박사 지도교수인 하르트무트 체플루흐(Hartmut Czepluch) 교수와 극적으로 만나게 되었다. 체플루흐 교수는 '인간 두뇌의 보편소들이 어떻게 문화 간 차이를 만들어내는 언어와 비언어적 표현으로 나오는가? 이것은 문화와 어떤 관련을 맺는가?'와 같은 범주의 연구를 하고 있었다. 체플루흐 교수는 체코계 독일인으로, 당대 구조주의 인류학의 창시자로 추앙받고 있던 레비-스트로스(Lévi-Strauss) 교수의 제자였다.

베를린 기호학연구소는 내게 지적 충전소 역할을 해주었던 곳이다. 프라그학파의 화용론을 계승하여 기호화용론을 창시한 롤란트 포스너 교수, 볼로냐 대학의 당대 최고의 담론 기호학자인 움베르토 에코(Umberto Eco) 교수, 기호학 사전을 집대성한 카셀 대학의 빈프레드 뇌트(Winfred Noeth), 베를린 자유

〈그림 2-4〉 베를린 공대의 기호학연구소(1992.10)

대학의 로만학연구소 위르겐 트라반트(Uergen Trabant) 교수 등 당대 최고의 기
호학자들을 이 연구소에서 만날 수 있었다. 기호학 분야의 석학들이 주관하
는 논문 발표를 듣거나 세미나에 참석하는 것은 내게 큰 기쁨이었다. 베를린
기호학연구소에서 주관하는 벨리너 세미오틱 콜로키엄의 공동 관심은 바로
프라그마틱적(화용론적) 전환에 있었다.

　기호학에 매료되면서 점차 나는 처음에 공부하려던 언어철학에서 너무 멀
리 왔다는 것을 깨닫고 포츠담 대학의 베게너 교수를 만나 학문적 전환 계
기와 내가 하고 싶은 공부에 대해 말씀드렸다. 그분은 잠깐의 망설임도 없이
"학자는 흥미 있는 것을 공부해야 하고 연구해야 해"라는 말로 지도교수로
서의 책임을 내려주셨다. 나는 그 후로 학문하는 데 흥미는 매우 중요하다는
생각을 하게 되었고, "즐겁지 않은 것은 독이다"라는 말을 신봉하게 되었다.
그래서 내가 하는 학문을 즐겁게 할 수 있도록 자기최면도 걸고, 학문을 통
해 행복해지려고 노력했다.

　나는 베를린에서의 유학생활 내내 하루하루를 기쁨으로 살았다. 학교 도
서관에 가는 것도, 잘 알아듣지는 못했지만 기호학자들의 수업을 듣는 것도

나에게는 큰 즐거움이었다. 나는 지금도 가끔 베를린의 숲과 호수, 베를린 자유대학 도서관의 책 냄새, 대학 학생식당인 멘자에서 금요일 점심에 나오는 생선 커틀릿, 아침마다 우리 집 앞 빵집에서 풍겨 오는 크로와상 냄새, 모퉁이 커피숍의 달마이어 커피향을 떠올린다. 이 모든 것이 나에게는 돌아가고 싶은 그리움이다.

앞에서 질적 연구자는 어떤 스승을 만나느냐가 매우 중요하다고 이야기했다. 학문적 수련 과정에서 어떤 생각을 지닌 교수를 만나느냐는 것은 그 학자의 학문적 인생에 큰 영향을 미친다. 롤란트 포스너 교수는 매우 개방적이며, 맺고 끊는 것이 분명한 학자였다. 그는 독일과학재단으로부터 국가단위의 거대한 연구비를 수주해 동작 인식 패턴 로봇 프로젝트를 수행했다. 베를린 공대에서 인문학자가 융합연구의 연구책임자를 맡고 진행하는 것이 예삿일은 아니었다. 나는 이 프로젝트에 참여하면서 아시아인의 비언어 기호들을 채집하고 분석하는 역할을 맡게 되었다. 여기서 나는 학문적 융합과 참여자들 간의 협동이 필요함을 알았다.

또한 나는 베를린 자유대학 체플루흐 교수로부터 따뜻한 인간미를 배웠다. 파이프 담배 애연가인 그는 180센티미터의 장신에 큰 몸짓, 거기에 여름만 빼고 매일 같은 바바리……. 바바리가 바람에 날릴 때 풍기는 퀼런 냄새는 아직도 잊지 못한다. 그가 자신의 연구실에서 복도를 거쳐 강의실에 올 때마다 강하게 풍기던 퀼런 냄새는 여학생들의 인기를 독차지하기에 충분했다. 남자인 나도 다크 초콜릿향의 퀼런 냄새가 그렇게 좋았다. 그렇지만 그 매력은 결국 그를 폐암 환자로 만들었다.

그는 독일어를 썩 잘하지 못하는 한국 유학생인 나와 대화 나누는 것을 좋아했다. 지금 생각하면 그는 진정한 그리스도의 실천자인 것 같다. 아마 레비스토리안(레비-스트로스 계열 학자)이었기 때문이라고 생각한다. 그는 덩치에 비해 매우 예민하고 감성적이었다. 다양한 나라의 음식을 좋아하여 한국음식을 먹을 때는 늘 쿠담의 '김치레스토랑'에 나를 대동했고, 음식 이야기 듣기를 좋아했으며, 제자의 나라 이야기에 귀를 기울여주었다. 그는 항상 내게 어린아이처럼 많은 것을 물었고, 늘 노트에 그것들을 적었다. 내 생각엔 내 이야기가 중요한 것이 아닌 것 같은데도 그는 항상 수업시간에 학생들에게 '낯설게 하기'의 실천을 강조했다. "여러분, 오늘 아침 커피를 마시고 오셨지요? 그런데 그 커피 농장에서 커피 원두가 얼마의 가격에 팔리는지 아세요?" 그는 늘 질문했고, 세상의 당연한 것들에 대해 호기심을 가졌다. 그러면서 "당연한 것을 낯설게 읽어야 하는 것은 우리가 존재하고 있다는 증거입니다"라고 말했다. 우리에게 일상은 그에게 있어 늘 새로움이었다.

그는 조용한 전원생활을 좋아했기에 대도시 베를린 근처의 괴팅겐에 거주했다. 그리고 결국 내가 박사논문을 내던 학기에는 괴팅겐과 가까운 마그데부르크 대학으로 자리를 옮겼다. 이 때문에 나는 박사논문 집필 말기에는 베를린에서 괴팅겐과 마그데부르크를 오가면서 생활했다. 그는 식사시간에 나와 내 논문의 진행사항에 대해 이야기하기를 좋아했고, 산책시간에 내게 논문의 방향을 알려주기도 했다. 독일은 지도교수가 옮기면 제자들도 따라 학교를 옮기는 것이 자연스럽다. 그런데도 체플루흐 교수는 내게 "헤어 킴 (Herr Kim)이 직접 결정하라"고 하셨다. 아무래도 한국에서는 베를린 자유대학이 명문이라고 알려져 있고, 한 학기만 남아 있었기 때문에 베를린에서 졸업하기로 했다. 졸업한 후에도 선생님은 내게 마그데부르크 대학의 조교 자리를 주선해주셨다. 그런데 둘째아이인 주의 출산 후 아내의 향수병이 나로 하여금 교수님의 조교 알선을 선의로 거절할 수밖에 없게 했다. 박사학위 취득을 위한 구두시험에서도 내가 제대로 답변하지 못한 부분에서 체플루흐 교수는 내 편이 되어 혹독한 질문에 대한 답변을 해주셨다. 2시간 30분 정도 진행된 심사과정이 끝나고 심사장에서 나온 20여 분은 그야말로 가장 느린 시간의 흐름이었다. 이윽고 문이 열리고 지도교수님이 밝게 웃으시면서 "그라추리어레! 독토르 킴(Gratuliere! Doktor Kim)" 하시면서 악수를 청했고, 심사에 참여했던 다섯 분의 교수님이 차례차례 악수로 축하해주었다. 지도교수는 심사가 끝나고 심사장에서 좀 오랜 시간 논의한 것이 내 점수를 어떻게 할 것인가를 논의하기 위해서라고 이야기했다. 대부분 교수님들의 논문 평이 좋아 점수를 집계해보니 '마그나 쿰 라우데(magna cum laude)'를 넘었다고 한다. 이 점수는 독일 학생들도 잘 받지 못하는 훌륭한 점수이며, 최근 외국인 졸업생에게 주어진 최고의 점수여서 논의가 되었다고 했다. 이에 지도교수는 아마 레비스토리안답게 모든 인간의 평등함을 주장하셨던 것으로 추측할 수 있다.

내가 그에게서 배운 것은 무릇 질적 연구자는 따뜻한 가슴을 가져야 하고, 늘 아이와 같은 호기심으로 당연한 것을 낯설게 봐야 한다는 것이다. 나는 몸소 보여주었던 내 지도교수의 가르침을 따르려고 노력하고 있다. 지도교수인 체플루흐 교수로부터 어떤 지식보다도 그의 휴머니즘과 낯설게 하기의 실천을 배웠고, 학자이기 이전에 따뜻한 감성을 가진 인간임을 배웠다. 외국인인 나에게 늘 공평한 기회를 주었고, 긍정적인 기대감을 주었다.

그런 의미에서 나는 참 운이 좋은 사람이라고 생각한다. 베를린에서의 나의 학문생활을 요약하자면 세계적인 기호학자 롤란트 포스너 교수를 통해 기호학과 만났다는 것이며, 인류애를 실천하셨던 레비-스트로스의 제자인 박사학위 지도교수를 만났다는 것이다. 내 학문여정에서 나를 가장 치열하게 한 것도, 나를 가장 인간답게 한 것도 모두 그들이 내게 준 무한한 사랑의 실천이다.

생각해보면, 질적 연구자에게 어떤 학자의 수업을 듣고 어떤 교류를 했는가는 현재 연구의 관심에 매우 중요한 역할을 한다. 구조주의 기호학자인 내가 다문화교육 연구를 하게 된 동기도 내 지도교수의 스승이신 레비-스트로스가 행한 인간에 대한 사랑의 실천을 본받은 것이 아니겠는가? 비록 레비-스트로스 선생님께 직접 사사를 받지 못했지만, 나의 지도교수는 그런 삶을 좇았을 것이고 그 역시 공공의 삶을 살았다. 그래서 질적 연구자에게는 누구를 만나서 배움을 행했는가가 매우 중요하다. 그 이유는 양적 연구가 통계적 방법의 보편적 연구방법을 사용한다면, 질적 연구는 매우 독특하여 주관적이며 토속적인 방법을 사용하기 때문이 아닐까 생각한다. 그런 학문 수련과정 속에서 자연스럽게 스승을 본받게 되는 것이 아닐까.

질적 연구는 슈퍼바이저, 지도교수가 누구인가, 그가 어떤 생각을 가졌는가가 매우 중요하다. 그 이유는 슈퍼바이저가 제자인 후학 연구자들의 세상을 보는 눈을 어떻게 형성해주는가, 즉 연구자의 이론적 렌즈 형성에 영향을 주기 때문이다. 여러분이 만약 질적 연구를 시작하려 한다면, 학문기능공이 아닌 진정한 질적 연구자가 되려 한다면 현장연구를 중요시하고 인간을 존중할 줄 아는 지도교수를 만나라고 조언하고 싶다. 지금 막 질적 연구로 길을 떠나려는 대학원생 여러분! 당신들은 학문기능공이 되겠는가, 아니면 진정한 학자가 되겠는가? 그 답은 여러분 자신이 해결해야 할 문제다.

3. 이론과 실천 사이: 내가 쓴 책

대부분의 질적 연구방법론 책은 매우 어렵다. 읽다 보면 무슨 이야기인지 질적 연구자인 나도 잘 모르는 경우가 많다. 대학원 석사시절부터 지금까지 25년 정도 질적 연구를 수행해온 나로서도 질적 연구방법론 책을 읽거나 학생들이 그 책에서 질문해올 때 이해가 되지 않거나 설명하기 어려운 부분들이 있다. 역시 나는 부족한 질적 연구자인가 보다. 질적 연구방법을 기술한 대다수의 책들은 질적 연구의 벽을 너무 높여놓은 듯하다. 그래서 질적 연구로의 여행을 떠나는 대학원생들이 연구를 시작하는 데 많은 어려움을 겪고 있다. 여행을 하고자 할 때 우리는 서점을 찾아 여행지의 정보가 담긴 서적들을 둘러본다. 그러다가 좀 이해하기 쉽게 쓴 책을 선택하게 된다. 그것은 당연한 것이다. 그런데 우리의 질적 연구방법 책들은 매우 어려워 여행을 떠날 엄두도 내지 못할 정도이다. 나는 질적 연구자의 책에 대해 이렇게 생각한다. 일단 읽으면 흥미로워야 한다. 잡으면 끝까지 읽을 수 있어야 한다. 내가 지금까지 저술한 책은 비교적 쉽고 흥미롭다. 나는 일단 책을 잡으면 적어도 한 챕터는 능히 읽을 수 있도록 현학적인 내용을 지양하고 있다.

학자는 강연과 저서 그리고 논문으로 자신의 사상과 철학을 이야기해야 한다. 강의 내용과 저작물에서 해당 연구자의 학문적 행로가 드러난다. 따라서 어떤 학자를 이해하려면 그가 어떤 논문을 쓰고 어떤 저술을 했느냐를 살펴보아야 한다. 왜냐하면 이 작업은 그 학자의 학문적 궤적을 이해하는 데 매우 중요하기 때문이다. 질적 연구로의 여행을 출발하려는, 학문 수련의 출발점에 서 있는 대학원생들은 자신의 지도교수가 어떤 학자인지 검증해보라. 그러려면 그의 저술을 꼼꼼히 들여다볼 필요가 있다.

나는 앞에서 공저를 포함해서 내가 쓴 논문과 저서의 수에 대해 이야기했다. 물론 연구업적의 수는 중요하지 않다. 중요한 것은 연구물에 묻어 있는 학문적 열정이다. 내가 쓴 논문은 주로 미디어교육, 문화사례 분석과 문화연구, 문화산업과 문화콘텐츠, 스토리텔링, 문화교육, 마을연구와 디지털 에스노그라피, 다문화교육의 학문영역에 해당한다. 여기에는 지면관계상 모든 논문을 열거할 수 없고 저술서만 열거할 것이다.

나는 1999년 귀국하여 경북대학교에서 박사후 과정을 마쳤다. 경북대학교 박사 후 과정은 당시 총장으로 있던 박찬석 총장이 한국 최초로 만든 포스트닥터 제도이다. 그 시기에 함께 포스트닥을 했던 동료들은 모두 해당 분야의 중진교수가 되었다. 가깝게 지내던 김선정 선생은 영국 SOAS에서 언어학 박사를 하고 경북대 포스트닥터를 거쳐 계명대 한국문화정보학과의 전임이 되었으며, 채형복 교수는 프랑스에서 국제법을 전공하고 영남대 법대를 거쳐 현재 경북대 로스쿨 교수가 되었다. 두 분 다 해당 분야의 톱을 달리는 분들이다. 나는 경북대 중등교육연구소에서 국어교육과 임지룡 교수를 포스트닥터 호스트로 모시고 신체언어연구와 문화교육에 관한 연구를 시작했다. 이때는 주로 신체언어, 기호학, 문화교육에 관한 이론적 연구의 저작물이 주를 이루었다.

그 후 나는 경북대 포닥을 거쳐 조선대에서 연구교수로 재직하게 되었다. 그때 나는 주로 서강대 철학과의 이정우 교수와 대중철학자로 명성을 날리셨던 조광제 교수가 주도했던 철학아카데미에서 기호학 이론과 실천기호학을 가르쳤다. 아울러 기호학의 대중화를 위한 기호학연대를 조직하여 기호학의 대중화를 실천하려고 노력했다. 그때 함께했던 학자들은 한양대 이도흠 교수, 경희대 김기국 교수, 부산외대 박상진 교수 등이다. 그때는 주로 이론을 어떻게 실천으로 연결할지를 고민했던 시기였던 것 같다. 경북대 포닥과 연구교수, 조선대 연구교수 시절에 집필했던 단독 저서로는『신체언어 커뮤니케이션의 기호학』(커뮤니케이션북스, 2001)이 있다. 공저의 북 챕터와 저서를 소개하면 다음과 같다.＊"기호학으로 영상텍스트의 코드 읽기",『기호학과 철학 그리고 예술』(소명출판, 2002), "모드로 세상을 읽다: 멋의 기호학",『기호학으로 세상 읽기』(소명출판, 2002), "'2%' 광고의 숨은 의미 찾기",『대중문화 낯설게 읽기』(문학과경계사, 2003), "몸짓의 문화, 문화의 손짓",『몸과 몸짓 문화의 리얼리티』(소명출판, 2003), "문화기호학, 문화 읽기의 이론적 틀",『지식의 사회 문화의 시대』(경북대 출판부, 2004) 등이다.

그 후 인하대학교 사회교육과로 자리를 옮겨 저술한 책은『문화와 기호: 문화기호학의 이념과 실천』(인하대학교 출판부, 2004), "도시공간의 기호학: 외시경과 내시경적 관찰",『공간과 도시의 의미들』(소명출판, 2004), "기호학으로 영상광고 낯설게 읽기",『광고비평의 이해』(한울아카데미, 2004),『몸짓 기호와 손짓 언어: 교사–학생 간 비언어 의사소통 연구』(한국문화사, 2007)가 있다. 이 중 기호학연대에서 공저를 한『기호학으로 세상 읽기』와『대중문화 낯설게 읽기』는 독자들로부터 좋은 평가를 받았으며, 문화관광체육부의 우수도서로 선정되기도 했다.

이후 나는 미디어로 인식과 분석의 관점을 확장해나가기 시작했다. 이때 나는 기호학으로, 이론만으로는 세상을 바꿀 수 없다는 질적 연구자의 절망을 현실에서 감지하기 시작했다. '학자의 학문이 현실을 외면한다면 죽은 학문이나 다름없다'고 평소 생각해왔던 바대로 기호학적 삶은 적어도 우리 한

＊ " " 안은 공동 저서의 내가 쓴 챕터 제목이고,『 』는 공동 저서 혹은 단독 저서명이며, ( )는 출판사와 출판 연도를 표시했다.

국에서 억압받는 모든 인간 존재들을 해방시킬 수 없다고 생각했다. 그래서 내 투쟁의 방향을 미디어로 옮겼으며, 학회 활동을 통한 저항을 시작했다. 한국언론학회 미디어교육위원회 간사 활동을 통해 미디어교육이야말로 인간 해방의 최전선이라고 생각하고 미디어를 공격하는 데 서슴지 않았다. 물론 그 바탕에는 언제나 기호학이 자리하고 있었다. 이러한 미디어 투쟁의 경향에 해당하는 단독 저서로는 『미디어와 문화교육: 미디어 읽기를 위하여』(한국문화사, 2005)가 있다. 공동 저서로는 "대중미디어, 교육과 만나다", 『미디어교육과 사귐』(연극과 인간, 2004), 2005년 "한국의 교육과정과 미디어교육", 『학교로 간 미디어』(다할미디어, 2005), "미디어교육 교재의 구성 원리와 교수법", 『미디어교육과 교수법』(커뮤니케이션북스, 2006), "사회과 교육을 위한 미디어교육 교과과정", 『미디어교육과 교과과정』(커뮤니케이션북스, 2006), "다문화 사회를 위한 미디어 다양성 교육", 『영상미디어 교육의 이해』(커뮤니케이션북스, 2013)가 있다.

아울러 교육 관련 저서들이 있는데, 이는 주로 문화교육, 다문화교육, 사회과 교육에 관련한 것들이다. 『대안교육의 실천과 모색』(학지사, 2008), "문화기호학과 문화교육: 기호과정, 코드, 미디어의 문화학", 『문화이론과 문화콘텐츠의 실제』(인하대 출판부, 2005), 『초등학교 신문활용교육의 실제』(한국문화사, 2010), "사회과 창의 인성 수업모델의 구성 원리", 『사회과 창의 인성 수업 설계와 실제』(북코리아, 2013)가 그것이다.

또한 문화현상에 대한 비판적 관점을 다루고 문화 리터러시의 중요성을 지적한 일련의 연구들이 있다. 『축제와 문화: 축제의 문화교육학을 위하여』(인하대 출판부, 2004), "「다모」 대중사극에서 미적 체험으로", 『문화, 미디어로 소통하기』(논형출판사, 2004), "쌍방향 소통의 코무니콜로기", 『양방향 쌍방향의 문화』(한양대 출판부, 2004), "패러디, 짝퉁에서 대중문화 속으로", 『패러디와 문화』(한양대 출판부, 2005), "겨울연가, 코드와 텍스트의 진실 게임", 『겨울연가: 콘텐츠와 콘텍스트 사이』(다할미디어, 2005), "방송광고 분석을 위한 텍스트언어학의 가능성", 『방송광고와 광고비평』(나남출판, 2006) 등이 있다. 아울러 문화 읽기의 대중화를 위해 이 책의 저자인 김진희 교수와 공동으로 저술한 『문화의 맛과 멋을 만나다』(한울출판사, 2008)도 자랑할 만하다.

문화학의 이론적 논의와 이에 대한 사례를 기술한 책으로는 "인문학의 혁신으로서 문화학적 전환", 『학제 간 연구를 통한 문학의 확장 가능성 탐구』(글누림, 2008)가 있는데, 이 책은 한양대 문화콘텐츠학과 박상천 교수의 한국연구재단 공동프로젝트에서 연구한 결과이다. 또한 "문화이해의 두 가지 키워드: 커뮤니케이션과 미디어", 『문화와 인간: 불을 찾아서, 문화를 찾아서』(인하대 출판부, 2005), "문화학과 문화콘텐츠 능력", 『인문학과 문화콘텐츠』(다할미디어, 2006), "응용인문학으로서 문화학의 정체성", 『문화학으로의 여행』(세종출판사, 2007)이 있다.

또한, 현장연구와 스토리텔링을 다룬 저서들도 있는데, 특히 현장연구에 많은 시간을 쏟았던 『지역문화 콘텐츠와 스토리텔링: 검단의 기억과 이야기』(북코리아, 2011)와 『베트남 문화의 오디세이』(북코리아, 2013)가 있다. 스토리텔링에 관한 이론적인 저술은 단독 저서인 『스토리텔링의 사회문화적 확장과 변용』(북코리아, 2011)이 있다.

인하대학교 문화콘텐츠학과의 김만수 교수와 함께 학과를 만들어 겸직교수를 할 때 문화산업, 문화콘텐츠, 여가문화학을 다룬 일련의 책들을 저술했다. 이들 중 대표적인 것을 거론하면, "문화자본과 콘텐츠의 만남", 『문화콘텐츠학의 탄생』(다할미디어, 2005), 『텍스트와 문화콘텐츠』(한국문화사, 2006), "문화경영의 세 가지 키워드: 문화 기호, 미디어, 텍스트", 『문화경영의 33가지 핵심코드』(한국문화사, 2006), "축제로 교육 콘텐츠 만들기: 인천지역 문화축제 길라잡이", 『축제와 문화콘텐츠』(다할미디어, 2006), "문화학에서 여가문화학으로", 『여가와 문화: 여가 연구의 문화 코드』(역락, 2006), 『문화산업과 에듀테인먼트 콘텐츠』(한국문화사, 2008), "여가공간과 도시브랜드 만들기", 『현대 여가

연구의 이슈들』(한울출판사, 2008), "문화와 문화산업의 이해", 『문화산업과 문화
콘텐츠』(북코리아, 2010), "문화콘텐츠와 마케팅", 『문화콘텐츠 마케팅의 이해』
(북코리아, 2010), "다양성이 공존하는 열린 도시", 『새로운 도시, 새로운 仁川』(인
천발전연구원, 2010) 등이 있다.

　위에서 열거한 책들에서 나는 이론만을 이야기하지 않았다. 실천을 전제
로 한 이론, 실천을 기술하기 위한 이론을 이야기했다. 나는 실천하는 학문,
실학을 하는 학자로 2007년부터 대학원에 다문화교육학 전공을 개설하고
인천다문화교육연구센터를 설립했다. 이를 기반으로 다문화교육 전문인력
을 양성하고 관련 연구를 수행하고 있다. 한국에서의 다문화교육은 이민자
들의 맞추어진 소수를 위한 교육으로 왜곡되어 수행되고 있다. 다문화교육
의 본질은 민주주의 교육과 일맥상통하며, 비판이론을 바탕으로 한 인간해
방을 강조하고 있는 비판적 교육학을 배경으로 하고 있다. 다양성과 이동성,
휴머니즘과 에스닉을 강조하는 레비스토리안인 내가 다문화교육을 연구하
고 선도하는 것은 당연한 일일 것이다.

　다문화교육 연구를 시작하면서 저술한 책이 『다문화교육의 이해』(한국문화
사, 2008)이며, 그 후로 북미 다문화교육의 선구적인 학자이자 미네소타 대학
의 교사연수센터 센터장인 Johnson과 Johnson의 저서인 『Multicultural edu-
cation and Human relation』을 『다문화교육과 인간관계』(교육과학사, 2010)라는
타이틀로 번역했다. 또한 캘리포니아 대학의 민주주의 연구자인 Campbell
교수의 『Choosing Democracy』라는 책을 『민주주의와 다문화교육』(교육과학
사, 2012)이라는 제목으로 번역했다. 그뿐만 아니라 위스콘신 대학의 Grant 교
수가 쓴 『Doing multicultural education』을 『교사를 위한 다문화교육』(북코리
아, 2014)으로 번역 출간했다. 또한 북미의 다문화교육과는 다른 방향으로 전
개되고 있는 유럽의 상호문화이해교육에 관심을 가지고 독일 프라이부르크
대학의 Alfred Holzbrecher 교수의 『상호문화교육의 이해: 교사를 위한 교수

학습 방법』(북코리아, 2014)을 공동 번역했다.

위에 소개한 저서들과 역서들은 연구자가 단독으로 진행한 것이라기보다 협동을 통해 수행한 공동 작업이다. 질적 연구자는 무엇보다 협동하는 공동 연구에 능해야 한다. 질적 연구가 갖는 특징은 다름을 이해하는 특성이 기본으로 전제되어야 한다는 것이다. 대학 졸업 후 대학원에서 박사를 받기 전까지 10여 년간의 학문 수련과 15년간의 교수생활을 합쳐 총 25년간의 학문 생활에 있어서 나는 단 한 번도 나의 개인적 이익을 위해 연구를 하지 않았다고 자신한다. 이렇게 많은 저술을 냈으면 돈도 꽤 모았을 것이라고 추측할 수 있겠지만, 나의 재산은 교수 초기나 지금이나 부모님께 물려받은 40여 평의 아파트와 고향 양구에 있는 천여 평의 농지가 전부이다. 나는 몇 건의 국책 연구에서의 인센티브와 저술 인세를 학교발전기금으로 기부했다. 그 덕분에 2008년 인하대 기부천사의 상징인 '비룡상'을 수상한 바 있다. 현재까지 기부금은 5,200만 원이며 인하대 교수 기부자 중 7위에 올라 있다. 정년까지 목표 기부금은 1억 원이다. 앞으로 15년 남았으니 1억 원은 충분히 달성할 거라고 생각한다. 내가 기부하는 이유는 나의 작업은 동료와 제자들과 함께 이루어졌고 협동이 전제되었으니 거기서 얻은 이익 역시 공동의 재산이라고 생각하기 때문이다.

나는 학자로서 연구할 수 있는 공간과 내 학생들을 가르칠 수 있는 강의실을 제공해준 인하대학교에 무한한 감사를 느낀다. 동시에 나는 내가 몸담고 사는 지역사회에도 무한한 감사를 느끼고 있다. 인천에 소재하고 있는 인하대학교에서 '부자 교수, 가난한 교수'의 특징을 아는가? 부자 교수는 학교에서 먼 곳, 이를테면 강남, 목동, 일산, 평촌, 산본, 분당 등에 살고 가난한 교수는 학교 근처 남구에 산다는 말이다. 나는 인하대 교수 초임 때 남구 학익동의 동아풍림 아파트에 살았다. 그 후 '소래'라는 지명으로 익히 알려진 남동구 논현동에 살고 있다. 나는 인천 주민이기에 내가 생각하는 지역사회에 대한 감사함을 봉사로 실천했다. 2005년 이래로 지금까지 인천광역시 교육정책자문위원회 위원으로 활동하고 있으며, 2008년부터 2012년까지 인천 남구 다문화가족지원센터 운영위원장, 2011년에 인천여성가족재단 운영위원으로 봉사했다. 또한 국내 최초 다문화대안학교인 한누리학교의 설립을 위한 연구용역을 수행하여 이 학교 설립에 숨은 기여를 했다. 나는 국가 단위의 교육정책에도 기여하고 있다. 2009년부터 2010년까지 2년간 교육부-한국과학창의재단의 창의적 체험활동사업단의 단장직을 맡아 활동했다. 현지 연구를 통해 얻은 교훈들을 새로운 학교 교육정책의 일환으로 만들어진 창의적 체험활동 교과목의 활성화에 활용했다. 체험활동 매뉴얼과 프로그램을 만들고, 교사 연수자료를 만들었다. 이때 전국에 산재해 있는 200여 개의 초·중·고등학교를 현지 방문하여 이 사업의 추진을 독려한 경험이 있다.

나에게 학문적 열정은 사회참여로 연결되고, 나는 그런 과정 속에서 무한한 부족함을 느낀다. 그리고 과거의 혹독한 해병대 장교 시절과 독일 유학시절을 떠올리며 힘과 용기를 얻는다. 질적 연구자에게 다양한 경험은 연구의 원천이라고 생각한다. 그리고 그 경험은 자연스레 이론과 실천이 만나는 접점을 만들어준다. 지금 학문에 입문하는 젊은 대학원생들이여! 지금 당신이 처한 힘든 상황은 미래의 힘과 용기가 될 것이라고 믿고 도전하는 삶을 두려워하지 말라. 힘들고 지난했던 추억은 분명히 여러분을 좋은 질적 연구자로 만들 것이다.

4. 현장 속으로: 나의 현장연구 사례

　질적 연구자는 연구를 수행하는 데 그 무엇보다 현장을 중시해야 한다. 나는 2006년 후반부터 2008년까지 한국학중앙연구원의 향토문화전자대전 집필을 위한 마을조사 연구, 2008년부터 2009년까지 인천서구문화원과 함께 김포 검단지구 도시개발 이전 사이버 마을전시관을 위한 전통마을조사를 진행했다. 그사이에도 세종대왕의 셋째, 넷째아들 후손들이 세거하고 있는 인천 옥골마을 조사, 소래포구 지역조사 등 다수의 마을지 연구를 수행했다. 또한 해외 현지연구로 수행한 2011년 중국 윈난 성의 소수민족 조사를 위한 차마고도 답사, 2007년부터 2011년까지 총 다섯 차례의 베트남 원정 연구 등을 통해 베트남 하노이인문사회대 교수들과 공동으로 저술한 『베트남 문화의 오디세이』가 탄생했다.

　나는 베트남 현장연구 때의 감동을 잊지 못한다. 베트남 사파의 다랭이 논과 그곳의 한 점 구름 없는 높고 푸른 하늘 그리고 평화로운 소수민족 사람들의 삶, 가난하지만 여유롭고 평화로운 그들의 모습이 참으로 부러웠다.

　최근 들어 2010년부터 중앙아시아 고려인들의 민족교육 연구를 위해 우즈베키스탄과 카자흐스탄을 현지 방문했다. 방학을 이용한 원정 연구여서 효율적이지 못해 고려인 3세 황이고리 군을 석사과정 학생으로 받아 연구를 진행하고 있다. 문화인류학자들에게 현장이란 마치 고향과 같다고 하여 특

〈그림 2-5〉 베트남 사파 지역의 소수민족 마을 　〈그림 2-6〉 이족의 어린 소녀의 결혼식: 차마고도
　　　　　　연구(2007.02)　　　　　　　　　　소수민족 문화 답사(2011.02)

히 자신의 학위 논문 집필 시 조사 지역에 들어가 살기 때문에 '마이 빌리지 (my village)'란 말을 많이 사용한다.

　나는 아직도 현장연구의 감동을 마음에 담고 있다. 맑고 깊은 소수민족 아이들의 눈빛, 그 어떤 순수와도 바꿀 수 없는 그들의 눈빛이 내 현장연구를 지속시켜준다고 믿는다. 질적 연구자는 현장을 통해 자신을 스스로 반성하고 자신의 연구에 감동해야 한다고 본다. 질적 연구자는 현장연구가 중심이 되어야 한다. 그런 맥락에서 내가 어떤 연구 프로젝트를 수행했는가를 설명하는 것이 내가 어떤 질적 연구자인가를 말하기 편할 것 같다.

　나는 2006년부터 인문학 분야의 토목사업이라고 일컫는 한국학중앙연구원의 '향토문화전자대전(韓國鄕土文化電子大典)'을 위해 세 지역(성남, 부천, 구로)을 수행했다.* 이 중 성남에서는 공동연구원으로 참여했고, 부천과 구로지역은 연구책임자로 사업을 총괄했다.

　향토문화전자대전은 대한민국 정부가 주도한 교육부의 국책사업으로, 대한민국 전국 지방의 향토문화 자료 발굴 분석, 향토문화 관련 인적자원 교육 등의 활동을 통해 모든 자료를 디지털화하는 사업이다. 한국학중앙연구원의 한국학지식정보센터에 의해 추진되고 있으며, 각 시 · 군 · 구별로 디지털 향

* 이 사업의 상세한 내용은 http://www.grandculture.net을 검색하기 바람

〈그림 2-7〉 향토문화전자대전 메인 화면

토문화대전을 통합 구축하여 지방문화에 대한 총체적인 정보를 제공하고 있다. 이 사업은 단위당 50~100여 명의 전문가들이 투입되어 진행하는 공동 집단 연구이며, 현장연구 성격을 갖는 사업이다.

이 사업은 한국학중앙연구원에서 심혈을 기울여 기획한 인문학의 새로운 지평을 여는 사업이다. 한국학중앙연구원에서는 국가적 단위의 최고 한국학 연구센터의 위상에 걸맞게 조선시대의 『신증동국여지승람』의 정신을 이어 받아 향토문화를 체계적으로 연구할 필요성을 깨닫고 있었다. 그 결과 일련의 학자들이 조선시대의 지리지와 읍지, 그리고 일제강점기의 지방지, 해방 후의 향토지 등에 나타난 분류체계를 분석하고, 이를 바탕으로 향토문화의 표준분류체계와 내용 체제를 "가칭 「민국여지승람」 편찬을 위한 기초연구" 에서 정립했다(이계학 외; 1995, 1996). 이어 2001년 문화관광부의 위탁 연구과제 인 「한국향토문화전자대전 편찬 기초조사연구」에서는 이계학 외의 모형을 디지털 환경에 부합되도록 수정했다.

최종 연구 결과는 대분류, 중분류 그리고 소분류로 구조화하고 대분류는 9개의 영역으로 나누었다. 대분류는 ① 삶의 터전(자연과 지리), ② 삶의 내력(지방과 역사), ③ 삶의 자취(문화유산), ④ 삶의 주체(성씨와 인물), ⑤ 삶의 틀 I(정치와 경제), ⑥ 삶의 틀 II(경제와 산업), ⑦ 삶의 내용(종교와 문화), ⑧ 삶의 방식(생활과 민속), ⑨ 삶의 이야기(구비전승과 어문학)라는 9개 영역으로 구성되어 있다. 그 아래에 중분류가 있고, 각각의 중분류는 다시 소분류를 가지고 있다. 모두에게 관심의 대상인 향토문화의 내용은 소분류에 백과사전 형식의 항목과 순서로 담겨 있다. 전국에 산재해 있고, 역사적으로 장기간에 걸쳐 축적되어 있으며, 다양한 형태를 가지고 있는 향토문화를 다양한 욕구를 가진 사용자들에게 신속하게 서비스하는 데는 첨단기술뿐만 아니라 일상적인 기술을 필요로 한다.

〈표 2-1〉 향토문화 분류체계표

분류체계	분류내용
삶의 터전(자연과 지리)	자연환경, 지형 및 지질, 기후, 동식물상, 마을 경관 등
삶의 내력(지방의 역사)	선사시대로부터 현대에 이르는 각 지방의 역사
삶의 자취(문화유산)	유물유적, 건축유적, 조각, 서화, 공예, 기타
삶의 주체(성씨와 인물)	주민, 성씨, 인물
삶의 틀 1(정치와 행정)	지방정치, 지방행정, 사법 및 치안, 지역사회운동
삶의 틀 2(경제와 산업)	경제 현황, 농림수산업, 광공업, 금융 및 보험업, 상업 및 서비스업, 교통 통신 및 건설업, 관광
삶의 내용(종교와 문화)	종교, 교육, 문화예술, 언론, 체육
삶의 방식(생활과 민속)	의생활, 식생활, 주생활, 민속, 오락, 전통과학기술
삶의 이야기(구비전승과 어문학)	지명유래, 구비전승, 어문학

또한 LH공사가 신도시 건설에 앞서 개발 지구의 이전 생활문화를 기록하는 사이버고향전시관 건립을 위한 마을지 연구를 김포 검단지구에서 수행

했다. 3년간 한국향토전자대전의 부천, 구로 사업의 노하우를 바탕으로 이 연구에서 최초로 디지털 에스노그라피 모형을 개발하기 시작했다. 이 연구에서는 기존의 에스노그라피와 달리 연구 기획단계에서 수행단계까지 디지털화될 것을 예상하고 다른 포맷으로 기획하는 것을 개발했다.* 이런 기법을 통해 공동 연구자들과 공저로 펴낸 것이 『지역문화콘텐츠와 스토리텔링: 검단의 기억과 이야기』라는 책이다.

나는 스스로 디지털 에스노그라피 연구자라 부른다. 2000년대 초반 한국의 학계에서는 문화콘텐츠가 화두였다. 참여정부에서 문화정책의 일환으로 3C정책(Culture, Contents, Creative)을 펼쳤다. 그때 전국의 대학에서 문화콘텐츠학과 설립이 붐이었다. 그 덕분에 인문학이 보다 쉽게 대중 앞에 모습을 드러냈다고 볼 수 있다. 인문학의 실용화라는 말은 어색하지만, 원래 인문학은 늘 인간과 함께 있었기에 실용인문학, 수행인문학 등의 이름으로 융합하여 학제 간 연구라는 말들이 생겨나기 시작했고, 한국연구재단의 문화융복합단 등이 설립되었다. 그 덕에 나와 같은 가로지르기 학자, 한때 어떤 학회에든 떳떳하게 나가지 못했던 학자들이 주목받기 시작했다.

〈그림 2-8〉 검단 현장연구(2008.08)

---

* 디지털 에스노그라피와 스토리텔링에 관한 연구자의 실제 논문은 다음을 참고하라.
　- 지역문화교육을 위한 지명유래 전설의 스토리텔링 사례연구—인천 검단 여래마을을 중심으로—, 문화예술교육연구, 5권 1호, pp.149-169, 2010.
　- 향토문화자원의 스토리텔링 과정에 관한 연구—인천시 서구 검단의 황곡마을을 중심으로—, 인문콘텐츠, pp.327-343, 2010.
　- 디지털 마을지 제작 과정에 관한 연구—인천 서구 검단을 중심으로—, 언어와 문화, 6권 3호, pp.19-41, 2010.
　- 공간 텍스트의 사회문화적 재구성과 공간 스토리텔링—검단과 춘천의 적용사례를 중심으로—, 인문콘텐츠, pp.35-59, 2010.

디지털 에스노그라피 방법으로 콘텐츠 구성의 의뢰와 자문, 컨설팅을 하느라 2000년대 초반에서 중반에 이르기까지 방학이 없을 정도로 바빴다. 석사를 공대에서, 박사를 인문대에서 한 나의 진가가 학계에 알려지는 것 같기도 하고, 내가 배운 학문으로 사회에 기여한다는 생각에 정말 열심히 현장을 누비고 다녔다. 그때 나름대로 디지털 에스노그라피 모형을 스토리텔링과 아울러 개발했다. 독자들의 이해를 돕기 위해 검단 마전동 여래마을 박선녀 할머니의 '아파트 앞 절구 이야기'를 소개한다. 스토리텔링을 위해서는 이야기에 대한 개요를 기술해야 한다. 이는 추후 디지털화에 도움이 되도록 미리 이야기 토대를 제공해주는 역할을 한다.

〈표 2-2〉 '아파트 앞 절구 이야기' 개요

제 목	'아파트 앞 절구 이야기' - 검단 마전동 여래마을 박선녀 할머니 -
내 용	**"우리 집이요? 절구를 찾으면 됩니다."** 1) 검단 마전동 대주아파트 입구에 있는 절구를 묘사함: 둥그렇고 완만한 곡선의 몸통이 어머니의 형상과 비슷함. 어머니의 사랑, 절구가 아파트 입구에 있게 된 배경 설명 2) 대주아파트의 최고령 할머니 박선녀 씨를 소개함. 얼마 전까지만 해도 텃밭을 가꾸었을 만큼 부지런한 성격을 서술함 3) 아파트 입구의 절구에 대한 동네 사람들의 긍정적인 인식, 인터뷰에 임하는 박선녀 씨의 진지함과 솔직함을 담백하게 서술함 ☞ 아파트 입구의 절구 이미지, 박선녀 씨 인터뷰 이미지 **"남편이 잘생겨서 꽃버스를 타고 시집왔어요."** 1) 박선녀 할머니는 꽃다운 나이 열여덟 살에 강원도에서 여래마을로 시집을 오게 됨 2) 남편은 선을 봐서 한 번밖에 못 봤지만 믿음을 가지게 됨. 당시 꽃무늬 버스를 타고 왔던 기억을 회상함 3) 시집올 당시에는 어린 나이였지만 듬직한 남편에 대한 신뢰가 있었고, 꼼꼼한 성격으로 집안일을 금세 배우고 익혀 동네 사람들의 칭찬이 자자했음(일화를 들어 설명함) ☞ 오래된 앨범 속에서 찾은 박선녀 씨와 임종렬 씨(남편)의 이미지

	"여래마을에서 우리 아들만큼 착한 사람이 없었어요."	
내 용	1) 임성택(남, 58세) 소개: 박선녀 씨의 셋째아들. 마을의 중요한 업무를 두루 살피며 주민들의 신뢰를 받고 있음을 서술함 2) 과거 박선녀 씨의 심부름을 도맡아 하는 착한 아들임을 묘사함: ① 과거 대주아파트 일대가 모두 논이었을 때, 논일을 돕던 아들의 모습 ② 소를 끌고 뒷산에 올라가 풀을 먹이고 왔던 일 3) 심성이 착하고 어른에 대한 공경과 예의바름으로 동네에서도 소문난 바른 학생이었음을 서술함 4) 막내아들이 떡을 좋아해서 박선녀 씨가 튼튼한 돌절구를 구하러 갔던 에피소드 ☞ 막내아들 졸업식 이미지, 살림꾼 할머니의 다듬잇돌 등 이미지 "우리 어머니, 오래오래 건강하게 사셨으면 좋겠어요." 1) 박선녀 씨는 아들과 딸 내외 가족과 함께 거주하고 있음(대주아파트, 대가족: 손주 포함) 2) 며느리와 사위에게 친절하고 상냥한 박선녀 씨는 가족들에게도 큰 사랑과 존경을 한 몸에 받고 있음을 묘사함. 가족 일원 모두가 곡물을 좋아함 3) 검단의 모자 간 사랑, 할머니를 닮은 절구의 아름다움을 서술함 ☞ 박선녀 씨 가족 이미지, 아파트 쪽마루에 널린 곡물들 이미지	
참고자료 1	답사일지	25, 38, 47
	전사 자료	18, 21, 27
	이미지 자료	19-10000, 20-10000, 25-10000, 21-10000 24-10000, 23-10000, 22-10000, 92-10000
참고자료 2	박한준, 『검단의 역사와 문화』, 인천서구문화원 향토문화연구소	

다음 단계는 위의 개요에 따라 실제 이야기를 스토리텔링 기법으로 기록하여 수집된 사진 자료에 이미지 정보, 이미지 내용을 기입하고 이에 대한 내용을 다음과 같이 기술하는 것이다.

"우리 집이요? 절구를 찾으면 됩니다."

검단 마전동 대주아파트 입구에는 절구가 있다. 둥그렇고 완만한 곡선의 몸통이 마치 아이를 품안에 감싼 어머니의 그것과 같아 보인다. 모르는 사람들에게는 옛날 누가 사용했을지 모를, 그저 지나치는 돌덩이에 불과하다. 하지만 대주아파트 최고령 할머니가 50여 년을 사용했다는 그 절구는 아는 사람들은 다 안다.

코드 번호	19-10000
이미지 정보	대주아파트 ○○○동 입구 2009년 5월 9일 직접 촬영
이미지 내용	아파트 입구에 절구가 놓여 있다. 둥그렇고 잘 빠진 모양이 정겹기 그지없다. 왜 굳이 그 무거운 것을 입구에 놓았느냐고 했더니 아들이 우리 어머니께서 집을 못 찾으실까 갖다놓았다고 한다.

〈그림 2-9〉 대주아파트 입구에 있는 절구

절구는 대주아파트 7층에 사는 박선녀(여, 94세) 할머니가 사용하던 것을 막내아들이 옮겨다 놓았다고 한다. 할머니는 아흔이 넘은 나이에도 불구하고 여전히 고운 자태를 간직하고 계셨는데, 젊었을 적에는 마을 장정들의 마음을 꽤나 설레게 했을 것 같다. 얼마 전까지만 해도 아파트 앞 공터에서 텃밭을 일구고 근처 노인정에 자주 마실도 가셨는데, 발을 헛디뎌 넘어지신 후로는 조금 불편해하셨다. 그래도 집에서 화초를 키우시고, 곡식도 말리신다. 비록 외출은 하지 못하시지만 참 부지런한 분이다.

코드 번호	20-10000
이미지 정보	박선녀(여, 94세) 2009년 5월 9일 직접 촬영
이미지 내용	할머니께서는 오래된 앨범 속에서 지난 시간의 이야기들을 하나씩 꺼내놓으셨다. 사진을 하나하나 짚어가며 설명해주시는 손길에 진지함이 묻어나는 듯하다.

〈그림 2-10〉 박선녀 할머니의 진지한 인터뷰

"남편이 잘생겨서 꽃버스를 타고 시집왔어요."

할머니(박선녀, 94세)는 아주 오래전 꽃다운 나이 열여덟 살에 이곳 여래마을(현재 마전동)로 시집을 왔다. 강원도에서 여기까지 어떻게 오셨냐고 했더니 꽃무늬가 그려진 버스를 타고 왔다고 했다. 그 어린 나이에 남편 찾아 여기까지 왔냐고 여쭈었더니 미소 지으시며 하시는 말씀이 남편이 참 잘생겨서 따라왔다고 하셨다. 함께 모여앉아 할머니 말씀을 경청하던 가족들이 한바탕 웃는다.

	코드 번호	25-10000
	이미지 정보	임종렬(남, 故人) 2009년 5월 9일 박선녀 씨 제공
	이미지 내용	빛바랜 사진 속의 남편은 그리운 시간 속에 산다. 고인이 된 남편의 사진을 보는 할머니의 눈길이 여전히 다정해 보였다. 대담하고 낙천적이었던 남편이 늘 믿음직스러웠다고 한다.

〈그림 2-11〉 박선녀 씨 남편 사진

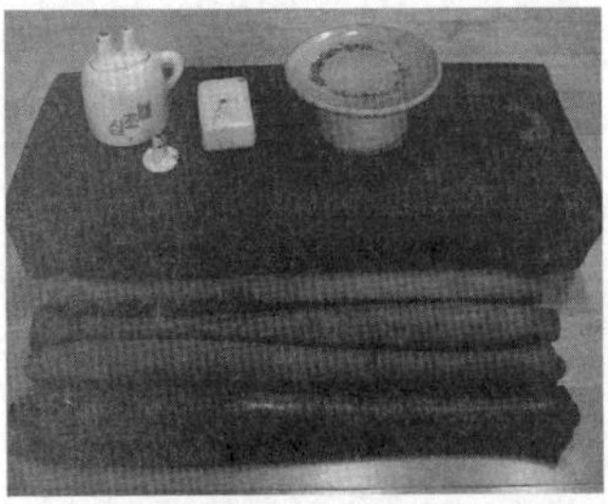

	코드 번호	21-10000
	이미지 정보	2009년 5월 9일 직접 촬영
	이미지 내용	할머니 댁에 가보면 집안 곳곳에 지금은 팔지 않는 물건들이 자연스레 자리 잡고 있다. 한 데 모아놓고 보니 과연 살림꾼 할머니의 보물이 분명하다. 여전히 할머니의 온기가 남아 있는 듯하다.

〈그림 2-12〉 살림꾼 할머니의 보물

할머니는 시집올 당시 어린 나이였지만 꼼꼼한 성격으로 집안일을 금세 배우고 익혀 동네 사람들의 칭찬이 자자했다고 한다. 특히 여래마을 제일가는 바느질 솜씨로, 식구들 옷은 모두 할머니 손을 거치지 않은 것이 없었다고 했다. 집안 곳곳에는 여전히 어머니의 손길이 느껴지는 물건들이 많이 있다. 지금은 사용하지 않지만 어머니의 기억을 소중히 여기는 막내아들의 애틋한 마음은 옛날 물건들을 버리지 않았다.

"여래마을에서 우리 아들만큼 착한 사람이 없었어요."

지금은 아파트와 상가가 들어차 있지만, 당시만 해도 여래마을(현 대주아파트 일대)은 전부 논이었다. 이곳은 워낙 물이 풍부하고 땅이 좋아서 김포 검단 일대 맛이 좋은 쌀이 나기로 유명했다. 다른 지역의 쌀과 비교했을 때 같은 무게라도 속이 꽉 찬 검단 여래 쌀이 더 부피가 작았다고 한다. 알맹이마다 속이 꽉 들어차서는 씹는 맛이 일품이라 '임금미'라고 불렀다고 하니 그 명성은 굳이 확인하지 않아도 뻔했다. 그 옛날을 생각하면 지금도 생생하다고 하셨다. 봄에는 땡볕 내리쬐는 논 한가운데에 어른이나 아이나 바지를 걷어붙이고 모내기가 한창이었다. 할머니가 그 옛날에 새참을 머리에 이고 논두렁에 나타날라 치면, 거머리에 물리는 게 지겨워 챙겨 신은 스타킹에 진흙이 덕지덕지 묻어서는 냅다 뛰쳐나왔던 막내아들의 모습을 기억하고 계셨다.

 코드 번호	24-10000
이미지 정보	박선녀(여, 94세) 2009년 5월 9일 박선녀 씨 제공
이미지 내용	옛날 앨범을 넘기다가 반가운 사진을 발견했다. 강원도 친정에 가던 길에 검단에서 찍은 사진이라고 하셨다. 지금은 기억이 가물가물해서 어딘지 정확히 기억나지는 않지만 분명히 즐거우셨다고.

〈그림 2-13〉 햇살 따뜻한 검단에서 사진을 찍은 날

코드 번호	23-10000
이미지 정보	박선녀(여, 94세) 2009년 5월 9일 박선녀 씨 제공
이미지 내용	기다리던 큰아들의 졸업식이었다. 가장 고운 옷을 꺼내 입고 외출한 박선녀 할머니의 표정에는 기쁨이 완연하다. 흑백사진이지만 할머니의 볼은 상기되어 있는 듯해 보인다.

〈그림 2-14〉 큰아들의 졸업식

　박선녀 씨의 막내아들은 심성이 착하고 어른에 대한 공경과 예의바름으로 동네에 칭찬이 자자했다고 한다. 다른 아들들이 김포로 중·고등학교를 다니며 통학하느라 바쁠 때, 막내아들은 검단초등학교를 다니면서 할머니의 심부름을 도맡아 하곤 했다. 어느 날은 집에서 키우는 소를 뒷산에 데리고 가서 풀을 먹이고 오라고 했더니만, 저녁 즈음해서 얼굴이 퉁퉁 부어서 들어왔다. 자초지종을 들어보니 소가 풀을 잘 먹고 놀다가 벌집을 건드려서 꽤나 고생을 했단다. 이때 막내아들의 울음을 그치게 했던 것이 바로 인절미였다. 부드러운 눈이 소복이 쌓인 것처럼 콩고물이 묻은 갓 만든 따뜻한 인절미 맛은 '꿀맛'이라고 표현하는 것만으로는 부족하다고 했다.

　할머니는 막내아들을 위해 멀리 절구를 사러 갔던 이야기를 꺼냈다. 절구는 해방 전 물 건너 배로 실어와 한강에서 배를 타고 고천에서 소마차로 실어 날랐다. 그 당시 쌀 서 말과 절구를 바꾸었는데, 어려운 살림에 더 저렴한 것으로 사고 싶었지만 떡을 좋아하는 막내아들을 생각하니 나무절구는 눈에 들어오지도 않더란다. 돌절구와 돌공이가 얼마나 무거웠을까. 소마차가 덜컹일 때마다 절구에 흠이라도 날까 조바심을 내면서 왔던 그 시절을 회상하면서 할머니는 슬며시 막내아들을 바라보았다. 곡식을 찧을 때도, 양념을 빻을 때도, 또 메주를 찧을 때도 절구를 사용하지만, 가장 즐거울 때는 막내아들에게 먹일 떡을 만들기 위해 쌀을 찧을 때라고 하셨다. 막내아들도 그때 인절미 맛이 생각났는지 침을 꿀꺽 삼키는 소리에 모두 웃을 수밖에 없었다.

"우리 어머니, 오래오래 건강하게 사셨으면 좋겠어요."
현재 대주아파트에서 박선녀 할머니네 가족은 막내아들과 딸 내외 그리고 손자까지 더해서 여섯 식구이다. 삼대가 함께 모여 사니 대가족이라 해도 과분하지 않다. 며느리를 부르는 다정한 목소리와 사위를 챙기는 따뜻한 손길에서 가족을 아끼고 사랑하는 박선녀 할머니의 마음을 느낄 수 있었다.

코드 번호	22-10000
이미지 정보	2009년 5월 9일 직접 촬영
이미지 내용	늘 보는 가족이지만 함께 사진을 찍으려니 조금 어색한 느낌이다. 그래도 할머니는 마냥 기분이 좋으신 듯하다. 오랜만에 남편 사진도 찾아보고, 아들과 옛날이야기도 하니 새삼 젊어진 기분이다.

〈그림 2-15〉 어머니와 함께한 가족사진

할머니께서 말씀하시는 사이에도 물을 떠오고, 과일을 깎아 오고, 할머니의 작은 물건 하나하나 신경써드리는 며느리의 마음도 참 곱다. 머리가 하얗게 세어도 할머니 앞에서는 말씀 잘 듣고 상냥한 사위가 어디 흔한가. 막내아들과 큰딸의 마음이야 오죽할까. 이들 가족의 소원은 그저 할머니께서 건강하게 오래오래 사시는 것이라고 했다.
할머니의 쪽마루에는 갖가지 곡물들이 널려 있다. 예전처럼 곡식을 빻아 맛있는 떡을 해줄 수는 없지만 그 마음만은 여전한 듯하다. 그 옛날 가을하늘에 새하얀 구름이 두둥실 흘러가고, 곡식이 익어가는 풍요로운 검단의 황금들판을 상상해본다. 아들이 좋아하는 인절미를 만들어주겠노라 쿵덕쿵덕

곡식을 빻는 어머니의 모습이 아련히 그려진다.

지금 돌절구는 할머니에게 집을 가리켜주는 표지판과 같다. 똑같이 생긴 아파트의 바다에서 '우리 집'을 찾는 데 불을 밝혀주는 등대가 절구인 셈이다. 아들에게 맛있는 떡을 찧어주던 어머니의 사랑이, 이제는 아흔이 넘은 어머니를 걱정하고 보살피는 아들의 사랑이 되었다.

 코드 번호	92-10000
이미지 정보	2009년 10월 11일 직접 촬영
이미지 내용	한쪽에는 작은 화초들이, 또 한쪽에는 늙은 호박들이 줄지어 앉아 있다. 쪽마루에 넓게 펼쳐져 있는 곡물들이 할머니의 사랑을 듬뿍 받은 듯 생글생글 웃는 듯한 모습이다.

〈그림 2-16〉 아파트 쪽마루에 널려 있는 오색의 곡식들

위의 내용들은 디지털 에스노그라피 제작을 위한 스토리텔링의 사례이다. 이렇듯 디지털 에스노그라피는 디지털 텍스트화를 예상하고 개요를 작성해야 하며, 거기에 맞추어 현상을 기술하고 해석해야 한다. 이에 대한 연구방법은 6장 '에스노그라피와 스토리텔링 연구사례'에서 소개할 것이다.

5. 질적 연구방법론 수업

　질적 연구자는 수업을 진행하는 데서도 질적 연구자답게 해야 하지 않을까? 나는 학부 수업이든, 대학원 수업이든 늘 학습자의 자기주도적인 역량과 협동심을 촉구하는 데 중점을 둔다. 아울러 현장의 중요성을 인식할 수 있는 수업 진행을 한다. 내 수업이 이렇다 하고 나 자신이 소개하는 것보다 내 수업을 수강한 대학원생의 수업 소감문을 통해 내 수업을 이야기할 생각이다. 나는 1년에 한 번 모교인 중앙대학교 대학원에서 '질적 연구방법론 특강'이라는 수업을 하고 있다. 어느 대학원이든 질적 연구방법론에 관한 수업은 양적 연구방법에 비해 그다지 많지 않다. 가끔 연구방법론 수업에서 질적 연구방법이 다루어지긴 하지만 비중이 낮은 것이 우리 학계의 현실이다.

　나는 수업을 진행하면서 8주차 정도에 수강생들에게 수업 소감을 리포트로 받고 있다. 다음의 글 역시 중앙대학교 대학원의 2012년 2학기 '질적 연구방법론 특강' 수강생 중 한 명인 전예은 학생이 기술한 수업 소감이다. 그녀는 광고홍보학 전공의 대학원 석사과정 3학기 학생이었다. 그녀는 내 수업이전에는 질적 연구방법론에 대해 완전히 무지했다고 한다. 그녀가 8주간 적은 수업 후기를 통해 나의 수업을 눈여겨보도록 하자.

❖ 질적 연구와의 첫 만남: 전예은의 이야기

1) 수강신청 하던 날

　1년 동안 수강한 대학원 수업은 총 6개(소비자행동론, 광고홍보연구방법론, 광고홍보입문, 브랜드자산관리론, 인터컬처럴 커뮤니케이션, 매스커뮤니케이션 효과론)였다. 나는 방법론 과목과 전공과목에서 모두 양적 연구자로서 갖춰야 할 마인드 셋을 형성하고 있었다. 광고홍보학과는 사회과학 분야로서 질적 접근보다 양적 접근으로 대부분의 연구가 수행되고 있었다. 대부분이라고 언급했지만, 사실상 내가 1년 동안 읽은 논문의 99%가 양적 연구논문이었다.

　접근방법과 관련하여 한 수업시간에 일어난 재미있는 에피소드가 있다. '광고홍보입문'이라는 과목은 예비학자로서 연구에 대한 철학적인 이해를 도모하는 기본적인 학술연구 실행 능력을 습득하기 위한 수업이다. 수업시간에 연구의 기본을 배우기 위해 양적 접근방법과 질적 연구방법을 모두 배우지만, 사실상 질적 연구를 배우는 과정은 아이러니하게도 1주밖에 되지 않았다. 질적 연구방법에 대한 논의가 이루어 졌던 주(11주차)에서 나는 critic review를 작성하면서 질적 연구에 대한 고찰을 다음과 같이 작성했다.

〈그림 2-17〉 석사논문 작성 중인 전예은
(2013.01)

　　연구자의 입장에서 가장 힘든 점은 자신이 도구로서 객관성을 가지고 대상자를 측정해야 한다는 사실이다. 연구에서 측정 도구는 주관이 개입되지 않아야 한다는 것이 생명인데, 자신이 원하는 결과가 나오거나 나오지 않는 모든 수많은 상황에 대한 이해를 갖기 위해 많은 시간을 투자해야 한다. 며칠 전 대학원을 지나가다가 국가별로 같은 문장을 상황에 따라 어떤 어조를 구사하는지를 연구하는 대학원생의 실험에 참가하게 되었다. 종이에 쓰인 문장을 보고 읽는 작업이었는데, 의도치 않게 연구 참여자인 내가 평소와는 다른 어조를 구사하게 되어 연구자가 원하는 억양과 어조가 나올 때까지 반복하여 녹음을 하게 되었다. 그 연구에는 정해진 어조나 답이 있는데, 학생이 말하길 교수님이 원하는 자료가 나오지 않아 애를 먹고 있다고 했다. 질적 연구에 있어 자연스러운 상황은 매우 중요한 요소임에도 불구하고 우리는 자신의 연구 방법에 대한 본질을 거슬러 편의대로 이름을 붙이고 있다.

우리나라에서는 질적 연구에 대해 매우 편협한 시각을 갖고 있다. 이에 반해 가장 놀라운 것은 질적 연구가 학계 전반에 걸쳐 많이 활성화되어 있고, 외국의 박사논문에서는 질적 연구가 아니면 통과가 안 된다고 할 정도로 보편화되었다는 점이다. 훌륭한 질적 연구의 도구로서 훈련되지 않은 연구자가 행하는 연구는 분명히 제대로 진행되지 못할 가능성이 높다고 할 수 있다.

학생들의 발표가 끝나면 항상 마지막에 디스커션 시간이 있는데, 발표자는 내가 쓴 review paper의 밑줄 친 부분 때문에 의문을 가졌고 이를 디스커션 주제로 삼아 학생과 교수 간의 논의가 이루어지기 시작했다. 이 부분에 대한 정확한 출처를 말하자면, 대학시절 교육학시간에 교수님께 전해 들었던 이야기다. 또한 교육학과 관련된 질적 연구논문에서 어떤 연구 참여자가 외국인 교수의 강의 내용 중 "해외에서 질적 연구는 매우 보편화되어 있다"는 인터뷰 내용을 읽고 위와 같은 글을 작성하게 되었다. 그리고 예상치 못하게 학생들과 교수님의 반발이 시작되었다.

토론에서는 "교육학 쪽에서는 물론 질적 연구가 양적 연구에 비례하여 많이 실시되고 있다는 사실은 인정하지만 그 외, 특히 광고홍보학 분야에서는 질적 연구보다 양적 연구가 거의 압도적으로 이루어지고 있는 것이 현실입니다"와 같은 교수님 말씀과 "우리 학과에서는 특수대학에서 질적 연구와 사례연구를 쓰기 위해 몇 학점을 더 이수하고 쓸 수 있는 쉬운 방법론이라는 인식이 깔려 있다", "질적 연구방법은 쉬운 방법론이므로 학위를 받기 위해서는 양적 연구를 실시해야 한다"는 인식을 대부분의 학생들이 갖고 있었다. 그때까지만 해도 내가 양적 연구에 갖고 있던 의문은 다음과 같았다.

'질적 연구를 수행할 때 연구자는 연구 도구로서 어떤 방법으로 객관성을 유지할 수 있을까? 자신이 원하는 자료수집에 대해 연구 상황에서 벌어지는 유혹을 뿌리칠 수 있는 순수한 질적 연구의 수행은 과연 이루어질 수 있을까?'

'질적 연구를 하다 보면 같은 현상에 대해 충분히 다른 해석과 결론이 도출될 수 있다. 그렇다면 한 가지 현상에 대해 무수히 많은 결론이 도출될 경우 사회과학 분야에서는 이것을 어떻게 받아들일 수 있을까? 모든 연구에서 밝혀진 무수한 상대적 진실들을 어떻게 규명할 수 있을까?'

수업시간에 합의된 결론은 "광고홍보학과 사람은 양적 연구를 써야 졸업이 가능하다"는 것이었다. 1년 동안 나는 이런 수업들을 들으면서 점차 양적 연구 아니면 연구를 할 수 없다는 인식을 갖게 되었고, 2학기 방학이 다가오던 날 드디어 수강신청을 하게 되었다.

아직 방법론 과목을 하나 더 들어야 했던 나는 신문방송학과에서 하는 질적 연구방법론을 보게 되었고, 한번 제대로 배워보고 싶다는 생각을 하게 되었다. 왜냐하면 나 스스로 앞서 말한 질문들과 반발들에 대해 해명할 수 있는 지식조차 없었으므로 계속적으로 편협한 시각을 갖게 될 나 자신이 두려

웠다. '학자라면 여러 접근방법을 두루 섭렵해야 하지 않을까?' 하는 생각이
나를 이 수업으로 이끌었다. 결국 김영순 교수님께 메일을 보내 수강신청을
할 수 있게 되었다.

2) 비범한 사람을 만나다: 질적 연구방법론 첫 수강 날

(1) 질적 연구방법론이 도대체 뭐지?

앞에서 수강신청을 하는 과정을 밝혔듯 질적 연구방법론을 수강하게 된
이유의 가장 큰 핵심은 바로 '질적 연구방법론이란 도대체 무엇인가?'라는
의문 때문이었다. 그래서 제대로 배워보기 위해 바로 이 수업에 참가하게 되
었다. 이날은 2012년 9월 6일 첫 강의였다.

(2) 비범한 사람을 만나다

처음에 접한 교수님의 성함은 참 특이했다. 김영순 교수님이라고 하여 여
자 교수님이라고 생각했다. 하지만 이 부분은 수강신청 때 이미 조사된 부
분이라 수강 첫날 교수님을 보고 크게 놀라지는 않았다. 교수님의 성함을 떠
올리면 개명하기 전의 내 이름이 생각난다. 불과 얼마 전(2012년 6월)까지만 해
도 나는 '전보옥'이었다. 추측건대 이름을 개명하지 않고 '전보옥'이라는 이
름 그대로 수업에 참여했다면 아마도 교수님의 성함과 내 이름은 비슷한 뉘
앙스를 풍겼을 것이고, 우리는 더 친해질 수 있지 않았을까 하는 생각이 들
었다.

처음 뵌 교수님은 눈이 엄청 반짝였다. 눈이 반짝인다는 말이 수업에 대한

'열정'을 빗대어서 은유적인 표현을 하는 것이 아니라 시각적으로 보았을 때 다른 사람보다 빛의 반사량이 많은 것 같았다. 물론 수업을 들으면서 깨달은 것이지만 '열정' 또한 반짝임에 일조했다.

(3) 책도 없이 수강 경험만으로 학문을 배우다

보통 대학원 강의는 책이 없으면 수업이 이루어질 수 없다. 특히 방법론은 그러하다. 방법론은 대부분 영어로 쓰인 책으로 배웠고, 대부분 저널에 실린 논문을 통해 지식을 습득하게 되었다. 다른 여타 수업과 마찬가지로 교재가 90% 이상의 비중을 차지하고 있었기 때문에 처음에는 '어떻게 책 없이 방법론을 배울 수 있을까?' 하는 걱정이 앞선 것은 사실이었다. 이런 걱정은 3주 차인 9월 27일부터 사라지기 시작했다.

'수업 하는 과정의 경험을 통해 학문을 깨우칠 수 있다고 생각하는가?'라는 질문에 나는 망설임 없이 대답할 수 있다. '지금 내가 그렇게 하고 있어.'

학문은 이론의 집합체다. 이론의 집합체는 인간의 머리로 들어와 논리를 구성하고 그 논리를 통해 우리는 부분적으로 현상을 '이해'하게 된다. 아마 지금 이 순간에도 김영순 교수님은 현재 이 과목을 수강하고 있는 학생들을 연구 참여자로 보시고 딱딱한 대학원 생활에 갇혀 있던 우리의 내적 변화를 이끌어내는 실험을 시작하신 것 같다. 질적 연구방법론 수업은 '행동'의 직접적인 경험을 통해 배우는 '실무' 수업이다.

그는 고도로 훈련된 연구자임이 틀림없다. 경험을 만들어내고 그 속에서 변화를 유도하는 일은 쉽지 않다. 게다가 변화를 유도함으로써 학문에 대한 진리를 깨우치는 것은 더더욱 어려운 일이다. 토론 수업과 발표 그리고 교수님과 커피를 마시는 시간조차 우리는 '배움'을 경험하고 지식을 쌓고 있다.

(4) 대학원에서는 논문만 있을 뿐 크리에이티브는 필요 없다!?

본래 나는 디자인공학을 전공했고, 광고홍보학과 대학원에 들어오기 위해 광고공모전을 수차례 경험했다. 대학원에 들어오기까지 나는 '크리에이티브만이 살길이다. 인생에 크리에이티브가 없으면 너무나도 무미건조할 것이다. 크리에이티브는 회사의 책상에 앉아서 사무를 볼 때도, 화장실에 갈 때에도 꼭 챙겨야 할 필수품이다'라고 생각해왔으며, 이러한 생각들은 나의 신조이기도 했다. 하지만 대학원에 입학하고 나서 1년 동안 '논리정연하고 인과관계가 분명한 마인드 셋'을 훈련받으면서 '크리에이티브는 학자에게 필요 없는 것인가?'라는 생각이 나를 압도했다. 하지만 김영순 교수님의 질적 연구방법론은 학문에 있어 크리에이티브를 재조명했고, 학문에 있어서 창의성과 수업시간에 경험하는 창의성이 현상에 대한 탐구를 더욱 새롭고 깊게 탐독할 수 있다는 것을 가르치셨다. 요즈음 다시 만난 크리에이티브가 너무 반갑고 수업시간이 즐겁다.

3) 어느 날 생긴 습관 I: 기록 남기기

- 첫 번째 강의: 9월 6일
- 두 번째 강의: 9월 13일
- 세 번째 강의: 9월 27일
- 네 번째 강의: 10월 11일
- 다섯 번째 강의: 10월 18일

질적 연구방법론을 들으면서 생긴 습관은 두 가지다. 바로 '기록 남기기'

와 '왜'라는 질문하기이다. 9월 6일 첫 시간에 교수님이 말씀하신 한마디로 이 습관은 시작되었다. "지금 제 말 녹음하고 있죠, 여러분? 나는 지금 책 없이 수업을 하고 있고, 여러분은 책값 3만 원을 벌고 있는 거예요." 이 말을 듣고 나는 생각했다. '아! 들을 수 있는 책을 만들자!'

(1) '녹음하기'와 '사진 찍기'

대학원 생활 중 사실상 강의 내용을 녹음할 필요가 없었다. 대부분 교재 위주 수업에 컴퓨터나 펜으로 수업의 핵심 내용을 필기하는 식으로 충당되었기 때문이다. 하지만 질적 연구방법론 시간은 녹음과 사진이라는 기록을 남기지 않으면 다시 머릿속에 있던 경험을 힘겹게 끄집어내야 하기 때문에 처음에는 필사적으로 기록을 하게 되었다.

〈두 번째 강의: 2012.09.13〉

나에게 생긴 가장 큰 변화가 바로 이 '기록하는 습관'이다. 수업시간의 내용을 녹음하고 다시 기숙사로 돌아와서 그 음성파일을 들으면 강의 때 놓쳤던 부분을 다시 한 번 복습할 수 있었고, 강원도 원주로 가는 차 안에서 녹음된 음성파일을 노래처럼 들으며 수업시간의 분위기를 다시 한 번 떠올리게 되었다. 이러한 과정을

거치면서 비단 이 수업뿐만 아니라 다른 강의 또한 녹음해야 할 필요성을 느끼기 시작했다. 그 후로 통화내용 녹음까지 합쳐 총 20개의 음성파일이 생성되었으며, 그냥 지나칠 수 있던 경험을 잡아두는 데 성공했다. '사진 찍기' 습관은 9월 13일부터 시작되었다.

시간이 흐름에 따라 계절이 바뀌는 것은 당연한 이치지만, 재미있는 사실은 교수님의 옷이 한 주가 지날 때마다 눈에 띄게 두꺼워졌다는 것이다. 사실이번 해에는 추위가 갑자기 찾아온 터라 나 같은 기숙사생은 옷을 갖춰 입기쉽지 않았다. 어찌되었건 이 강의를 수강하면서 느낀 점은 이러한 세세한 변화에도 관심을 기울일 수 있다는 것이다. 지나친 경험을 다시 붙잡아 재확인

〈네 번째 강의: 2012.10.11〉 〈다섯 번째 강의: 2012.10.18〉

하고, 새로운 것을 발견하는 일은 매우 신나는 일이다. 또한 책이 없어도 칠판은 학생들과 교수님의 생각들로 가득 차 있다. 이 또한 3시간이라는 수업 시간 내내 끊임없는 커뮤니케이션이 형성되고 있음을 뜻한다.

마지막 사진은 조별로 모여 책상을 하나의 덩어리로 만들어 토의하는 모습이다. 책상을 모으는 일은 대학시절 교직과목 이후로는 처음 있는 일이었다. 대학원 수업은 꼭 학문적이고 논리적이어야 한다는 사고의 틀을 벗어나게 한 것은 이러한 수업 방식에서 비롯된 것이다.

4) 습관 II: Why?_말하는 습관

이승기가 출연하는 오렌지주스 CF를 보면, 한 꼬마 아이와의 대화 속에서 "왜? 왜 그런 건데?"라는 질문을 수차례 들을 수 있다. 결국 '왜'라는 연속된 질문으로 CF 속 오렌지의 가치를 만들어낸 것처럼 학문에서도 현상에 관한 '왜'라는 질문은 사막에서 진주를 쉽게 찾는 방법일 것이다.

교수님께서 수업시간에 반복적으로 하신 말씀은 '왜'라는 질문하기였다. 이 '왜'라는 질문 속에서 현상에 대한 관심이 생겨나고, 그 관심은 하나의 법칙을 발견해내기도 한다. 특히 이번 조별 논문의 주제를 찾는 과정에서 '왜'라는 질문을 통해 소재를 얻기도 했다. 나의 룸메이트는 외국인이었고, 새벽 2시에 단잠에 빠진 그녀를 보며 생각했다. '저 아이는 학교생활이 재미있을까?' 그녀와 같이 다니면서 겪은 에피소드 중 하나는 평소 댄스에 관심 있던 룸메이트가 중앙대학교 댄스동아리에 가입하기 위해 첫 신입생 환영 미팅에 참가한 적이 있었다. 어떤 이유에서인지는 모르겠으나 그녀는 이유 없이 '강제 퇴장'을 당해야 했다. 두 번째 '왜'는 바로 여기서 시작되었다.

내가 속해 있는 1조는 현재 외국인 유학생의 대학 적응에 대한 관심에서 비롯하여 교수님이 주신 아이디어를 더해 외국인 유학생과 교수의 적응을 함께 살펴보는 연구를 실시할 계획이다. 물론 이 '왜'라는 관심은 비단 나뿐만 아니라 여러 다른 분야에 있는 우리 1조 구성원들이 공통적으로 교집합을 이룬 것으로, 현재 우리가 다루고자 하는 연구 주제까지 도달할 수 있게 되었다. 질적 연구방법론 수업이 두 번째 나에게 선사해준 이 습관은 앞으로 학자로서 그리고 한 인간으로서 나에게 수많은 발전을 안겨다줄 것이다.

5) 나를 다시 돌아보게 된 계기

대학시절 나는 크리에이티브를 강조했다. 대학원에 입학하고 나서 크리에이티브의 불필요성에 낙담했지만, 현재 질적 연구방법론을 수강하면서 학문이라는 세계에서 피어날 수 있는 크리에이티브를 즐겁게 느끼는 중이다. 대학시절 남들과 같은 형식의 리포트를 제출하는 것이 싫어서 항상 책처럼 편집하여 제출했는데, 이러한 작업을 대학원에서 다시 하게 되었다는 것 자체가 내 소소한 일상에 큰 기쁨을 가져다주었다. 앞으로 질적 연구방법론을 수강하며 내가 경험하게 될 또 다른 습관과 에피소드가 기대된다.

위에서 나는 내 수업에 참여한 대학원 석사과정 학생의 수업 소감을 제시했다. 이것을 보면서 나는 나의 지도교수였던 포스너 선생님과 체플루흐 선생님을 닮아가고 있다는 사실을 깨달았다. 수업 중에 교수의 언어는 수강하는 학생들에게 경험이 되고, 그 수강생의 문화를 만들고 의식을 변화시킨다. 경험을 중시하는 질적 연구방법론 수업은 더욱 그러하다.

이제 막 질적 연구로 학문의 여정을 떠나는 대학원생들이여! 머리로 공부하지 말고 가슴으로 공부하고, 경험에 두려워하지 말라. 먼 훗날 그 경험이 당신의 학생들에게 문화를 만들어줄 것이다. 이미 개발된 방법론을 따라 하기만 할 것인가? 그 방법을 낯설게 하기를 통해 새롭게 볼 것인가? 남의 방법을 넘어 자신의 방법을 구축하라. 또한 한 방향으로 현상을 읽지 말라. 여러 학문적 접근을 두려워하지 말라. 이것이 바로 '낯설게 하기'와 '가로지르기'의 실천이다.

3장

장

문화예술교육에서의
질적
연구

1. 좌충우돌 입문기

아직 질적 연구가 무엇이라고 감히 언급하기에는 이렇다할만한 저명한 저서든 연구물이든 내세울 이력도, 자신도 없는 참으로 주제넘은 입장이다. 그럼에도 불구하고 이 책의 저자로 용기를 내어 참여한 것은 내가 몸담고 있는 교육현장과 사람들이 실로 질적 연구의 실천을 강력하게 필요로 하고 있기 때문이다. 문화예술교육 분야의 교육자와 기획자들은 현장을 이해하고 실행을 추진해나가는 데 있어 양적인 자료들에만 의지할 수 없는 형편이다. 실제 참여자들의 목소리를 듣고, 현장을 스케치하는 과정을 통해 현장 상황을 개선해나가고 프로그램을 적용하는 과정을 거치게 된다는 점이다. 그 안에서 다루어지는 내용과 성격은 대부분 질적인 차원의 경험들이다. 문화예술교육의 질적 연구뿐 아니라 질적 연구에 입문하는 연구자들에게 나의 초보 시절 막막했던 기억들을 더듬어 조금이나마 도움이 될 수 있는 지침을 안내하고 싶은 마음에서 좌충우돌 질적 연구의 초자 이야기를 꺼내볼까 한다.

내가 질적 연구라는 이 매력적인 방법론의 세계를 처음 알게 된 것은 대학원 석사과정에서이다. 질적 연구방법론의 첫 강좌에서 교수님은 질적 연구자가 갖추어야 할 역량과 태도에 대해 "연애편지를 잘 쓰는 사람이 질적 연구를 잘할 수 있다!"는 비유를 들었다. 유치하기 짝이 없는 애정 행위와 상대에게 느끼는 외적 호감, 소위 요즘 젊은이들 사이의 신조어인 '썸탄다' 정도의 가벼운 관계에서라면 아마도 그 비유는 적절하지 않을 것이다. 단지 사랑에 빠지는 감정뿐 아니라 대상의 마음을 이해하고 읽어낼 수 있는 섬세함과 상호작용이 중요하다는 점에서 질적 관점과 연애는 공감대가 형성된다고 보는 것이다. 소소한 감정을 지나 그것을 이해하고 소통하는 포용, 지겨워지는 권태를 극복하고 진통을 겪어내는 성숙, 그러한 성숙한 사랑을 경험해본 사람이라면 질적 연구자로서의 태도와 소양을 꽤 갖추었다고 볼 수 있지 않을까? 경험을 빗대어 자문했을 때, 그러한 모양새를 갖추어가기에는 나는 당시 너무 초자 인생의 20대를 살아가고 있었다.

수치가 아닌 글로, 분석보다는 이해를, 결과만큼이나 과정에 가치를 둔다는 질적 연구방법의 명제를 머리로는 헤아릴 수 있었으나, 실제 연구과정을 경험하기 전까지 그 추상성에서 헤어나오지는 못하고 있었다. 정말 그랬다. 연구의 실행으로 옮겨지기까지 수많은 시행착오가 뒤따랐다. 관찰과 인터뷰 과정을 실행하는 팀 프로젝트에 참여하면서 박사과정 선배들과 현장에 처음 뛰어들었을 때 처음에는 무엇을 촬영해야 할지, 무엇을 인터뷰해야 할지 막막하기만 했다. 그저 관찰한 내용은 모조리 묘사하며 기록했고, 그 무수한 내용들 속에서 주요 현상을 포착하기 위해 수없이 반복된 토의를 거쳐 인터뷰 질문을 다시 생성하고, 수정해나갔다. 정말 많은 시간이 소요되었고, 당시 생활의 많은 부분을 현장에 쏟아 부었던 것 같다. 열정을 쏟아 부었던 첫 질적 연구의 과제는 연구문제와 현상이 구체화되지 못했고, 분석된 범주화와 주제어가 애매모호하다는 지적을 받았다. 그렇게 쓰린 기억의 평가는 질적 연구에 대한 철저한 교훈과 관철을 귀결하면서 연구자로서의 나의 행보에 유의미한 족적을 남기게 되었다. 내 연륜과 경험들이 비통할 만큼 질적 연구자의 아량과 안목은 무척이나 넓어야 한다는 것을 깨우칠 무렵, 초반에는 거의 습작 수준의 질적 연구를 마침내 수행해내면서 연구자로서의 첫발을 내딛게 되었다.

질적 연구의 이론적 줄기와 다양한 접근방식에 대해 심도 있게 다루는 노력을 시작한 것은 박사과정에 들어가면서부터이다. 나는 사회학과와 교육학과에 개설된 질적 연구 수업을 수강했는데, 각 전공별로 다루고 있는 질적 연구의 접근방식을 두루 이해할 기회는 질적 연구에 대한 다양한 관점을 형성하는 데 큰 보탬이 되어주었다. 사회학과의 질적 연구 수업은 사회학과 학생뿐 아니라 경영학과, 어문계열, 간호학과, 체육학과 등 다양한 전공의 학생들이 참여했다. 이 수업은 문화와 사회적 현상, 하위문화, 조직관계의 형성 등 이론적 쟁점을 만들어내는 패러다임, 과정, 관계, 맥락의 주제에 대해 학생 주도적인 발제와 토의를 이어 나가는 방식이었다. 각 전공의 자존심을 건 학생들의 열의 덕분에 매 시간 발제자가 되거나 다른 발제 내용에 대한 비판적 평가와 질의를 준비해야 했기에 굉장히 집중했고 긴장되었던 수업으로 기억된다. 교육학과의 질적 연구 수업은 대학원 수업 중 제일 좋아했던 수업이어서 연계해서 두 번이나 수강했던 인상적인 수업이다. 교육인류학을 바탕으로 한 문화적 관심으로부터 타 문화권 내의 삶과 교육환경 속으로 깊숙이 내부자가 되어가는 과정을 담고 있던 문화기술 연구를 깊이 있게 다루었는데, 특히 교수님의 연구사례로부터 생생한 현장 이야기를 접할 수 있었다. 또한 교사의 관점에서 접근한 교육현장의 섬세한 상호작용과 교사들 간의 내러티브 글쓰기들을 접할 수 있었는데, 이 수업은 현직 교사이거나 교직에 관련하고 있는 수강생들이 많았기에 실제 진행되고 있는 교육현장 이야기를 공유할 수 있는 기회가 많아 무척이나 유익했다.

　　질적 연구의 깨알만한 지식이 자리 잡을 무렵, 자의 반 타의 반의 과제와 졸업 요건을 위해 나는 다시금 시행착오를 이어나가게 되었다. 늘 선험자들은 용기를 북돋워주기 위해 "연구 주제만 잡히면 연구의 절반은 진행된 것"이라 조언한다. 그런데 그 비유는 질적 연구의 경우, 해당되는 바가 아닌 듯해 보였다. 정말 갈 길이 멀기만 한 작업의 연속이었기 때문이다. 항상 겪는 문제였지만, '매우 진귀한 연구 주제에 적합한 연구 참여자들을 적절하게 발굴해낼 수 있는가?' '그들을 연구하는 게 현실적으로 가능한가?' '연구 참여자들을 선정하는 과정에서부터 선정된 연구 참여자들을 대상으로 연구기간 동안 온전하게 인터뷰를 지속할 수 있는가?' 등의 문제들에 직면하게 된다. 특히, 아동을 관찰하는 상황에서 매 시간 정기적으로 연구 환경에 참여하지 못하게 되는 경우, 지난 인터뷰와 연계가 되지 않기에 기존의 수집된 자료를 그냥 포기해야 하는 경우도 발생했다. 우연이든 필연이든 중도 탈락이 발생하거나 연구 참여자를 교체하는 상황이 발생하기 일쑤였다. 중간에 마음이 바뀌거나, 연구 참여에 대한 열의가 식거나, 혹은 개인적인 사고나 사정이 발생하는 등 이유는 너무나 다양했다. 연구 참여자의 사정상 그것을 대부분 맞춰가기는 했지만, 많은 시간과 노력을 투자해야 한다는 점에서 연구자가 쉽게 지치게 되어 힘이 드는 부분이었다. 그래서 질적 연구자의 필수 조건으로 기나긴 연구기간 동안 그 연구 환경을 지켜낼 수 있는 인내력이 주요 덕목이라 여겨졌던 것 같다. 이런저런 시행착오를 몇 차례 겪은 이후, 연구 참여자를 선정할 때 지속성과 참여의지를 사전에 미리 검토하는 명철한 판단을 필요로 하게 되었고, 현장의 정보제공자나 주요 제보자와 충분한 상의를 거쳐 연구 참여자의 정보를 미리 숙지하고 현장에 들어가는 신중한 준비를 고려하게 되었다.

현장을 위한 준비는 사람에게만 국한되는 문제가 아니었다. 기록이 곧 자료가 되는 질적 연구에서 기록을 위한 기기들에 문제가 발생하면 그야말로 '총 없이 전쟁터에 나간 격'이 되고 만다. 인터뷰 현장에서 보이스리코더의 말썽으로 당황스러웠던 일이 떠오른다. 한창 진행된 인터뷰 내용의 녹취 파일을 잘못 작동하여 지워버린 아찔한 실수 등은 정말 허탈해서 넋을 놓게 했던 기억들이다. 지금이야 스마트폰의 음성녹음이 그러한 역할을 대신해주기는 하지만, 중간에 전화나 문자가 들어올 때 인터뷰의 흐름이 끊길 수 있어 가능하면 여전히 보이스리코더 사용을 선호한다. 특히, 현장 스케치는 메모가 필요하고, 가능하면 동료 연구자나 보조 연구자가 인터뷰나 관찰 현장에 동행해서 역할을 분담하는 것이 현장에 대한 이해도나 집중력을 높이는 데 훨씬 유리하다고 느꼈다.

질적 연구를 공부하는 사람들이라면, 늘 다각측정방법의 원리에 세뇌될 것이다. 심층면접이나 관찰 방법, 다양한 자료와 근거를 통해 연구의 타당성을 높이는 데 일조한다는 정도의 이해였다. 과연 그것이 무엇을 의미하는지 나에게는 상당히 와 닿지 않았던 때가 있었다. 연구가 진행되는 과정에서 그 타당성의 늪에 깊숙이 빠져 혼란스러웠던 기억이 있고 난 이후에야 그 중요성을 실감하게 된 것이다. 누구나 자신의 연구에서 무아지경 상태에 놓이면 관점이나 판단력이 흐려지거나, 자신이 쳐버린 덫장벽과 선입견에 무장되어 해석의 오류를 범하기 쉽다. 나는 현장의 전체에 들어가지 못하고 모퉁이에 서서 그것을 주요 현상의 모습처럼 묘사하는 오류를 범하게 되었고, 그 굳어진 관점으로 계속해서 자료를 수집하는 의도를 버리지 못하고 있었다. 만약 동료 검증과 참여자 확인의 과정을 거치지 않았더라면 현상이 갖고 있는 진실을 철저하게 왜곡하여 줄곧 해석의 오류를 범하고 있었을 것이다. 다각적인 방식으로 자료를 수집하고 분석하는 절차는 연구가 진행되는 내내 반복되면 반복될수록 유리하다는 것을 깨우칠 수 있었던 절호의 기회였다.

수집된 자료를 처리하는 데 미숙했던 나는 자료의 양이 늘어나면서 자료를 정리하는 과정이 벅차다고 느껴졌다. 원 자료들을 파일링하는 일정한 기술이 필요했는데, 특히 질적 연구가 공동연구로 진행되는 경우 자료처리 과정에서는 일정한 약속으로 정해진 기호화가 필요하다는 것을 실감했다. 연구 참여자들과의 인터뷰 내용이 기록된 연구 참여자별 · 날짜별 · 주제별 · 문장별 기호가 약속되지 않은 상태에서 공동연구자와 분담한 자료가 서로 뒤섞여 크게 애를 먹었던 순간이 있었다. 녹취기록을 다시 되짚어 전사내용을 역으로 찾아가는 수고스러움 끝에 결국 원 자료의 분류를 다시 진행할 수 있었으나, 시간 소요와 에너지 소모가 너무 큰 번거로운 작업이 되어버렸다. 질적 연구의 원 자료를 일정하게 기호화하는 것은 공동연구뿐 아니라 연구자의 체계적인 자료처리 과정에서 중요하다. 자료처리의 실수는 해석의 오류에도 충분히 영향을 미칠 수 있는 부분이기 때문이다. 이것을 계기로 나는 반드시 일정한 방식으로 자료의 분류체계를 만들어야 한다는 교훈을 숙지하게 되었다.

초보 신임교수의 길에 들어선 지금, 여전히 나는 질적 연구가 어렵다는 걸 느낀다. 그래서일까? 나는 스스로를 온전히 질적 연구자라고 단언하지 못한다. 연구 주제와 성격에 따라 때로는 양적 연구를 선택하고 있기 때문이다. 방법론을 놓고 무엇이 더 적합한가의 문제가 아니라 내가 관심을 갖고 있는 문화예술교육 분야의 다양한 연구 상황과 이슈들을 어떻게 이끌어낼 수 있느냐를 바라볼 때, 보다 적절한 방식으로 다가서려 하는 것이다. 분명한 건 질적 연구자로서의 비중과 관심을 꾸준히 더 늘려갈 필요가 있다고 느끼는 중이다. 나는 상당 부분 질적 관점에서 해석될 수 있는 문화예술교육의 현상들 위에 무궁무진한 탐구들을 시도하는 노력을 이어나가려 한다. 현재 나는 예술가이자 교육자, 그리고 질적 연구자의 간극을 어떻게 조절해나가야 할 것인가를 고민하는 시점에 놓여 있다. 물론 균형과 조화를 지향하는 바이다. 문화예술교육이 이루어지는 학교와 사회, 그리고 작은 커뮤니티에서조차 문화역량을 위한 예술적 경험을 제공하는 일에는 분명히 예술적 소양을 가진 교육자의 질적 안목이 절실히 요구되고 있기 때문이다.

2. 문화예술교육에서 교수자의 관점

예술을 이해한다는 것은 인간과 그 삶을 이해하려는 시도이다. 그것을 이해하는 방법으로는 정서적으로 이해하는 것, 다양한 예술경향을 이해하는 것, 다양한 예술현상과 친숙해지는 것 등 다양한 관점이 가능할 수 있다. 〈예술사회학〉 강좌의 첫 시간, 학생들에게 나는 의도된 질문을 던진다.

    나: 예술이 무엇인가요?
    학생들: …….

예술이 무엇인지에 대한 나의 첫 질문에 학생들은 난해하다는 반응을 보인다. '예술이란 무엇인가?'라는 질문은 너무나 광범위한 것, 혹은 초월적인 것에 대한 당혹스러운 질문이기는 하다. 문화예술의 이해는 인지적인 측면으로 설명하기에는 분명히 한계가 따른다. 그러나 명확하게 형언하지 못하는 그들의 내부에는 경험에 의해 쌓인 감각적인 명제가 존재하고 있다. 우리는 살면서 무수히 많은 문화예술의 환경에 놓이게 되고, 또 경험하며 살아가고 있기 때문이다. 과연 우리의 삶에서 문화예술이라고 규정짓는 것들에는 어떠한 특징들이 있는가? 우선, 예술에 대한 경험적 감각들을 탐색해나가는 방식으로 문화예술교육의 입문을 시도해보고자 했다.

나: 그렇다면, 이 두 가지를 비교해볼까요? 지금 보시는 이 작품은 뒤
       샹의 「샘」이라는 작품입니다. 또 다른 하나는 일반 화장실에 있는
       변기죠. 언뜻 보기엔 분명히 두 가지 모습은 비슷해 보이는데요. 과
       연 이들을 예술과 비예술로 나누는 차이에는 무엇이 존재할까요?

학생 1: 예술이 이루어지는 공간이나 위치에 따라 변기는 화장실에 있으
       니 예술이라 할 수 없고, 뒤샹의 작품은 전시장에 있으니 예술로 인
       정되는 것 같아요.

학생 2: 의미 부여가 중요한 것 같아요. 화장실의 변기는 단순히 우리의 생
       활에 필요한 생활용품인 것이고, 뒤샹은 그런 변기에 자신만의 창
       의적인 아이디어, 하고 싶은 메시지를 부여해서 의미 있는 예술로
       탄생시킨 것 같아요.

학생 3: 화장실의 변기는 변기 자체의 용도 그대로 쓰이잖아요. 사실, 그것
       을 보고 무언가를 해석하고자 하는 태도로 화장실을 들어가지는
       않지만, 전시장에서 만나는 뒤샹의 작품은 기존의 변기에 왜 '샘'
       이라는 의미를 붙인 것일까? 상상력을 발휘하는 것처럼 보는 사람
       에게 무언가 새로운 해석을 이끌어내기도 하고 참신한 대상이 되
       기 때문에 예술로 받아들여지는 것 같아요.

   학생들은 분명히 예술에 대한 맥락을 감지하고 있었다. 그것을 예술의 정
의라고 단정하기에는 다소 불충분한 감이 있었지만, 일상의 삶 가운데 그것
이 왜 예술로 의미 지어질 수 있는지를 자신의 경험과 예술을 보는 미감을
더듬어 그 특징을 이끌어내고 있었다. 나는 하워드 베커(Howard Becker)가 언급
한 '예술 범주'를 유도했다. 예술이라는 범주에 속하는 것이 무엇인지를 맥
락, 미학적 가치, 장소, 텍스트의 의미 그리고 그것을 구별 짓는 예술형식 등
사회적 맥락에 의해 정의 내려질 수 있는 예술적 범주들로 상기시켜나갔다.

이처럼 문화예술의 교육환경은 절대적으로 미적 감각과 정서적 경험 그리고 공감의 과정을 필요로 한다. 이러한 과정은 어떠한 결과로 생산되느냐의 문제보다는 어떻게 향유되었느냐 하는 학습자 혹은 향유자의 체험에 중점을 두게 된다. 즉, 향유자 중심의 경험과 가치는 지극히 질적인 차원의 맥락이라는 것이다. 따라서 문화예술에 대한 이해는 경험과 공감이 어우러질 때, 확고한 문화역량과 예술적 리터러시로 자리매김할 수 있다.

나는 문화예술교육에서 경험을 통한 공감을 이끌어내는 데 주목하고 있는 교육자이다. 그래서인지 내 수업에는 경험을 중심으로 한 문화예술의 이해와 소양 가르치기에 대한 소신이 고스란히 담겨져 있다. 지난 학기에 이루어진 〈예술세계의 탐구〉 5주차에 소개된 주제는 '발레의 이해'였다. 역사와 감상, 이론뿐 아니라 발레의 기본 움직임과 원리를 소개하며 학습자들의 체험을 이끌었다. '앙바(En Bas)', '앙아방(En Avant)', '알라세콩(A la Second)', '앙오(En Haut)' …… 어렵게 느껴질 수 있는 발레 용어는 팔의 기본 동작과 함께 즐기면서 이해할 수 있는 활동으로, 학생들은 마치 레크리에이션을 하는 듯 즐기고 있었다. 발레 문화는 예술사조의 맥을 같이하는 작품들을 위주로 해설을 더해가며 공감할 수 있는 감상교육으로 이어나갔다. 감상에 임하는 학생들의 태도는 사뭇 진지했다.

나:　　프랑스의 낭만주의 시인 고티에(Gautier)의 시놉시스를 바탕으로 만들어진 발레 「지젤(Giselle)」을 소개합니다. 현상에서 이루지 못한 사랑의 아픔과 죽음, 사랑의 영원성을 은유하는 로맨틱 발레죠. 그래서 작품은 굉장히 신비스러운 감정과 로맨스를 소재로 하고 있어요. 스토리 안에 몇 가지 특징적인 표현 양식이 보이는데, 바로 마임입니다. 몇 가지 마임을 살펴보고, 극의 줄거리와 함께 감상을 이어나가보도록 합시다.

〈예술세계의 탐구〉 5주차 '발레의 이해'

낭만주의를 대표하는 「지젤」의 스토리텔링을 파악하기 위해 그 안에 등장하는 마임을 미리 숙지하고, 마임의 적용과 표현양식에 대해 이해해나갔다. 마임에 내포된 뜻을 학습하고 자신들이 새롭게 재구성한 스토리텔링을 공유하는 창작 시간을 가져보기도 했다. 수업이 진행되는 동안 줄곧 나는 학생들의 모습을 살폈다. 그들이 느끼는 바 혹은 감정을 마임의 방식으로 새로이 표현해내는 모습을 관찰하면서 예술적 소통에 말문이 트인 듯한 학생들을 보는 보람과 희열도 느꼈다. 발레에 대해 지루하고 어렵기만 하다는 선입견으로부터 벗어날 수 있었다는 자기고백적인 이야기, 그리고 발레 문화에 친숙하게 다가설 수 있게 되었다는 변화의 모습을 느끼며 나는 그들의 변화를 함께 동조하고 격려하는 내부자, 그리고 질적 관점을 가진 연구자이자 교수자의 위치에 서 있었다는 것을 실감했다.

예술체험 에세이 (1)

발레에 대한 기본기를 배워보고 발레작품을 감상했다. 발레의 우아함은 대사가 없고 마임으로 내용을 전달하는데 몸짓 하나하나에 감정을 전달하고, 그것이 보는 사람으로 하여금 감정을 느끼고 발레 속으로 빠져든다는 느낌을 받았다. 그 우아한 표현력에 매료되었다. 발레를 정식으로 배워보고 싶다. 그리고 발레공연을 보러 공연 일정을 찾는 흥미도 생겨났다.

예술체험 에세이 (2)

발레의상을 직접 보여주셨다. 튀튀(tutu)에 대한 얘기도 해주셨다. 「백조의 호수」와 「지젤」은 치마 길이가 확연히 차이가 났는데, 다리 동작이 화려해질 수록 치마가 짧아지고 동작이 화려해진다는 것을 들으니 신기했다. 초연에 비해 변화된 의상과 화려해진 다리의 테크닉을 들 수 있는데, 특히 짧은 튀튀로 바뀌면서 화려해진 다리 동작을 볼 수 있었고, 「백조의 호수」에서는 우아한 각선미와 자태를 강조한 변화들을 볼 수 있었다.

예술체험 에세이 (3)

첫 시간부터 인상적인 몸짓, 열정적인 눈빛을 가진 교수님으로부터 정말 다양한 경험을 했던 것 같다. 특히 발레를 직접 해보고 실제로 발레리나를 통해 가르침을 받았던 것은 평생 잊을 수 없는 추억이 될 것이다. 내가 사랑하는 것을 많은 학생들에게 가르쳐준다는 것은 이런 기쁨이 있을 것 같다. 다른 학생도 그것과 사랑에 빠지기를 바라는 마음으로 열정적으로 이끌어주는 것 말이다. 좀 더 높은 수준의 감상과 예술에 대한 접근을 바라는 마음으로 수업을 진행하신 교수님은 그 마음이 참 강하게 느껴지는 성품을 지니셨다. 그 열정은 수업시간, 수업의 계획 속에서 고스란히 드러나며, 실로 수치화할 수 없을 정도의 예술세계의 탐구에 대한 호기심이 생겨났다.

예술체험 에세이 (4)

〈예술세계의 탐구〉 7주차에 소개된 주제 '클래식음악의 이해' 시간에는 낭만주의를 풍미하는 베토벤, 슈베르트 등을 감상하고, 세레나데에 대해 배웠다. 그리고 이탈리아 가곡 「Caro mio ben(오! 내 사랑)」에 도전해보았다. 이탈리아 작곡가 조르다니(Giordani)가 작곡한 「나의 다정한 연인」이란 곡으로, 제목이 암시하듯 아름다운 선율의 연가로 널리 애창되는 이탈리아 고전 가곡

가운데 명작으로 꼽힌다. "오! 내 사랑 믿어주오, 그대 없이 내 마음은 슬퍼"

예술체험 에세이 (5)

"희망은 자신을 짓누르는 무게만큼 한 옥타브 높은 목소리로 노래하고 한 옥타브 위의 사고를 하는 것이니……" 박노해 시인의 어록 중 한 부분이다. 처음 이 글을 읽었을 때는 희망에 대해 생각했지만, 지금 다시 읽어보니 예술과도 같다는 생각이 든다. 예술은 아는 만큼 보고 듣고 느낄 수 있고, 그 이상의 것을 원하고 표현하고자 한다는 생각이다. 예술에 대해 공부하는 것은 인생에 대해 공부하는 것과 같다는 생각이 들고, 나아가 희망을 품고 살아가는 것과 다를 바 없다는 생각이다. 「박노해 사진전 — 꽃피는 걸음」은 나를 포함한 우리 조원들에게 많은 것을 느끼게 해주었다. 처음엔 일차원적인 사진 작품 감상에서 시작하여 조별과제를 수행하면서 사진 촬영 및 인화 기법에 대해 이해하게 되었고, 작가가 가진 세계관에 대해 공감하고 나 나름대로의 생각을 갖게 해주었다. 전시를 보고 감상하며 조원들과 훈훈한 마음으로 부담 없이 토론한 시간은 대학생활 중 큰 추억으로 남을 것 같다. 서로 다른 성별, 나이, 전공의 친구들과 주고받은 대화 자체가 예술세계에 한 걸음 더 다가간 기분이 들게 했다.

예술체험 에세이 (6)

내가 바라보는 문화의 기준은 무엇이었을까? 예술이란 어떤 것일까? 또 미래에 만날 나의 자녀들에게는 어떤 예술을 이야기할 수 있을까? 그저 전공에만 머무는 그런 사람이 되고 싶진 않다. 작품을 바라보고 세상과 나의 관계성을 바라보며 눈물을 흘릴 줄 아는, 그런 풍성한 사람으로 거듭나고 싶다. 나는 어떤 예술인이 될 것인가? 지금보다 더 커다란 고통을 안더라도 멋진 사람으로 살아갈 수 있을까? 지금의 예술은 나에게 어떤 영향을 미치는가?

계속하여 생각하며 체험하고 누리고 싶다.

예술체험 에세이 (7)

예술세계는 내가 인식하고 있던 것보다 더욱 풍성하며, 생각했던 것보다 고귀한 것임을 알게 되었다. 이는 수업을 진행하면서 점차 깨닫게 된 부분이기도 하고 실제적인 체험을 하면서 알지 못하고 지루하게 여겼던 것들이 실제로는 얼마나 흥미로운지 몸소 느끼기도 했다. 체험과 이론적인 가르침을 병행하고 마지막 시간에는 실제로 예술세계를 만나고 온 후의 이야기를 나누었다. 조별로 직접 보고, 느끼고, 알게 된 것들을 발표하는 시간에는 작품마다, 조마다 성격이 달라서 흥미롭게 기억한다. 정말 예술세계의 체험을 기쁨으로 받아들인 조는 발표 때부터 그 모습이 달랐다.

하루아침에 문화예술세계에 입문할 수는 없는 법. 일상의 삶 가운데 놓여 있는 환경들을 어떠한 방식으로 수용하고 즐길 수 있는지의 태도는 아주 자연스럽게 스며드는 교육에 의해 내면화되는 것이다. 문화예술교육은 이론 중심의 지식교육 틀 안에서는 분명히 한계가 있다. 이는 문화와 예술을 향유할 수 있는 안목을 갖추고, 미감과 감성을 길러주는 경험을 통해 가능한 일이다. 또한 문화예술교육 현장의 경험과 그 경험의 과정을 살펴보는 관점은 질적 연구의 섬세한 접근을 필요로 한다. 나는 이처럼 문화예술과 질적 연구의 조화를 두고 창조적 전환, 관점과 깊이, 삶의 이해, 내면의 재현과 해석, 엔텔레키의 실현 등 그 둘 간의 유사맥락이 존재하기 때문이라 믿는다.

3. 미메시스와 질적 관점의 조화

　문화예술의 관점과 태도는 질적 연구와 같은 맥락에 서 있다. 그 유사성은 문화예술의 미학적 가치와 본질에서 쉽게 찾아볼 수 있다. 특히 미메시스(mimesis)는 인류의 미적 기억을 역설하듯, 문화예술의 특징을 설명하는 주요 개념으로 다루어져왔다. 아리스토텔레스의 표현을 빌리자면, 그것은 자연과 세계를 상징적인 실재로 변화시키는 굉장히 창조적인 과정이다. 이 개념은 예술사조의 패러다임 변화 속에서도 꽤 일관된 흐름을 거쳐왔다. 단순히 같은 것을 반복해서 만들어내는 '모방'이 아니라 '재현' 또는 '표현'으로서 가치 있는 의미 그 무엇을 만드는 것으로 말이다.

　고대에는 미메시스의 개념이 내적 실재의 '표현'을 강하게 함축했지만, 철학적 개념으로 사용되면서 점차 외적 실재와 내적 실재 모두를 재현한다는 의미로 예술론에 폭넓게 적용되었다. 헬레니즘 이후에는 고매한 정신의 재현에 가치를 둔 '상징'의 수단으로 강조되었고, 르네상스에서 근대로 넘어가면서부터는 아리스토텔레스의 창조적 관점을 바탕으로 자연의 이상적 모방을 주창하기에 이르렀다. 그리고 여전히 모든 문화예술의 가치에는 이 미메시스의 원리가 폭넓게 적용되어 존속되고 있다.

　그렇다면 문화예술의 미메시스와 질적 연구는 어떠한 공통분모를 갖고 있는 것일까? 분명히 이 두 가지는 섬세한 접근 방식과 가치 구현을 추구한다는 점에서 무언가 맞닿아 있는 듯해 보인다. 문화예술과 질적 연구의 조화로운 궁합에 대해 몇 가지 이유를 들어 당위성을 부여해보고자 한다.

1) 창조적 전환

문화예술은 창조에서부터 해석에 이르는 모든 과정에 의미와 가치를 구성하는 미메시스적 전환이 발생한다. 이러한 미메시스적 전환에 대해 나는 차이코프스키(Peter Il'yich Tchaikovsky)의 3대 작품 중 손꼽히는 「백조의 호수(Swan Lake)」의 비유를 제안해본다. 너무나 잘 알려져 있듯이, 러시아 발레의 유산인 이 작품은 지금까지도 발레의 명작으로 전해지고 큰 사랑을 받고 있다. '그랑 파 드 되(grand pas de deux: 2인무)'나 '디베르티스망(divertissement: 내용과 상관없이 무용수의 기교)' 등 고전 발레의 특징이 많이 잔존해 있기는 하나, 호수를 배경으로 한 백조와 인간의 비현실적인 사랑 이야기는 로맨티시즘의 극치를 보여주는 낭만발레의 전형이라고 할 수 있다. 현존하고 있는 공연작 대부분은 초연되었던 원작이 아닌 차이코프스키의 사망 이후, 마리우스 프티파가 안무하여 재구성한 것의 영향을 받은 작품들이다. 전 4막으로 구성된 이 작품은 볼쇼이 발레단의 안무와 로열 발레단의 안무 두 가지 버전이 전 세계적으로 가장 널리 알려져 있다. 어떤 버전이 되었든 대중에게는 「백조의 호수」 하면 일반적으로 떠올려지는 하이라이트의 이미지가 존재하는데, 그것은 바이올린의 서정적인 선율과 함께 마치 호수의 물 위를 떠다니는 듯한 백조들의 우아한 발 끝, 즉 '파 드 부레(pas de bourree)'의 몽환적 분위기가 정점을 찍는 2막 발레블랑(ballet blanc)의 명장면이라 할 수 있다.

오래도록 대중에게 각인되어 있던 여성미와 서정성을 강조한 「백조의 호수」는 1990년대 중반 무렵 그 전형적인 이미지를 불식시키는 새로운 의미 해석과 발상의 전환이 시도되었다. 영국의 안무가 매튜 본(Matthew Bourne)은 카리스마 넘치는 근육질의 수컷 백조들을 창조해냈고, 이는 곧 웨스트앤드와 전 세계에 큰 반향을 불러일으켰다. 사랑을 요구하는 수동적인 대상이 아닌 왕자를 보호하고 지켜주는 능동적인 존재로서 인물의 성격과 스토리에도 변화를 시도했다. 시원하고 강렬한 에너지의 간결한 몸짓으로 정통 발레를 탈피했고, 현대적 움직임이 가미된 새로운 코드의 「백조의 호수」를 탄생시켰다. 이 작품은 마임과 연극적인 움직임으로 풀어가는 포스트모더니즘적 성격으로 단지 발레가 아닌 크로스오버, 즉 장르의 해체로 인식되어 '댄스뮤지컬'이라고도 일컬어지고 있다.

이처럼 동일한 차이코프스키의 곡임에도 불구하고 안무와 내용, 구성의 스타일이 다양하게 구현되어왔다는 점에서 「백조의 호수」는 계속해서 변화무쌍함을 보여주었다. 러시아 전설인 백조 이야기를 창조적인 해석으로 재현한 원류의 다양한 변용이라 할 수 있으며, 예술가들의 이념과 발견에 의해 지속적으로 새로운 흐름을 만들어낸 미메시스적 전환이라 할 수 있다. 외부를 내부로 끌어들이고, 자신의 내부를 표현하는 전환. 예술가들은 그러한 전환을 통해 끊임없는 모방, 재현, 표현, 상징, 의미의 창조를 시도했다. 이러한 문화예술의 미메시스적 전환은 질적 연구자가 현상에 대해 갖는 유연한 관점과 발견적 안목, 현상의 의미를 창조하고 해석해낸다는 점에서 꽤 많은 부분 상통하고 있다고 볼 수 있다.

2) 관점과 깊이

자연과 세계를 모방하는 방식에 있어, 특히 르네상스 이후의 예술관에서는 눈으로 보여지고 읽히는 실재의 소산적 세계 전체와 이러한 전체를 생산해내는 원천적인 힘이라는 두 가지 의미 모두가 반영되어 있었다. 어쩌면 질적 연구가 현상에 접근하는 방식에 있어서도 눈으로 보이는 현상을 있는 그대로 담아내고자 하는 사실주의적 관점과 보이지 않는 능산적(能産的) 세계에 초점을 둔 후기 인상주의적 관점이 공존하고 있다고 해도 과언이 아닐 듯하다. 외재적 현상과 내재적 원천의 왕래는 이 둘 모두에게 가치 있게 여겨지고 있는 관점이기 때문이다.

몇 년 전, LG전자의 '명화 캠페인'으로 이루어진 TV광고가 떠오른다. 세계의 명화들이 마치 살아 움직이듯 애니메이션으로 재탄생되어 '생활이 예술이 된다는 것, 미래를 일찍 만난다는 것'이라는 강한 인상을 남겼다. 그중에서 나는 관점과 깊이에 대한 이야기를 꺼내기 위해 내가 좋아하는 고흐와 후기 인상주의를 대표하는 세잔의 작품을 예로 들어보고자 한다.

먼저, 빈센트 반 고흐(Vincent Van Gogh)의 대표작 「별이 빛나는 밤(The Starry Night)」을 보면 어떤 이미지가 떠오르는가? 고흐가 자신의 귀를 자른 사건 이후, 요양원에 있을 때 병실 밖으로 보이는 밤 풍경을 그린 것으로 잘 알려져 있는 작품이다. 별빛과 달빛, 회오리치는 듯한 구름들을 묘사한 역동적인 곡선의 필치는 강렬한 감성의 표현으로 비쳐진다. 별이 반짝이는 밤하늘의 정경과 그것을 바라본다는 것에 대해 많은 기억과 꿈을 가능케 하는 상상력의 발로처럼 구현되었기 때문이다. 「별이 빛나는 밤」을 보고 있노라면 마치 무한한 세계로 이끌려갈 것만 같은 신비감, 그 빛나는 별에 다다를 것 같은 설렘마저 느껴지니 말이다. 이처럼 자연에 대한 반 고흐의 내적 심상과 주관적인 표현이 잘 반영되어 있다는 점에서였는지 2005년에 출간된 김영천 교수의 질적연구 명저 『별이 빛나는 밤』의 표지는 정말 탁월했다는 생각이 든다.

사물에 대한 깊이감과 관찰자로서의 노력은 폴 세잔의 그림에서도 잘 드러난다. 그의 작품 「정물」을 보면, 각기 다른 시점으로 원근법을 무시한 채 어지럽고 불안해 보이는 테이블보, 그릇, 과일들이 배치되어 있다. 아이러니하게도 이 전체는 조화롭게 느껴진다. 눈에 보이는 외형을 있는 그대로 모방하기보다는 자연의 본질적 속성과 내적 구조, 그들 간의 관계를 통찰하여 강한 색채와 기하학적 구도의 변형을 통해 이를 반영해내고자 한 분석적인 논리가 내포되어 있다.

이처럼 자연과 세계를 어떠한 방식으로 반영하는지의 관점에 관해 문화예술과 질적 연구의 유사 맥락을 발견해볼 수 있는데, 이는 인간의 삶과 내면세계를 깊이 있게 들여다보고자 했던 고흐, 그리고 내부의 미학까지 파악하고자 했던 세잔의 관점처럼 질적 연구자의 관점은 내적 구조와 본질을 밝힐 수 있는 꽤 깊은 통찰력을 필요로 한다는 점에서이다.

3) 삶 이해하기

재현과 표현 방식에 있어서 인간의 삶을 이해하고 그것을 반영하고자 한다는 점에서 문화예술과 질적 연구는 닮은 성향을 드러낸다. 삶에 대한 감성적 표현은 문화예술에 있어 강력한 소재이자 영원한 미의 법칙처럼 중요한 구성 요소라 할 수 있다. 이러한 감성적 코드에 대해 나는 헨델의 바로크 오페라 「리날도」 중 제2막에서 여주인공 알미네라가 부른 아리아 'Lacia ch'io pianga(울게 하소서)'를 떠올려본다. 이 곡은 영화 「파리넬리(Farinelli: Il Castrato, 1994)」의 OST로도 잘 알려져 대중적인 사랑을 받았다. 18세기에 가장 유명했던 카스트라토, 파리넬리의 삶을 소재로 거세된 남성의 예술적 천재성을 그리고 있는 작품이다. "가혹한 운명 속에서 자유를 갈망하며 탄식하는 영혼. 오직 자비로서 번뇌와 슬픔, 고통을 사라지게 해주오!" 가사에 담긴 내용처럼 가혹한 그의 삶을 대변하는 듯 극한 감동을 전해주었던 아리아 장면들, 그리고 다시 듣게 되는 명곡이라 여겨진다. 이처럼 문화예술은 작품을 통해 인간 삶의 총체적 진실을 모방하며, 이를 미적으로 승화시키는 노력을 일삼는다. 삶의 깊이를 헤아리고 감각과 정서적 표현을 있는 그대로 구현하는 것에 주저하지 않는다는 점에서 문화예술의 표현성은 질적 연구의 섬세한 묘사력과 그 맥을 같이한다고 볼 수 있겠다.

4) 내면의 재현과 해석

이상적인 인체미에 대한 이미지를 떠올릴 때면, 고대 그리스 조각이 자주 연상된다. 숭고양식의 전형을 보여주었던 전기 고전기의 조각들은 콘트라포스토(contraposto) 자세의 부드러운 S자와 균형 잡힌 자태로 묘사되고 있다. 곡선의 미를 드러내는 인체미의 표현은 후기 고전기에 들어서면서 우아함과 숭고함이 가미되었고, 명상적이고 숭고한 표정을 묘사하는 데 있어 그 미의 양식이 극대화되었다. 이는 실제 삶에 대한 미적 지각이 예술로 재현되는데 있어 겉으로 보이는 웅장함이나 아름다움을 넘어 위대하고 고매한 영혼의 영역이나 정신적 측면까지 이해하고 이를 표현해내는 데 주력했음을 가늠해볼 수 있다.

예술작품의 이러한 정신적인 측면은 미메시스의 창조성과 재현력에 있어서 공시적이고 통시적인 경향을 동시에 드러낸다. 중국의 1세대 현대미술가로 알려져 있는 웨민쥔의 「처형」을 예로 들어본다. 웨민쥔은 마네의 「막시밀리안 황제의 처형(1867)」의 구도를, 마네는 스페인의 궁중화가였던 고야의 「1808년 5월 3일 마드리드」의 구도를 각각 오마주(hommage)로 차용했다고 전해지고 있다. 역사적 사실 기록의 비극적 처형을 그린 마네의 작품에 비해 웨민쥔의 작품에 드러난 처형은 죄수와 간수의 과장된 웃음, 그리고 아이러니한 표정을 통해 죽음을 가볍게 여기는 중국의 현실을 냉소적으로 비판하는 풍자적인 요소를 내포하고 있었다는 점이다. 작품 구도의 유사함을 두고 시대적 변화와 현실에서 처형이라는 사건의 문제 제기를 한 것은 그 안에 부여된 내적 실체를 드러내고자 하는 재해석의 논리가 담겨 있다. 이처럼 보이지 않는 내면의 실체와 정신적인 것을 재현하고자 한다는 점에서 문화예술과 질적 연구는 가치지향적인 측면이 유사하다고 볼 수 있다.

5) 엔텔레키(entelechy) : 가장 완전한 실현

문화예술의 미적 경험이 가져다준 영향력은 예술가들의 삶과 예술론에서도 고스란히 드러나 있다. 이탈리아 여행에서 만난 라파엘로와 미켈란젤로의 르네상스 미술작품에서 영감을 얻어 그것을 계기로 고전주의적 예술관을 확립하게 된 괴테의 작품 『타우리스의 이피게니에』는 인간의 자유로운 의지와 순수, 고귀한 정신을 그리는 고전적 미와 인간 중심적인 가치관에 바탕을 두고 있다. 독일의 낭만주의를 대표하는 프리드리히는 자연 대상에 많은 상징적 의미를 부여한 독특한 풍경화를 그려냈는데, 그는 단순히 자연의 아름다움을 모방하는 풍경화가 아니라 종교, 정치, 삶과 죽음 등 삶의 핵심적인 문제들을 제기하는 내적 통찰을 시도했고, 상징적인 의미를 부여했다. 루카치의 작품 역시 세계를 대하는 인간의 태도에 가치를 두었는데, 이는 본질적인 것을 강조하고, 사실적 묘사와 객관적 현실의 생생함, 그리고 자연스러운 표현을 지향하는 등 리얼리즘을 통해 인간의 현상을 있는 그대로 자아냈다. 이처럼 예술가들의 예술적 경험과 그들이 생산해내는 예술작품의 성격에는 예술사조의 서로 다른 성격을 뛰어넘어 인간에 대한 개성과 감정을 존중하고, 자연과 세계에 대한 깊이 있는 본질에 대해 탐구하여 알레고리적 해석을 시도했다는 점을 발견할 수 있다. 이처럼 모든 현상과 만물의 완전한 실현 상태, 즉 엔텔레키를 목표로 향해 나아간다는 점에서 문화예술은 잠재된 무언가를 이끌어내는 행위라고도 할 수 있다. 이는 경험적 가치, 현상의 본질과 의미 해석을 골자로 하는 질적 연구와 꽤 조화로운 형세라 할 수 있다.

4장

질적 연구 논문 글쓰기

연구는 저 너머 쓰여 있는 연구라는 창을 통해 연구자와 그가 수행한 연구내용을 보는 세상이다. 그러므로 "진실을 알기 위해 보장된 연구방법은 없다"는 알라수타리(Alasuutari)의 지적처럼 연구 계획서나 학위논문을 쓰는 과정은 결국 최선을 다한 연구자의 삶을 온전히 글로 표현해내는 작품 완성의 과정이라 할 수 있다. 그러므로 질적 연구로 계획서와 학위논문을 쓴다면 연구자 자신이 어떤 사람인지에 대한 자기 질문이 끊임없이 필요하다. 자신의 일상생활에 녹아든 경험과 생각, 그리고 그 배후에 있는 인식의 틀과 가치체계 등은 연구 텍스트에 담겨져 지도교수와 심사위원, 독자들에게 설명하거나 주장하거나 설득하는 이해의 장이자 논리의 전개이다. 따라서 질적 연구 계획서와 학위논문을 작성할 때 연구자에게 지속적으로 필요한 실천방법은 자기반성, 협력, 개방성, 상황적 탐구라고 볼 수 있다. 이를 위한 일상의 전략은 경청, 질문, 메모하기이다.

학위논문 작성을 위해 계획서 쓰기 및 발표는 가장 먼저 거쳐야 하는 관문이다. 따라서 자신의 논문 주제를 선정한 다음 스스로 끊임없는 자기 질문으로 논문 진행을 확인해야 한다.

〈학위논문 작성에 필요한 자기 점검 질문〉

◎ 내가 생각한 주제가 과연 논문으로 쓸 수 있을까?
　 - 논문 주제로서 적합한지에 대한 피드백
　 - 대략적으로 생각한 나의 논문 내용에 대한 피드백

◎ 논문은 어떤 식으로 써야 하는 것일까?
　 - 논문 구성에 대한 조언
　 - 각각의 파트마다 어떤 글쓰기가 들어가야 하는지에 대한 조언

◎ 연구방법이 어려워요.
  - 연구방법의 종류, 유형에 대한 지식
  - 내가 쓰고자 하는 주제에 가장 맞는 연구방법에 대한 선택

◎ 글쓰기를 제대로 하고 있는가?
  - 내가 쓴 글에 대한 피드백
  - 어떤 식의 글쓰기가 되어야 하는지에 대한 조언

◎ 논문이 이 정도면 되지 않을까?
  - 무엇이 더 필요하고 무엇을 빼야 할지에 대한 조언
  - 계속적인 동기유발, 채찍질

연구자	지도교수
- 내가 쓰고자 하는 주제에 대한 선행 연구자료 (논문, 보고서, 사례 등) 및 연구동향 - 연구방법과 글쓰기에 대한 가이드, 도서 - 학위논문 샘플(표, 그림, 인용문 등을 참고할 수 있도록) - 연구 아이디어를 메모할 수 있도록 항상 휴대하는 메모지와 펜 - 연구과정을 담아놓을 수 있는 바인더 & 컴퓨터 폴더 - 지도교수나 주변 교수의 말에 민감하게 반응하지 말 것. "넌 안 돼!" 하며 논문을 걷어치우라는 말이 아니라 열심히 하라고 하는 이야기임 - 흐름이 끊기면 회복하기 어려우니 매일 글쓰기를 할 수 있도록 시간관리 - 논문 쓰는 기간에는 예민해지기 때문에 마음을 편안히 먹기 위해 청심환(?) 준비 - 논문 표지에 들어갈 이름은 다른 사람이 아닌 바로 내 이름임을 항상 기억할 것	- 명령을 내리는가? - 내 말을 경청하는가? - 내 글을 읽고 코멘트를 해주는가? - 함께 배우는가? 읽는가? 공부하는가? 공유하는가? 지원하는가? - 해당 주제에 대한 연구동향을 알고 있는가? - 내가 보지 못하고 있는 부분을 짚어주는가? - 연구자의 자세와 윤리에 대해 이야기해주는가?

학위논문 계획서 작성을 시작할 때부터 부지런한 연구자는 작은 메모에서부터 다양한 자료를 관리하고 활용하는 능력이 가장 중요한 일상의 전략이라 할 수 있다. 학위논문을 마칠 때까지 연구자에게 필요한 자료와 준비물 그리고 지도교수의 성향을 파악할 수 있는 질문들을 간단하게 정리했다. 지도교수의 스타일을 빨리 파악하고 그에 대처하는 것도 우리나라 대학원 생활에서 중요한 습관 중 하나이기 때문이다.

아래에서는 질적 연구 계획서 작성에 필요한 방법을 체제별로 소개하고자 한다. 특히, 초보 연구자들이 가장 힘들어하는 서론과 이론적 배경의 각 항목별 내용을 살펴본다. 연구방법에 대한 내용은 5~9장에 제시되어 있으므로 이 장에서는 생략한다.

1. 체제

연구논문 계획서나 학위논문을 작성할 때에는 먼저 학위논문 작성 지침이나 규정에 따라 작성한다. 그리고 학위논문 작성 지침에 제시된 체제를 참고로 하되, 연구내용과 방법에 따라 체제(목차)는 융통성 있게 변화를 주어야 한다. 계획서(예비) 발표는 논문의 연구 계획을 발표하는 자리이다. 따라서 연구 계획서는 초록, 결과 및 결론, 논의 부분이 없다. 그 대신 연구일정/연구 계획, 기대되는 결과 등이 제시되어야 한다. 계획서와 학위논문의 체제를 살펴보면 그 차이를 쉽게 이해할 수 있다.

연구 계획서 체제	학위논문 목차

문화콘텐츠 평생교육 프로그램 분석
(강다영, 2013)
 	
Ⅰ. 서론
  1. 연구의 필요성과 목적
  2. 연구문제
 	
Ⅱ. 이론적 배경
 	
Ⅲ. 연구방법
  1. 연구 대상
  2. 자료수집
  3. 자료 분석
  4. 연구자
 	
Ⅳ. 연구 계획과 실행방법
 	
Ⅴ. 기대효과
   참고문헌
	제1장 서론
	  1.1 연구의 필요성 및 목적
	  1.2 용어의 정의
	
	제2장 이론적 배경
	  2.1 평생교육
	  2.2 문화콘텐츠 교육
	  2.3 선행연구 분석
	
	제3장 연구방법
	  3.1 연구 대상
	  3.2 자료수집
	  3.3 자료 분석
	  3.4 연구윤리
	
	제4장 결과 및 논의
	  4.1 문화콘텐츠 평생교육 프로그램 분석
	    4.1.1 문화콘텐츠 교육 프로그램 현황
	    4.1.2 문화콘텐츠 교육 프로그램 사례
	  4.2 문화콘텐츠 평생교육 프로그램의 관점분석
	    4.2.1 수강생의 관점
	    4.2.2 운영자의 관점
	    4.2.3 연구자의 관점
	  4.3 문화콘텐츠 평생교육 프로그램 제안
	
	제5장 결론 및 제언
	  5.1 결론
	  5.2 제언
	
	참고문헌
	영문초록

2. 글쓰기 전략

1) 서론 쓰기

서론은 독자들에게 연구 주제에 대한 폭넓은 정보제공의 직접적인 이유와 연구자의 역량을 간접적으로 알리는 공간이다. 그래서 서론의 첫 문장은 특히 중요하다. 첫 문장에서 독자들은 더 읽을 것인지를 암묵적으로 결정한다고 해도 과언이 아니다.

독자는 두 가지 목적을 갖고 서론을 읽게 된다. 첫째, 독자는 이 연구가 수행된 논리적인 이유를 이해하려고 한다. 즉, 연구가 어떤 이론적 틀에서 출발하며, 지금까지 수행된 다른 연구와 어떤 관계가 있는가를 알고자 한다.

첫 문장은 논문의 첫인상을 결정하기 때문이다. 첫 문장 진술의 원칙으로 첫째, 독자를 연구목적에까지 한 단계씩 여유를 갖고 유도할 것, 둘째, 복잡한 이론에 대한 이해를 돕기 위해 사례를 들 것, 셋째, 연구에 관한 문장이 아니라 사람에 관한 문장으로 시작할 것을 들 수 있다. 첫 문장의 좋은 사례와 나쁜 사례를 들어보자.

> 좋은 사례 1: 문화예술에 대한 사람들의 선호도가 다양해지고 있다.
> 좋은 사례 2: 성공한 사람들은 자기관리를 잘한다고 한다.

좋은 사례 3: 나는 어떤 사람인가? 남들은 나를 어떻게 생각할까?

나쁜 사례 1: 지금까지 이루어진 시합 불안에 관한 연구는 시합 불안의 선
행요인과 결과를 밝히는 데 집중해왔다.

나쁜 사례 2: 우리나라에서 문화콘텐츠교육과 관련한 연구는 대학교 교육
과정 분석에 집중되어왔다.

서론은 연구의 전체 그림을 스케치 해주는 공간이다. 연구자 자신의 최초
생각을 연구논문이라는 학술적 글쓰기에 처음으로 공개하는 장소라는 점
에서 직접적, 역사적, 미디어의 주요 현상 등을 반영한 이야기로 전개되어
야 한다.

서론에는 연구의 필요성, 목적, 연구 문제, 연구 내용, 연구 가설, 용어의 정
의, 연구방법 등의 하위항목을 둘 수 있다. 몇 개의 하위항목을 둘 것인가는
연구의 범위나 주제의 성격, 논문 작성 지침에 따라 달라지므로 연구자의 신
중한 결정이 필요하다.

2) 연구의 필요성

연구의 개념적 · 이론적 틀이 무엇인지 밝힌다. 즉, 연구의 배경에 어떤 이
론이 있는지를 분명하게 설명한다. 이론적 틀이 무엇인가를 설명하는 것은
연구 계획서의 중요한 요소다. 선행연구와 본 연구와의 관계를 논리적으로
설명한 후 선행연구에서 다루지 않았던 점, 선행연구에서 발견된 문제점을
제시한다. 또한 이 연구를 왜 해야 하는지에 대한 특이점, 독특한 사항을 기
술해야 한다. 넓게 시작해서 좁게 끝나는 '깔때기' 기술이 일반적이다. 설명,

연결, 대조, 분석, 사례 제시 등 다양한 문장 기술이 필요하다. 연구의 필요성을 정당화하기 위해 다양한 논리로 전개함을 유념하여 마지막에는 반드시 본 연구의 필요성을 설득력 있게 제시해야 한다.

3) 연구의 목적

연구의 전체적인 목적이 무엇인지 명확하게 제시해야 한다. 연구의 목적을 기술하는 문장에는 이 연구의 전체적인 목적이 무엇인지 명확하게 제시되어 있어야 한다. 만약 연구자 본인이 연구의 목적을 명확하게 진술하지 못한다면 독자들 또한 연구의 목적을 이해하는 데 어려움을 겪게 된다.

연구의 목적을 진술할 때에는 어떤 구체적인 연구문제나 가설을 설정했는가도 설명한다. 또 연구의 의의와 중요성에 대해서도 설명한다. 구체적인 고려사항은 다음과 같다.

무난한 연구목적의 기술은 "따라서 본 연구의 목적은……" 등으로 연구의 목적을 진술한다. 연구의 목적을 설명할 때에는 선행연구와 본 연구 주제와의 관계를 논리적으로 설명한 후 연구자의 연구목적에 대해 설명한다. 연구목적에 반드시 들어가야 할 내용은 연구 주제의 핵심 개념을 구체적으로 제시한다. 그리고 어떤 연구방법으로 이 연구의 목적을 달성할 것인지 밝혀주어야 한다.

〈연구의 목적 작성 사례〉

• 좋은 사례
본 연구는 문화콘텐츠를 주제로 다양하게 교육활동이 펼쳐지고 있는 평생교육 프로그램을 분석하는 데 목적이 있다. 나아가 시민을 대상으로 한 평생교육의 내용이 문화콘텐츠교육의 안목을 높이고, 자기주도적으로 참여하는 평생교육 프로그램을 제안하고자 한다.

• 나쁜 사례

따라서 본 연구는 먼저 한국 뮤지컬의 국제공동합작의 원인이 된 배경을 정리하고, 산업현황을 반영한 유형을 개발하여 이에 따른 시장 및 사례분석을 했다. 궁극적으로는 한국 뮤지컬의 국제공동합작 활성화 방안을 제시하여 학술적 연구의 기본 토대를 제공함과 동시에 산업적 전략도출에 도움이 되고자 한다.

4) 이론적 배경

이론적 배경을 작성할 때에는 연구자가 최근에 출간된 것을 포함해서 해당 주제에 관한 선행연구를 두루 섭렵했다는 인상을 주도록 한다. 이를 위해 첫째, 본 연구와 관계가 있는 선행연구의 결과를 독자와 공유하는 목적임을 분명하게 밝힌다. 둘째, 선행연구에서 다루지 못한 부분은 무엇이고, 본 연구와 어떤 관계가 있는가를 넓은 관점에서 알게 해주는 정보를 다양하게 제시해야 한다. 셋째, 본 연구가 왜 중요한가에 대한 이론적 틀 제공, 다른 연구 결과와 어떻게 비교할 것인가에 대한 기준을 제시하여 독자들에게 이론 및 동향을 이해할 수 있도록 해준다.

최근에는 이론적 배경보다 문헌분석이라는 체제를 사용하는 논문이 나오고 있다. 질적 연구, 사례연구 등 구체적이고 미시적인 연구방법을 활용하면서 직접적인 표현인 문헌분석을 사용하고 있다. 질적 연구에서 문헌분석은

4가지 특징과 역할을 갖는다. 첫째, 문헌분석은 연구 질문 뒤에 감춰진 가정들이 무엇인지를 드러내준다. 그 연구자가 어떤 연구 패러다임에 위치하여 연구하고 있으며, 연구라는 작업에 대해 연구자가 부여하는 가정들이 무엇인지를 드러내야 한다는 것을 의미한다. 연구자가 세계를 어떻게 바라보고 있고, 어떠한 관점에서 해석하려고 하는지를 드러내주는 역할을 한다. 둘째, 문헌분석은 연구자가 연구 주제와 관련하여 상당히 해박한 지식을 소유하고 있으며, 그 연구를 지지할 수 있는 지적 전통들에 대해서도 깊은 지식을 갖고 있다는 것을 표현해준다. 셋째, 문헌분석은 기존 연구들에서 어떠한 해결되지 않는 문제점이 존재한다는 것을 발견했고, 이 연구 계획서가 그러한 문제점을 해결하는 데 도움을 줄 것이라는 사실을 강조해야 한다. 넷째, 문헌분석은 연구문제들을 보다 넓은 경험적 전통 속에 위치시킴으로써 연구 질문들 그리고 관련된 잠정적 가설들을 전문적으로 세련화하는 역할을 한다 (김영천, 2006 재인용).

3. 질적 연구를 시작하는 이들을 위한 글쓰기 지침

1) 주제의 구성과 해체

① 자신이 연구한 문화의 중심 주제(main theme)를 하나의 주제문장으로 서술한다.

　예: "다문화는 또 다른 대한민국이다."

　　"다문화는 민족, 인종, 젠더의 경계를 허무는 문화현상이다."

　　"다문화는 나/우리의 안목에 따라 달라지는 메타포다."

② 주제문장을 한 문단으로 풀어쓴다.

③ 각 문장을 하나의 문단으로 풀어쓴다.

④ 각 문단을 필요에 따라 몇 개의 문장으로 풀어쓴다.

⑤ 역순으로 작업해도 되며, 순과 역을 반복해보는 연습을 한다.

2) 문장/문단/문맥의 수준

① 수준 1: 인간과 인류문화의 보편적 속성(행동, 동기, 정서, 가, 지식, 기술 등)

　예: 한 집단의 호전성과 평화로움은 고정된 것이 아니라 생존조건에 따라 변

하는 것이다.

예: 언어사용을 통한 인간사회의 소통은 새로운 관계를 형성하는 매개가 된다.

② 수준 2: 문화/집단 간의 일반적 속성 비교

예: 야노마모가 가장 호전적인 민족이라면, 세마이는 가장 평화로운 민족이다.

③ 수준 3: 연구 중인 문화/집단에 관한 일반적 서술

예: 야노마모의 호전성은 한정된 자원을 두고 다수 종족이 서로 다툴 수밖에 없는 상황에서 장기간에 걸쳐 형성된 것이다.

④ 수준 4: 특정 문화 장면(공간/활동/주제)에 관한 일반적 서술

예: 교도소의 교도관들은 모범 수용자들을 선발하여 필요할 때 상호 교류하며 생활한다.

⑤ 수준 5: 특정 문화 영역에 관한 분석적 서술

예: "내가 아쉬울 때 친구가 나를 도와야죠, 그래야 그 친구가 아쉬울 때 나도 도울 테니까요."

⑥ 수준 6: 특정 문화(episode)의 구체적 서술

예: 테니스를 배우려고/잘하려고 왔는데, 코치는 내가 대답을 빨리 하지 않는다고 "개새끼!"라고 욕하며 때렸다. 졸지에 나는 개새끼가 되었다[욕하며 때리는 장면(사진 제시)].

〈질적 글쓰기를 위한 자기 점검 체크리스트〉

O/△	리스트	✓
	글은 더 나은 '공동선 community'를 위한 함께 '나누기 communication'의 모색이다.	
	글쓰기는 탐구의 한 방식이요, 과정이며, 성과다. 고로 글쓴이의 성향, 성실성, 됨됨이를 알 수 있다.	
	답이 아닌 질문의 '집'이 탄탄해야 한다. 질문들이 계속 살아 움직이는 글이 좋은 글이다.	
	설명하는 글보다 생생하게 보여주는 글이 좋다. Not to tell, but to show!	
	발견한 것, 느낀 것, 알게 된 것, 더 모르게 된 것 등을 구분해서 쓰는 게 좋다.	
	지나치게 단정적이지 않도록 부드러운 경계를 명확히 설정할 필요가 있다('모두'보다는 '대개').	
	좋은 글을 많이 읽어야 좋은 글을 쓸 수 있다.	
	단번에 잘 쓰려고 하기보다 일단 쓰고 계속 다듬는 것이 좋다.	
	글이 막힐 때에도 글쓰기로 풀어야 한다. 너무 멀리 도망가면 되돌아올 수 없다.	
	초고를 완성한 다음에는 잠시 잊고 쉬면서 '글의 기억'에 대한 말 걸기의 여유를 가져라.	
	독자에게 이해를 구걸하지 말고, 추가 설명 없이도 독자가 이해할 수 있도록 명료하게 써야 한다(explicit writing).	
	좋은 글은 세상의 직역이 아닌 의역이다.	
	최대한 연구 참여자의 편에 서서 심판관(judge)이 아닌 변호인(advocate)을 자처해야 한다.	
	좋은 글은 한 판의 굿이다. 쓰는 이, 읽는 이 모두에게 맺힌 한을 풀어주고 묵은 체증을 뚫어준다. 스트레스를 더할 바에야 쓸 일도 읽을 일도 없다.	
	예외, 모순, 변종, 취약, 생략, 과장이 없는 글은 없다. 변증법적 대화가 있는 글을 써야 한다.	
	천 명의 독자를 만족시키려는 글은 한 명의 독자도 만족시키기 어렵지만, 한 명의 독자를 감동시킬 수 있는 글은 천 명의 독자도 감동시킬 수 있다.	

※ O: agree, △: disagree, ✓: self-check

4. 논문 글쓰기에 반드시 제시되어야 할 내용

1) 질문/연구문제

① 친실성: 현상과 사태를 최대한 '있는 그대로'

② 개방성: 발견적인가, 설득적인가?

③ 엄밀성: 질문의 '집'을 파고드는 치열함(양적 연구의 정밀성)

2) 접근방법

① 성실성: 현지조사에 참여한 시간과 밀도

② 적정성: 문답에 적절한 방법인가?

③ 체계성: 기술-분석-해석, 각각의 질과 상호 연관성

3) 답변/연구 결과

① 타당성: 질문(연구문제)에 답하고 있는가? 한 일과 하지 않은/못한 일의 분간

② 공감적 타당성: 언어/기호의 공동체적 연대성

예: 연구공동체, 커뮤니케이션공동체, 학습공동체, 실천공동체

③ 내부 검토(member check)와 외부 검토(triangulation)의 방식 및 질

④ 소통성 혹은 가독성(communicability, readability, full translation)

4) 내부자 세계 이해의 폭과 깊이

① 연구방법상 참여관찰에서 참여의 정도, 심층면담에서 심층성의 정도
(횟수, 시간 등)

② 연구현장 체류 기간과 방식

③ 연구자-내부자 관계의 형성(rapport), 유지(dialogue), 마무리(coming back) 양상

5) 연구자의 자기분석

① 성찰(reflectivity): 반응(feedback), 재귀성(존재의 자기중심성)

② 연구자의 해석학적 순환과 학습: 무엇을 더 새롭게 발견하고, 깨닫고,
배웠는가?

6) 연구윤리

① 익명성: 사생활 보호, 현장 보존

② 착취: 강압적 요구나 부당한 개입 여부

③ 내부자 검토(member check)의 방식과 질

④ 참여자에 대한 보상의 방식과 질

5. 연구윤리

연구윤리는 연구자에게 가장 중요한 도덕적 기준이다. 대학생이나 대학원생은 연구를 진행하면서 윤리문제를 접하게 되며 논문 표절, 자료 조작, 저자의 자격, 이중 출판 등 다양한 문제에 직면하게 된다. 가장 중요한 것은 연구윤리의 원칙을 알고 지키면 문제 될 것이 없다.

연구자로서 첫발을 내딛는 학문 후속 세대들은 연구윤리와 관련된 정보를 잘 이해하고 해당되는 사항을 지켜 연구과정에서 실천할 필요가 있다. 특히, 조사연구는 자료를 제공해주는 연구대상이나 실험대상을 갖는다는 점에서 연구대상자의 권익이 철저하게 보호되어야 한다.

연구자는 연구대상자의 권리에 어떤 것이 있는지 숙지해야 하며, 그것을 지킬 수 있는 방법을 연구대상자에게 알려주고 동의를 구해야 하는 과정도 연구윤리에 포함된다. 일반적으로 알려진 연구대상의 권리는 다음과 같다. 연구자는 자신의 연구에 맞는 연구대상의 권리를 연구윤리 내용에 반드시 밝혀주어야 한다.

- 사생활 보호와 자발적 탈퇴의 권리: 연구자는 연구와 직접 관계가 없는 정보를 얻어내지 말아야 하며, 자발적인 동의에 의해 연구에 참여할 권리를 보장해야 한다. 또한 연구목적 이외에 사용하지 않을 법적 근거를 밝히며

설명해주어야 한다.

- 익명 유지의 권리: 모든 자료는 이름이 아닌 번호나 가명으로 사용되므로 익명이 보장된다는 사실을 설명해준다.
- 비밀유지의 권리: 자료를 볼 수 있는 사람이 누구인지에 대해 설명해주고, 그 인원을 최소로 제한한다는 점을 설명해준다.
- 연구자의 책무성 기대의 권리: 연구자는 연구대상자를 인격적으로 대우해 주고, 연구목적을 미리 설명해주어야 하며, 만약 미리 설명해주지 못했다 면 연구 종료 직후라도 상세하게 설명해주어야 한다.

1) 연구윤리 사례

질적 연구에서 연구윤리는 인간의 존엄성과 권리, 전문적 결과물을 얻는 과정에서의 진실을 밝히는 기준이 되므로 중요하다. 최근 각 대학에서도 연구윤리에 관한 규정이나 위원회를 정해놓고 있어 각종 실험이나 연구대상에 대한 연구윤리를 준수할 것을 요구하고 있다. 그러므로 자신의 논문에 어떠한 연구윤리 내용이 제시되어야 하는지 연구과정에서 몇 가지를 반드시 살펴보아야 한다.

첫째, 소속 학교나 기관의 연구윤리 규정을 꼼꼼하게 살펴본다.

둘째, 지도교수의 프로젝트에 참여한다면 프로젝트 수주기관의 연구윤리 지침을 반드시 검토해야 한다. 교육부나 연구재단에서는 대학생 및 대학원 생을 위한 연구윤리를 제정하여 모바일 앱이나 이러닝으로 이수하도록 제 공하고 있다.

셋째, 논문을 출판하게 된다면 저자의 공헌도에 따라 제1저자 및 공저자를 결정해야 한다. 무조건적인 지도교수의 제1저자는 바람직하지 않다.

학위논문의 연구윤리 사례

연구윤리는 연구자가 정직하고 성실하게 책임 있는 연구를 수행하기 위해 지켜야 할 원칙 또는 행동 양식을 말한다. 본 연구는 사람과 사람의 행동을 관찰하고 그에 관련된 자료를 수집하는 인간 활동의 하나이므로 연구윤리를 지키는 것이 무엇보다 중요하다. 특히, 사회가 지식정보화 사회로 빠르게 바뀌었음에도 불구하고 연구윤리 의식이 낮아 연구에 대한 신뢰가 떨어지고 있어 본 연구에서 연구자는 연구윤리 의식을 엄격하게 교육받고 준수하고자 했다.

본 연구가 본격적으로 수행될 즈음, 교육부에서는 10월 15일 논문표절 근절 등 건전한 학문풍토 조성을 위해 다각적인 대책 마련의 하나로 '연구윤리 모바일 앱'을 개발했다. 이것은 연구자가 조금 더 쉽게 연구윤리 정보를 접할 수 있도록 연구윤리에 대한 지식정보, 동영상, 웹툰, 상담 등의 자료를 탑재한 프로그램으로, 연구자인 나는 이를 모바일에서 수시로 확인하며 연구윤리 교육을 스스로 학습하기도 했다.

연구자가 현장에 들어갈 때 가장 중요시하는 것은 성실성과 열의이다. 자신이 어떤 사람이며, 왜 이곳에 와 있는가에 대해 진솔하게 설명했다. 특히 현재 하고 있는 현장작업이 연구자에게 어떤 역할을 미치는지, 그리고 현재 하고 있는 연구가 교육현장의 개선과 이해에 어떤 기여를 할 수 있는가를 소개했다. 참여관찰, 면담 등 현장에서는 가능한 한 많이 질문하고 경청했다. 대화하는 동안에는 집중하면서 질문하고 진지하게 경청하는 태도, 그리고 받아 적는 습관이 중요하다는 것을 다시 한 번 느끼게 되었다.

본 연구의 자료수집 과정에서는 다음과 같은 연구윤리를 준수했다. 참여관찰과 개방형 질문지, 면담을 실시하기에 앞서 조사기관에 연락하여 운영자에게 참여관찰 동의를 얻었다. 먼저 전화상담으로 연구자의 소속과 연구 주제, 조사에 대한 간략한 소개 등을 이야기했고, 조사 가능 날짜와 시간을 결정했다. 참여관찰 당일에는 30분 정도 먼저 도착하여 운영자에게 개방형 질문지를 검토하게 한 후 배포했다. 질문지 작성 전에는 수강생들에게 연구자의 소속, 연구 주제 등 간략한 소개를 하고, 질문지 내용에 대한 설명과 질문지가 지역의 문화콘텐츠 활성화 방안을 위해 반영될 예정이라는 조사이유를 밝혔다. 그리고 다른 용도로는 사용되지 않을 것을 강조했다. 면담은 제보자에게 부담을 주지 않도록 사전 허락을 받았으며, 녹음에 대해서도 미리 공지하고 허락받은 후 면담내용을 녹음했다.

그리고 수집한 자료를 바탕으로 연구의 글쓰기를 진행하며, 면담내용을 인용하거나 수강생들의 면담내용에 포함되어 있는 단어로 체계를 분석할 때에는 익명으로 표시하여 정보 제공자들을 보호했다.

본 연구에서 따른 연구윤리는 A대학교 연구윤리 규정이다. 학교의 연구윤리 규정은 학위논문을 작성해야 하는 나에게 중요한 내용이다. 연구자는 규정을 정독하며 표절, 위조, 변조 등의 개념을 숙지했고, 지도교수와의 논문연구과정에서도 연구윤리 교육을 직·간접적으로 공유했다.

석사학위 논문 Ⅲ. 연구방법, 3. 연구윤리(강다영, 2014)

2) 연구윤리 규정

안동대학교 연구윤리에 관한 규정

제   정 2008.10.31.(규정 제593호)
1차 개정 2010.07.21.(규정 제691호)
2차 개정 2011.12.15.(규정 제743호)

출처: 교육부, '연구윤리 모바일 앱'

제1장 총 칙

제1조(목적) 이 규정은 교육과학기술부의 「연구윤리 확보를 위한 지침」
에 따라 안동대학교의 연구부정행위를 방지하고 연구윤리와 진실성을 확
보하기 위해 필요한 사항을 규정함을 목적으로 한다. (개정 2010.07.21,
2011.12.15)

제2조(용어의 정의) ① 연구부정행위(이하 "부정행위"라 한다)라 함은 연구의 제안,
연구의 수행, 연구결과의 보고 및 발표 등에서 행해진 위조 · 변조 · 표절 ·
부당한 논문저자 표시행위 등을 말하며 다음 각 호와 같다. (생략)

3) 표절 예방 프로그램

각 대학에서 저작권을 사들여 학위논문을 제출할 대학원생들에게 요구하
고 있는 연구윤리가 하나 더 생겨나고 있다. 바로 논문 내용 중 인용이나 표
절을 어느 정도 했는지를 웹 프로그램으로 확인하여 그 결과를 제출하도록
하고 있다. 프로그램의 이름은 표절 예방 프로그램인 'turn it in'이다.

turn it in은 논문 및 과제에 대한 표절 여부를 확인하고 관리하는 프로그
램으로, 전 세계 120억 건의 Web Page와 2,900만 건 이상의 학술저널, turn it
in을 통해 제출한 과제와 논문을 실시간 비교하여 사전에 표절을 예방할 수
있도록 도와주는 웹 서비스이며, 각 대학교는 이를 사들여 수업과 연구에 활
용하도록 교수와 학생에게 권하고 있다.

- 전 세계적으로 가장 널리 사용하는 인터넷을 이용한 표절 예방 서비스
- 검색자원: 웹페이지, major newspapers, magazines & scholar journals, 논문 및 과제물, 수천 권의 단행본, 학술출판사의 자료들
- 직접적인 source 비교: 한 화면에서 비교의 주체와 대상을 함께 확인
- 다양한 제출 기능: Hwp, Text PDF, DOC, HTML, TXT, Word PerFect 등
- 수치적 확인: 비교 대상과의 일치 정도를 '%' 기준으로 확인

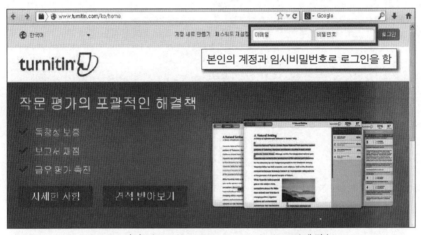

〈Turnitin 사이트(http://www.turnitin.com/ko/home)에 접속〉

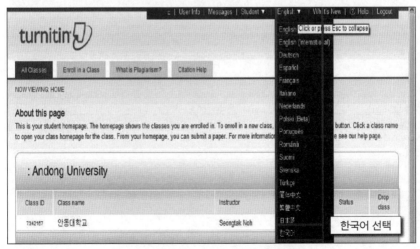

〈turnitin 언어 선택: 한국어 지원 페이지로 설정〉

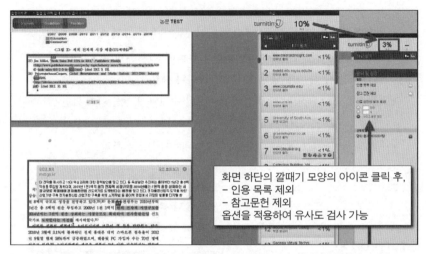

화면 하단의 깔때기 모양의 아이콘 클릭 후,
- 인용 목록 제외
- 참고문헌 제외
옵션을 적용하여 유사도 검사 가능

〈유사도 검사 결과 조회 화면: 원문의 유사 부분이 하이라이트 되며, 관련되는 출처가 표시됨〉

6. 연구 설계에 필요한 아카이브

1) 인터넷 사이트

한국문화예술교육진흥원 http://www.arte.or.kr

진흥원의 학교문화예술교육 지원, 사회·문화예술교육 지원, 문화예술교육 전문인력양성사업, 문화예술교육 학술 연구 및 조사, 창의교육센터 운영, 문화예술교육 국제교류업무 등의 수행과 관련된 교육연수, 연구개발, 기타 세미나, 사진, 영상, 음원 등과 같은 자료 제공

• 다문화 관련 정부기관 운영 사이트

여성가족부 http://www.mogef.go.kr

여성정책, 가족정책, 청소년정책, 다문화, 양성평등, 일·가정 양립, 여성 폭력방지 등 정부의 각족 여성 관련 정책과 활동 자료 수록

다누리 http://www.liveinkorea.kr/intro.asp

여성가족부가 운영하는 다문화가족지원 포털 사이트로서 각 지역별 다문화센터의 정보 및 활동 공유, 한국어 등 교육사업, 생활안내, 통계자료 등 다

문화 관련 정보를 제공하는 사이트

한국다문화가족정책연구원 http://www.kimcf.or.kr

다문화가족의 점증에 따른 사회문제를 분석·예측하고 그에 따른 실질적 정책대안을 연구하여 문제해결 방안을 제시하기 위한 학술연구와 실태조사, 연구 활동 결과물, 다문화 관련 정책 조사 분석, 정책조언, 정책 영향평가 등의 사업자료 및 보고서와 다문화포럼자료, 정기 간행물 등의 자료 수록

다문화지구촌센터 http://www.multicsc.org

정부의 사회·문화교육정책에 적극 동참하는 일환으로 국민의 문화적 욕구충족을 위해 다양한 문화의 연구 개발 및 보급 육성, 평생교육에 목적을 둔 단체의 사이트로서 다문화 대안학교, 해외유학 프로그램, 전문기술교육, 교양·문화교육 등의 사업을 소개

다문화박물관 http://www.multiculturemuseum.com

문화적 다양성을 느끼고자 만든 기관으로 다국적 문화의 체험을 목적으로 만든 박물관의 전시장 소개, 세계의 전통춤 배우기와 세계의 문화체험, 세계의 전통음식 만들기, 세계의 전통의상 입어보기 같은 체험 프로그램 및 찾아가는 다문화 수업에 관한 교육 프로그램 및 커리큘럼, 교재 등을 소개

2) 문화콘텐츠, 다문화, 문화예술경영: 국내 및 국외 학술지와 발행기관

• 국내 학술지와 발행기관

학술지명	발행기관
다문화콘텐츠 연구	중앙대학교 문화콘텐츠기술연구원
미디어, 젠더 & 문화	한국여성커뮤니케이션학회
평생교육학 연구	한국평생교육학회
한국디자인문화학회지	한국디자인문화학회
한국문화공간건축학회 논문집	한국문화공간건축학회
문화예술교육 연구	한국문화교육학회
한국콘텐츠학회 논문집	한국콘텐츠학회
글로벌 문화콘텐츠	글로벌 문화콘텐츠학회
창조와 혁신	피터드러커 소사이어티
다문화교육 연구	한국다문화교육학회
문화와 사회	한국문화사회학회
문화산업 연구	한국문화산업학회
다문화와 평화	성결대학교 다문화평화연구소
한국엔터테인먼트산업학회 논문집	한국엔터테인먼트산업학회
인문콘텐츠	인문콘텐츠학회

• 국외 학술지와 발행기관

학술지명	발행기관
Open Learning: The Journal of Open Distance and e-Learning	Routledge
Teachers and Teaching: theory and practice	Routledge
Scandinavian Journal of Educational Research	Routledge
European Journal of Special Needs Education	Routledge

학술지명	발행기관
Arts Education Policy Review	Routledge
International Journal of Research & Method in Education	Routledge
Cambridge Journal of Education	Routledge
Applied Environmental Education & Communication	Routledge
International Journal of Qualitative Studies in Education	Routledge
Ethnography and Education	Routledge
Educational Review	Routledge
British Journal of Educational Studies	Routledge
Educational Research	Routledge
Journal of Education for Teaching: International research and pedagogy	Routledge
Journal of Education for Business	Routledge
Learning, Media and Technology	Routledge

3) 대학원생의 글쓰기 향상 전략에 도움이 되는 공모전 및 현장 활동

- 공모전 참가

전국 대학원생 다산학술논문대전

(1) 개요: 남양주시의 다산 사상의 저변 확대를 위한 다산 사상에 대한 논
문경연대회

(2) 대상: 전국 대학(원)생(재학/휴학/수료생)

(3) 일반주제: 다산 사상 관련 전 주제(정치 · 역사 · 문학 · 철학 · 지리학 · 의학 · 음악
학 · 법학 · 경제학 · 문화콘텐츠 등)

지정주제: ① 초·중·고등학교 교과서에 나타난 다산학 연구와 대
안, ② 남양주시 연계 다산 콘텐츠 활용

(4) 연구계획서 양식: ① 연구목적, ② 연구 필요성, ③ 연구방법, ④ 연구
내용, ⑤ 기대효과, ⑥ 개요

전국 다문화 현장 정책제안 공모전

(1) 목적: 결혼이주여성과 그 가족, 다문화 현장 활동가들 스스로가 현장
에서 느끼는 다문화 지원정책과 현실을 진단하고, 시대의 흐름에 발
맞춰 통합 사회로 나아가기 위한 개선 방향을 제안하는 기회를 제공
하고자 함

(2) 대상: 전국 결혼이주여성과 가족, 다문화가족지원센터 종사자 등 다
문화활동가

(3) 주제: 다문화 관련 정책 및 제도의 범위 안에서 자유로이 선택

(4) 내용: 필수항목을 포함한 추가내용(면담, 사례, 설문조사 등)에 대해 보고서 형식으로 작성

경기교육종단연구 학술대회 발표논문 공모

(1) 개요: 경기교육종단연구(GEPS)가 2012년에 구성된 표본 패널(초 4학년, 중 1학년, 고 1학년)을 매년 추적 조사함으로써 경기교육정책 및 학생들의 전반적인 교육활동에 대하여 장기간에 걸친 자료를 수집 · 분석하는 연구사업

(2) 목적: 경기도 학생들의 인지적 · 정의적 · 사회적 변화 및 성장과정을 보여줄 수 있는 종단적 자료수집, 학생들의 성장 · 발달에 영향을 미치는 학교교육에 대한 정보를 수집함으로써 학교교육의 효과성 및 교육정책의 효율성을 높이기 위한 자료 제공, 경기교육 정책의 전반적인 과정에 대한 중 · 장기적 실증 자료수집 · 파악으로 경기혁신교육 정책 및 예산 등의 결정에 과학적 기반 제공

(3) 대상: 경기도 교원 또는 일반연구자(교수, 연구원, 석 · 박사학위자) 등 종단자료를 활용한 양적 분석이 가능한 연구자 단독 또는 2인 이상

(4) 주제: 경기교육종단연구 1~2차년도 자료를 이용한 자유 주제의 논문

• 현장 활동

청년 유네스코 세계유산 지킴이

(1) 개요: 전국 각 지역의 유네스코에서 지정한 세계유산 현장에서 다양한 봉사활동과 함께 대학생의 참신한 아이디어와 열정으로 우리 문화

유산의 새로운 가치를 알리는 세계유산 지킴이 활동

(2) 목적: 청년들의 문화유산 체험을 통한 홍보 및 가치창출

(3) 대상: 내·외국인 대학(원)생 100명 선발, 활동대상은 세계유산(잠정목록 포함), 인류무형유산, 세계기록유산

(4) 내용: 권역별 우리 문화유산에 대한 가치발견과 함께 문화재별 특성에 맞는 홍보, 문화재 보존 및 활용연구, 문화재 보호, 자원봉사 활동 등

5^장

포토보이스

1. 포토보이스란

포토보이스(PhotoVoice)는 사진술(photography)과 결합하여 사람들의 사회적 행동을 연구하는 질적 연구의 한 방법이다. 포토보이스는 개인 및 지역사회의 성장, 대중의 교육과 건강, 환경 등 현장연구 및 현지조사를 기반으로 하는 실행연구에서 사용하고 있다.

포토보이스는 미시간 대학교의 Wang Caroline과 베이징 본부에서 포드 재단의 여성보건을 위한 프로그램 담당관인 Burris Mary에 의해 개발되었다. 이들은 1992년 정책 및 프로그램에 영향을 받는 중국 윈난 지방 여성을 참여시키기 위한 방법으로서 '사진 중편 소설(지금은 '포토보이스'로 잘 알려진)'을 냈다. 이들의 기록은 Freire Paulo의 『페다고지: 억눌린 자를 위한 교육(Pedagogy do oprimido, 1970)』으로부터 지대한 영향을 받았다.

1) 목적

참여적 실행연구를 수행할 때 쓰는 연구 도구인 포토보이스의 기원은 파울로 프레이리의 참여적 실행연구에 토대를 두고 있다. 『페다고지: 억눌린 자를 위한 교육(1970)』 등을 통해 알려진 진보적 교육학자인 프레이리는 교육을 통해 만인의 평등을 지향했다. 이는 성, 민족성, 학력, 계급, 사회적 자본 등을 넘어 균등한 교육기회를 통해 사회의 지속적인 발전을 구하고자 한 데 서 찾아볼 수 있다. 이러한 아이디어에 착안하여 Wang과 그의 동료는 교육, 지역기반 연구, 공공보건 등 개인 및 사회 내에서 주체적으로 참여를 이끌어 낼 수 있는 주제들을 통해 포토보이스를 활용하여 그들의 목소리를 반영했 다. 어린이, 여성, 장애인, 청소년, 노인 등 다양한 사회 구성원들의 살아 있는 이야기가 사진을 통해 구체화되며, 이들의 다큐멘터리 사진은 온전히 개인 및 집단의 현재와 미래를 지향하고 있다.

주로 소수(자)집단을 대상으로 하는 참여적 행동연구방법인 포토보이스의 목적은 3가지이다. 첫째, 사람들이 지역사회의 장점과 문제점에 대해 성찰 하고 개선하도록 한다. 둘째, 그룹 토의를 통해 개인과 그가 속한 그룹의 쟁 점에 대해 비판적인 대화를 촉진하고 공통의(collective) 지식을 생산한다. 셋째, 포토보이스를 통해 정책에 영향을 주도록 한다.

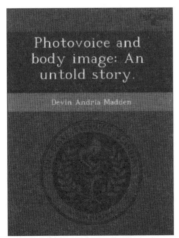 

Jenni Madden, Devin Andria & Van Ravensway (2011), *Photovoice and body image: An untold story*, Proquest, umi dissertation publishing

Barbara A. Israel, Eugenia Eng, Amy J. Schu, & Edith A. Parker (2012), *Methods for Community-Based Participatory Research for Health* (2 edition), Jossey-Bass

〈그림 5-1〉 포토보이스를 활용한 책들

2) 특징

포토보이스는 참여적 실행연구의 한 장르로, 사진이라는 도구를 통해 개인이 느끼는 현상에 대한 인식과 미래에 대한 통찰력을 볼 수 있는 질적 연구방법이다. 포토보이스는 풀뿌리 사회적 활동과 사진을 결합하여 지역사회 개발, 보건, 교육 등 사회과학 분야에서 많이 사용되고 있다.

참가자는 그들이 살고 있는 지역을 대표하거나, 자신의 관점을 대표하는 사진을 가지고 그룹으로 모여 토론을 한다. 그러한 시간을 통해 참가자들은 자신의 이야기로 발전시키며, 이러한 활동은 참가자들로 하여금 적극적인 사회적 활동들을 발전시키는 데 영향을 미친다.

이 연구방법은 1~2명의 사례나 집단에서 사용되며, 자신이 속한 환경과 미래에 대해 어떻게 개념화하는지에 대한 통찰력을 준다. 포토보이스는 정책 결정 과정에서 "전통적인 방식과는 다른 방법으로 세상에 대한 이미지를 부여하는 식으로 이끌어가는 사람들의 관점"에 초점을 둔다(Wang, 1999).

포토보이스는 지금까지 사회적 · 환경적 상황들을 탐색하는 도구로 활용해왔고, 사회적으로 각종 서비스를 충분히 받지 못한 사람들의 욕구를 연구하는 데 사용했다. 특히, 노숙자, 농촌에 사는 여성들, 다문화가정, 장애인, 청소년 혹은 방과 후 프로그램을 받고 있는 청소년들을 연구하는 데 사용되었다(Wang, 1999; Streng, Rhodes, Ayala, Eng, Arceo & Phipps, 2004). 포토보이스는 정책입안자와 서비스 제공기

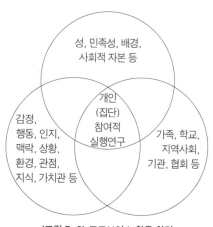

〈그림 5-2〉 포토보이스 활용 환경

관에게 그들의 관심사를 전하고 그에 맞는 계획을 수립할 수 있도록 만드는 기회를 제공한다.

참여자가 주도하는 연구(포토보이스는 연구자와 대상자 간의 관계가 쌍방향이라는 점이 특징임. 사회적 문제인식과 해결과정에서 조사자와 참여자가 함께 문제를 분석해나가는 조사방법. Wang & Burries, 1994)이다. 이를 통해 연구의 분석이 표면적으로 그치는 것이 아니라 깊은 의미를 담아내는 데까지 나아갈 수 있다. 연구방법이 문제나 현실을 밝히는 데 그치지 않고 미래의 사회적 행동과 정책결정에 영향을 줄 수 있다(Wang & Burris, 1997).

2. 사용방법

포토보이스를 도구로 활용하는 연구에서는 다음과 같은 방법으로 자료를 수집하면 좋다.

첫째, 연구자는 참여자에게 연구목적을 충분히 설명하고, 일회용 카메라를 나누어준 후 1개의 과제를 준다. 1~2주 정도의 일정한 기간을 주어 사진을 찍도록 한다. 사진은 주어진 과제와 관련 있는 것을 찍어야 한다는 것을 정확하게 안내해준다.

둘째, 참여자가 찍은 사진을 가지고 오면, 연구자는 필름을 현상한다.

셋째, 현상한 사진을 가지고 참여자에게 보여주며 사진에 담긴 내용을 생각하게 하고, 과제에 맞는 사진을 선택하도록 한다. 사진을 선택할 때 진지할 것을 부탁하며, 선택한 사진은 일련번호를 넣도록 하여 설명을 적도록 한다.

넷째, 선택한 사진을 게시하여 자유롭게 이야기하게 하거나, 연구자와의 일대일 면담으로 사진에 담긴 내용과 의미를 세련화한다.

사진은 참여자와의 소통을 원활하게 하는 자료이다. 그러므로 연구자는 참여자가 사진을 선택할 때, 어느 정도 개입할 것인지 결정해야 한다. 전적으로 참여자 중심의 현장연구 주제라면 개입 없이 참여자가 편안한 분위기에서 선택하도록 분위기를 만들어주어야 한다.

또한 포토보이스로 현장연구를 수행할 때에는 사진에 대한 상세한 설명이 필요하다. 포토보이스의 사진은 단순한 자료수집이 아니라 연구의 전 과정을 보여주는 자료이자, 참여자와 연구자의 소통, 연구 결과의 피드백과 평가 등을 알려준다는 점에서 제시한 사진자료의 제목만 있고 구체적인 설명이 없는 것은 의미가 없다. 포토보이스 연구는 참여를 전제로 한 실행연구이므로 참여의 깊이를 잘 드러낼 수 있는 맥락이어야 한다.

포토보이스를 통해 학생의 표현방식을 알아보고자 한 최근의 현장연구에서는 수업과 관련이 있는 학생의 일상생활을 통해 '이야기 만들기'가 가능함을 보여주고 있다. 포토보이스를 활용한 과정은 아래와 같다.

먼저 일회용 카메라를 학생들에게 나누어주었다. 그리고 수업과 연관성이 있는 것을 주변에서 살펴보고 카메라에 담아보도록 했다. 학생들이 카메라에 담아온 사진을 현상하고, 사진과 함께 5장의 메모지를 나누어주었다. 5장의 사진을 선택하게 하고 선택한 사진이 내러티브와 어떻게 연결되어 있는지 메모하게 하였다. 또 5장의 사진을 연결하여 순서에 맞춰 배열하고 그 이유를 적어보도록 하였다. 이후 한 사람씩 자기가 선택한 사진을 보고 발표하였다. 나는 학생들의 사진을 공유하기 위해 미리 컴퓨터에 정리해놓은 사진자료를 스크린 화면으로 보여주었다(윤은향, 2014).

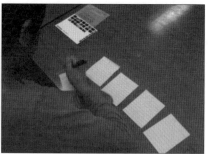

〈그림 5-3〉 사진과 메모지

포토보이스 자료를 연구 텍스트로 활용하기 위해 다음과 같이 정리할 수 있다.

포토보이스 자료

번호	오○○	
	주제: 탁한 공기 이제 그만	
	사진	내용
1	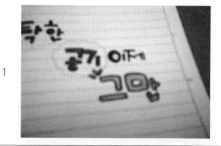	책 제목이 『탁한 공기 이제 그만』이기 때문에 제가 직접 제목을 꾸며보았습니다.
2		에어컨 바람은 나쁜 공기일까? 생각하다가 나쁜 공기인 것 같아서 찍었습니다.

3		우리 학교 공기는 깨끗한 것 같아 찍었습니다.
4		『탁한 공기 이제 그만』에 등장한 마을은 먼지가 많고 탁한 공기이기 때문에 그것을 표현하기 위해 손으로 일부러 먼지를 일으켜 찍었습니다.
5		『탁한 공기 이제 그만』에 등장한 마을은 구름도 없기 때문에 구름이 있는 하늘을 찍었습니다.

  이러한 점에서 아직 우리나라의 질적 연구에서는 포토보이스를 새로운 자료수집 도구로 보는 경향이 강하다. 그 이유는 다음에 제시된 분야별 연구사례들을 보면 쉽게 이해할 수 있다.

3. 포토보이스를 활용한 연구사례

최근 포토보이스를 활용한 질적 연구 논문이 많이 출판되고 있다. 다음은 사회복지, 다문화교육, 사회이슈 연구, 유학생, 원주민 등 6편의 연구사례를 통해 포토보이스가 각 학문영역에서 연구 도구로 어떻게 사용되고 있는지 살펴본다.

노화에 대한 인식과 자기묘사

(이원지 · 장승희, 2013)

사회복지 분야의 연구로, 사람들이 노화에 대한 인식을 통해 자신의 노후를 어떻게 바라보는지를 살펴본 것으로 포토보이스 연구방법을 활용했다. 연구의 참여대상은 사회복지학과 대학생 총 8명이다. 먼저 포토보이스 기초교육을 실시했고, 참여자 간에 '노화(ageing)'에 대한 그룹 토의를 통해 '고령화사회의 노인'과 '자신의 노후'에 대한 주제가 도출되었다. 이후 각 주제마다 2장의 사진을 2주 간격으로 촬영하도록 했으며, 이후 촬영한 사진에 대한 발

<사진 5-1> 바쁜 하루 일과　　　　　　　　　<사진 5-2> 나를 잊지 마세요

표와 그룹 토의 시간을 제공했다. 이 과정에서 발견된 주제와 인식체계가 분석에 사용되었다.

　연구 결과에서는 노인문제를 부정적으로 바라보는 기존의 연구동향과는 달리 참여자들이 노인문제에 대해 긍정적으로 인식하고 있다는 점이 발견되었다. 이들이 포토보이스를 진행하는 과정에서 '고령화 사회의 노인'이라는 주제를 두고 빈곤하지만 '부지런한' 노인, 무료하지만 '매일 지하철을 타는 _(노인들만의 문화와 여가)' 노인, 외롭지만 '서로 동행하는' 노인 등의 제목으로 이야기한 것과 '자신의 노후'라는 주제에 대해 '배려심 있는' 노인, 죽을 때까지 '일이나 봉사활동'을 하는 노인 등 대체로 긍정적인 상으로 묘사한 점에서 나타났다. 이 연구는 노화를 하나의 현상으로 받아들이고 이를 어떻게 인식하느냐에 따라 미래 자신의 노후에 대한 준비에 영향을 미칠 수 있다는 점에서 성공적인 노화를 위한 하나의 가능성을 발견했다는 점에 그 의의가 있다.

다문화 중도입국 청소년의 눈을 통해 본 이주 후 초기 적응 경험: 포토보이스 방법의 적용

(이재희 · 김기현 · 라미영, 2014)

이 연구는 포토보이스를 사용하여 다문화 청소년들의 생생한 경험을 이들의 목소리와 이들이 만들어내는 시각적 이미지를 통해 탐색하는 데 목적을 두었다. 이를 위해 두 달 동안 경기도 외국인 밀집지역에서 6명의 참여 청소년들과 총 6회의 포토보이스를 실행했고, 참여자들은 6가지 주제에 대해 사진을 찍고 내러티브를 만들었다.

참여자 스스로 정한 6개의 주제는 친구, 나의 하루, 문화, 사랑, 나, 그리고 나를 힘들게 하는 것과 힘나게 하는 것이었다. 논문의 결과는 참여 청소년들의 내러티브와 사진을 제시하고 이에 대한 함의를 논의했다. 그 주요 내용을 보면 중도입국 청소년들은 학교에서 주변화되기도 하고, 경쟁적이고 학

〈사진 5-3〉 무제

나는 학교 친구가 없어요. 친하지 않고 말을 잘 안 해요. 나도 왜 그런지 잘 모르겠어요. 그냥 내가 별로 좋아하지 않아요. 학교에서 외롭지도 않아요. 학교에 친구 사귀러 가기보다 배우러 가니까요.

〈사진 5-4〉 노트북

노트북을 가방에 넣어 다니기도 하고 집에 두기도 해요. 난 컴퓨터 없이는 못 살아요. 컴퓨터 게임을 하지는 않아요. 싸이월드, 페이스북, 하이파이브 같은 SNS를 통해 친구 홈페이지를 방문하거나 몽골에 사는 새 친구를 만나기도 해요.

이 사진을 선택한 이유는 내게 에너지를 주는 곳이기 때문이죠. 센터에는 도서관, 컴퓨터실이 있어요. 새로운 친구도 여기서 사귀죠. 도서관에는 러시아 · 중국 · 몽골 책, 만화책이 있고 영화도 가끔씩 봐요. 센터는 나에게 재미있는 인도 · 몽골 · 중국 아이들을 만날 수 있는 곳이죠. 나는 이들과 주로 어울려요. 친구들이 내 공부를 도와주고 있어요.

〈사진 5-5〉 이주민센터

업 위주인 한국 학교 시스템에서 학교 적응에 상당한 어려움을 겪고 있었다. 그러나 청소년들은 이러한 어려움에도 불구하고 유연한 모습을 보여주고 있어 이들이 초기 적응시기가 지난 후에는 자신의 적응에 대한 모습을 긍정적으로 회상할 것임을 시사하고 있다.

포토보이스를 활용한 지적장애인의 사회적 포함 연구

(전정식 · 김경미 · 유동철 · 김동기 · 신유리, 2013)

이 연구는 기존의 시각처럼 지적장애인을 보호와 치료의 대상으로 보는 것이 아니라, 포토보이스를 통해 지적장애인과 함께 진행하는 연구로의 전환을 추구했다. 연구는 장애인의 사회참여와 자립생활을 강조하는 기관을 프로젝트 파트너로 삼아 12명의 지적장애인을 대상으로 3개월간 다섯 차례에 걸쳐 진행했다.

연구의 목표는 지적장애인 당사자들이 느끼는 사회적 포함의 상황과 그들의 소망, 그리고 그들의 사회적 포함을 제약하거나 강화하는 의미 있는 조건을 탐색하는 것이었다. 연구자는 먼저 연구 참여자에게 포토보이스 기초교육을 실시했고, 이후 지적장애인의 포함요소로서 참여, 관계, 속하기라는 3가지 과제를 주어 그에 따른 사진촬영을 요구했다. 사진은 과제당 최소 10장씩 각 2주 동안 찍도록 했다.

연구 결과 연구 참여자들이 시 · 공간, 관계적 제한이라는 사회적 포함의 한계점을 모두 가지고 있었지만, 그럼에도 유급노동을 하고 있는 참여자들

[천지]: 돈이요.
연구자: 돈을 왜 찍었어요?
[천지]: 돈 좋아해요.
연구자: 돈 좋아해요? 돈이 많으면 뭐해요? 돈이 있으면 뭐하고 싶어요?
[천지]: 가방 사주고 싶고, 남동생의 아기가 내년에 학교 가요.
연구자: 이거 [천지]씨가 모은 돈이에요? 아님 다른 사람 돈이에요?
[천지]: 내가 모은 돈이에요.

〈사진 5-6〉

〈사진 5-7〉

[윤식]: 저는 제일 편안한 곳을 이야기할 텐데, 어딘지 모르겠는데 복지관 찍은 것 같아요. 몇 층인지 모르겠는데 복지관 찍었어요. 제일 많이 하는 일이거든요. 휴지…… 휴지를 포장해가지고 중국집으로 보내는 거예요.

의 경우 가족의 생일파티에 함께 참여하는 사진, 작업장 사진, 스스로 모은 돈 사진 등 그렇지 않은 참여자에 비해 비교적 높은 사회적 포함의 모습을 보였다. 이로써 지적장애인인 연구 참여자들에게 있어 일터를 갖고 직업적 역할을 수행한다는 것은 '사회적 포함으로 나아가는 통로'라는 중요한 의미를 지닌다는 점을 발견했다.

앞으로 지적장애인의 체계적인 전환기 직업교육과 더불어 다양한 교육적 포함이나 경제적 포함이 이루어져야 하겠고, 그들의 자기 목소리 내기, 가족 사회 내의 입지 상승, 의사소통적 역량강화도 필요하다. 그리고 이제 남은 과제는 지적장애를 가진 당사자들이 연구 결과의 증거를 가지고 주체적으로 정책개발자들에게 다가가고, 지역사회를 우호적으로 변화시키는 것이다.

중국 유학생의 제한적 신체활동과 관련된 사회생태학적 문제와 개선방안

(김경오, 2013)

포토보이스를 통해 한국사회에서 중국 유학생들이 경험하는 신체활동과 관련된 이슈와 어려움들을 살펴보고자 했다. 한국 내 대학에 재학 중인 중국 유학생 7명을 대상으로 약 3개월에 걸쳐 진행되었다. 연구 참여자들에게는 연구 참여방법에 대한 구체적인 교육과 함께 사전소통을 통해 결정된 초기 테마와 관련된 사진을 약 2주에 걸쳐 촬영하도록 요구했고, 촬영 후 참여자 스스로 중요하다고 판단되는 4장의 사진을 선정한 뒤 제목을 달도록 했다.

일주일 뒤 진행된 포커스 그룹 인터뷰를 포함해 도출된 연구 결과는 중국

〈사진 5-8〉 중국 전통음식   〈사진 5-9〉 고시원에서의 운동

유학생들의 제한적 신체활동과 관련해 문화적 · 언어적 차이로 인한 불편함, 경제적 어려움, 부적절한 영양섭취, 거주지역의 환경과 서비스 부재 등의 문제들로 압축되었다. 연구에서는 이를 바탕으로 조직, 공동체, 정책수준에서 개선방안을 제시했고, 이러한 포토보이스 연구를 통해 체육학 영역에 새로운 연구 스펙트럼과 다원적인 연구 실천 기법을 제시한다는 측면에서 의의가 있다고 판단했다.

은퇴한 여자 운동선수들의 사회적 장벽과 대안 모색

(김경오 · 이규일, 2013)

포토보이스를 활용해 은퇴한 여자 운동선수가 경험하는 사회적 장벽과 이를 극복하기 위한 대안적 방안을 모색하고자 했다. 6명의 은퇴한 여자 운동선수를 대상으로 연구자가 제시한 초기 테마로 연구 참여자들에게 2주 동안 약 27장의 사진촬영을 요구했다. 일주일 뒤 진행한 포커스 그룹 인터뷰를 통해 연구 참여자들은 은퇴 후에도 운동과 관련된 물건과 사람들을 '현재

소중한 것'으로 여기고 있었지만, 그런 반면에 '벗어나고 싶은 것'으로 '서점
의 책'과 '쇼윈도에 비친 체육복', '가면', '창살', '운동선수에 대한 사람들의
편견' 등의 사진으로 그들이 체감하고 있는 사회적 장벽에 대해 이야기했다.

그에 따라 연구에서는 OECD DeSeCo(Definition and Selection of Competencies) 프로
젝트의 핵심 역량을 통해 은퇴한 여자 운동선수들이 가진 문제 상황이 행동
의 자율성과 도구 활용, 다른 집단과의 상호작용에 대한 어려움에 있다고 판
단했다. 그리고 그 대안으로 조직, 공동체, 정책적 수준에서의 개선 방안에
대해 살펴보았다.

강진아: 이 사진 속에는 농구화가 있어요. 아마 대부
　　　분 여자들은 예쁜 구두를 갖고 있을 텐데,
　　　제게는 농구화가 있어요. …… 걔들(운동하
　　　지 않은 여자들)은 이런 거 안 신고 다니죠.
　　　농구화를 가지고 있는 여자들은 잘 없으니
　　　까요. 그런데 우리한테는 이게 있어요. 별
　　　거 아닌데, 신발장에 있는 예쁜 운동화를 보
　　　면 뿌듯해져요. 예전에는 정해진 것만 신었
　　　는데 지금은 제가 원하는 것을 살 수도 있고
　　　요. (중략) 신발 사러 가면 농구화 말고 다
　　　른 종류의 구두나 신발도 사고 싶은데, 농구
　　　화가 눈에 먼저 들어와요.
김연지: 저도 그래요. 전에는(운동할 때는) 유니폼처럼 같은 메이커, 같은 색깔의 농구화만 신었는데, 지
　　　금은 제가 (예쁜 거) 고를 수 있고 (중략) 그렇죠. 다른 거 살 수 있는데, 이게(농구화) 사고 싶어
　　　져요.

〈사진 5-10〉 예쁜 운동화

〈사진 5-11〉 창살

이 사진은 창살을 찍은 거예요. 우
리 강제로 항상 정해진 시간에 운
동해야 했고, 마치면 자야 했고, 그
안에 있으면 못 나가잖아요. 그 공
간에 갇혀 못 나갔어요. 즐기면서
하는 게 아니라 시키니까 강제로
하고, 맞으면서도 하고, 그냥 항상
힘들었어요. 운동할 때는 '아! 오늘
도 나가야 하는구나. (중략) 창살
은 우리 생활과 닮았어요.

포토보이스 평가:
원주민의 물 자원에 대한 시각적 방법 연구

(Maclean & Woodward, 2013)

이 연구는 지리학 분야에서 연구 흐름에 참여적 실행연구가 빠르게 증가하고 있는 동향을 반영하여 시각적 방법인 포토보이스를 사용하여 호주 북부 지역의 두 원주민 집단에서 일어나고 있는 물 자원의 관리에 대한 연구를 수행했다.

연구자는 원주민이 아니며(백인), 참여자는 호주 현지인(에버리진)이다. 포토보이스를 조사방법으로 사용한 이유는 문화적인 면을 드러내기에 적절했으며, 이를 통해 현지인의 참여를 독려하기 위함이었다. 현지인들은 물 자원 관

〈사진 5-12〉 〈사진 5-13〉

이 사진은 연구 참여자인 Nauiyu Nambiyu가 물의 가치와 관리를 설명하는 모습을 찍은 것이다. 그녀는 "난 리지다운의 호수에서 목이 긴 거북을 잡아요"라고 설명한다.

연구 참여자인 쿠쿠 영칼이 선택한 사진은 정부의 사업 계획이 원주민들의 삶을 어떻게 개선시키는지를 보여주고 있다. 공무원들은 수질관리계획 수립 시 개발이 가져올 영향평가와 피해를 동시에 고려해야 한다. 쿠쿠 영칼은 사람들에게 영향이 적도록 숙고해야 하며, 이를 위해 프로젝트가 진행되는 동안 남녀 모두 감독하고 평가해야 한다.

리에 대한 그들의 가치, 지식, 걱정, 열정 등 다양한 참여적 접근을 드러내고 있었다. 이를 통해 연구진은 포토보이스 방법이 연구자가 갖고 있는 이론적 지식을 깨며, 현지 지식으로 전환해주는(translator) 의사소통의 역할을 수행하는 것에 연구의 가치를 두고 있다.

6장

에스노그라피와
스토리텔링

1. 에스노그라피의 진화

에스노그라피(ethnography)는 문화인류학자나 민속학자들이 현지에서 수행한 연구 결과를 정리하여 텍스트로 만든 것을 말한다. 디지털 시대의 에스노그라피는 웹진이나 지식 포털 형태의 서비스 형태로 구성되어야 하기에 기획부터 기술적 마인드를 고려해야 한다. 기존의 에스노그라피는 주로 책의 형태로 출간되어 연구자가 현지연구 중에 얻는 각종 자료(사진, 기록물, 인터뷰 자료 등)를 담아내는 데 제한이 있었다. 에스노그라피는 어떤 사실과 현상에 대해 특정한 개념과 기준에 맞추어 재구성하는 것으로, 이론적 배경에 의한 연구자의 해석이 포함된다. 그렇지만 최근 에스노그라피의 경향은 '읽히기' 위한 흥미로운 텍스트의 형태로 제공되고 있다. 요즘 인기리에 방영되는 EBS의 「세계테마기행」 등도 에스노그라피의 일종이라고 볼 수 있다. 영상 에스노그라피에서는 어떤 장소에 대한 서사와 영상물이 일정한 스토리라인을 구성하며 현장성을 더욱 짙게 드러낸다.

이제 에스노그라피는 더 이상 도서관의 자리를 차지하는 책의 형태가 아니라 모든 사람이 접근할 수 있는 디지털 형태로 제공된다. 요즘에는 PC나 스마트폰 등 디지털 기기를 활용하여 누구나 언제 어디에서든 마음만 먹으면 자료를 검색하고 활용할 수 있다. 그렇기 때문에 새로운 에스노그라피 작성방법은 근본적으로 달라져야 한다. 나는 2010년부터 2년여간 대학원 제자들과 함께 인천 검단지역의 사이버고향전시관을 제작하기 위한 자료를 마을 연구를 통해 수집했다. 당시에 대학원생이었던 임지혜, 오세경, 윤희진은 이제 어엿한 박사들이 되어 나의 연구를 돕고 있다. 그들과 함께한 현장연구의 추억은 『지역문화콘텐츠와 스토리텔링: 검단의 기억과 이야기』(북코리아, 2011) 라는 책에 고스란히 담겨 있다. 부천과 구로 등지에서 향토문화전자대전 집필을 위해 수행한 마을 연구와 위에서 언급한 검단지역 연구를 통해 내 제자들은 '보기 좋은' 질적 연구자로서 성장했다. 결국 임지혜, 오세경, 윤희진 박사는 모두 질적 연구방법을 통해 박사논문을 집필했다.*

나는 이 장에서 두 가지 스토리텔링 사례를 소개한다. 두 사례는 모두 검단지역의 마을을 소재로 에스노그라피적 현장연구를 동일하게 수행하고 있지만, 서로 다른 결과를 나타내고 있다. 하나는 스토리텔링 유형(창의성 vs. 사실성)에 따른 방식이며, 또 다른 하나는 '플롯 구성 중심'의 스토리텔링 유형에 따른 방식이다. 어떤 것을 선택하건 간에 에스노그라피는 그 내용이 독자들로 하여금 현장을 연상케 하도록 해야 한다. 훌륭한 에스노그라피는 적어도 독자들에게 현장으로 안내하는 간접 경험을 제공해야 한다.

스토리텔링을 통해 인천 검단의 두 마을로 함께 여행을 떠나보자.

---

* 임지혜는 성남 '풀장 환장'과 강릉의 '강릉단오제' 연구를 통해 마을문화콘텐츠의 기호학적 해석 모델을 제안했다. 오세경은 인천 둘레길 이용자의 현장연구를 바탕으로 근거이론을 구성하여 도보여행자의 도보여행 경험에 나타난 지속 가능한 여가 구조를 탐색했다. 윤희진은 인천 영종도 실향민의 내러티브를 통해 지역의 향수가 구성하는 다층적이고 중층적인 사회적 리얼리티의 모습을 재구성했다.

2. 사례 1:
인천 검단 황골마을의 스토리텔링*

    이 사례는 현장연구를 수행하는 방법과 수집된 자료를 스토리텔링 하는 전 과정을 간략히 보여준다. 특히 사실성과 창의성이라는 두 가지 축을 기반으로 스토리텔링 구조를 나누고, 이에 맞게 장르를 결정하고 실제로 콘텐츠를 구성하는 방안을 제안한다. 향토문화자원을 활용한 스토리텔링은 '대상지 선정 → 사전조사 → 본조사 → 이야기 창작 → OSMU'의 프로세스로 진행된다. 여기서는 이들 중 OSMU의 실제 과정을 제외한 대상지 선정, 사전조사, 본조사, 이야기 창작과정을 제시한다. 대상지 선정, 사전조사, 본조사는 특정 장르의 OSMU를 목적으로 하지 않으며, 이 세 단계는 향토문화자원을

〈그림 6-1〉 향토문화자원 활용 스토리텔링 프로세스

* 이 절은 김영순 · 윤희진(2010)이 인문콘텐츠 17호에 게재한 논문 "향토문화자원을 활용한 스토리텔링 방안 연구: 인천 서구 검단 황골마을을 중심으로"에서 대부분의 내용을 인용했음.

체계적으로 발굴하는 단계와 그것을 정리하는 기초단계에 속한다. 여기에서는 대상 향토문화 선정, 사전조사, 본조사, 이야기 창작과정을 간략하게 제시한다. 이야기 창작 단계는 향토문화자원을 정리하는 역할과 함께 특정 장르에 어울리는 기초 자료를 만드는 단계이다.

1) 스토리텔링을 위한 단계

(1) 대상 향토문화 선정

스토리텔링을 위해서는 그 대상이 되는 지역적 범위인 향토가 필요하다. 향토 지정의 조건으로는 거주지, 고향, 선호지역 등 개인적인 이유가 될 수도 있고 전통부락, 민속촌 등 전통성을 바탕으로 할 수도 있다. 다만 향토문화자원 스토리텔링에서 분명한 점은 전통마을조사가 아니라는 점이다. 향토문화는 한 향토와 그 향토에서 향토민이 창조한 전통성과 역사성을 지닌 일체이기 때문에 설사 그곳이 도시라고 할지라도 전통과 역사성을 지녔다면 향토문화자원 스토리텔링이 가능하다. 따라서 향토문화의 대상을 선정하는 가장 좋은 기준은 현재 나와 내 가족이 살고 있는 지역이다. 대상 향토문화를 선정한 이후에는 선정한 이유와 그 목적을 정리한다. 이 논문에서 예시로 제시되는 대상지역은 인천광역시 서구 검단지역의 황골마을이다.

(2) 사전조사 수행

향토문화 스토리텔링의 대상지인 향토를 정한 후에는 향토문화와 향토문화자원에 대한 사전조사가 필요하다. 사전조사 방법은 문헌조사와 지도나 사진을 활용한 이미지조사, 본조사를 위한 사전 연락 단계로 구분된다.

문헌조사는 연구에 참고가 될 만한 기록이나 책을 조사하는 것으로 향토문화 스토리텔링에서는 향토사 연구 서적, 향토문화 관련 서적 외에도 각 지방자치단체의 군지(郡誌)나 시지(市誌), 그리고 공·사기관의 통계자료나 연구보고서를 이용한다. 문헌조사 때에는 그 범주를 각 향토라는 지역에 한정시키지 않고 일반적인 내용을 조사하는 것 역시 중요하므로 인근지역이나 전체를 대상으로 하는 연구서, 논문 등도 참고한다.

이미지조사는 대상지의 지도나 사진 등의 이미지를 수집·활용하는 조사이다. 이미지 조사를 통해 스토리텔러는 문헌에서 습득한 지식을 도상적으로 이해하여 스토리텔링에 이미지텔링을 첨가할 수 있다. 특히 지도는 공간에 대한 위치정보를 얻는 1차적인 자료로, 마을의 입지를 비롯하여 내부구조, 경관, 토지 이용 등의 자료를 수집하는 데 용이하다.* 문헌조사와 이미지조사 후에는 각각의 조사 결과물을 디지털 파일로 정리한다.

사전조사 파일이 만들어지면 면담 대상자와 참여해야 할 문화행위의 리스트를 대략적으로 작성할 수 있다. 각 마을에서 가장 오랫동안 거주한 사람이나 통장, 이장 등의 대표에게 사전 연락을 하는 것이 연구를 위한 인적 네트워크 구축 시간을 단축시켜준다. 사전 연락을 할 때에는 연구의 목적과 내용, 방법을 알려주고 연구팀과 만날 시간과 장소 등을 결정한다. 만약 현지 제보자를 사전에 섭외하지 못했을 경우에는 조사 대상지역의 마을 경로당이나 마을회관에 들러 섭외하는 것이 좋다.

다음은 인천시 서구 대곡동 황골마을의 사전조사내용이다. 이 조사를 위해 조사한 문헌으로는 『김포군지』(1991), 『문화유적분포지도』(2007), 『검단의 역사와 문화』(2009)가 있다. 인천시 서구 대곡동은 가현산 동남쪽 큰골에 자

---

* 김기혁, 「마을연구에서의 지도의 활용」, 『마을 연구조사 방법론과 마을지 제작』, 한국학중앙연구원 제3기 향토문화아카데미 자료집, 2009.

리 잡고 있으며, 다른 지역에 비해 산이 많고 골짜기에 마을이 위치해 있는 경우가 많다. 마전동, 불로동, 김포시와 경계를 이루고 있으며 대곡동의 자연부락으로는 태정, 두밀, 황곡, 설원이 있다.

황곡은 산이 높고 골이 깊은 마을이다. 매년 풍년이 들어 논 전체가 황금물결로 보인다고 하여 '황곡(黃谷)'이라 했다고 하며, 골이 깊어 한적한 곳이라 하여 '황곡(荒谷)'이라 불렀다고도 한다. 가현산자락과 담월산, 도라지골산으로 둘러싸인 황곡은 대곡동 중에서도 가장 안쪽에 위치한 마을로 도치울, 장자매, 다라터, 새터, 황곡골, 대추고개(마을이름) 등 각각의 작은 마을들이 골짜기에 위치해 있으며, 황곡-두밀을 왕래하던 고개인 두밀고개, 황곡-태정을 왕래하던 도라지골고개, 황곡-가현(마전)을 왕래하던 가냑굴고개, 황곡-김포(양촌면 마산)를 왕래하던 돌고개 등 여러 고개에 둘러싸여 있다.

(3) 본조사 수행

본조사는 사전조사 결과를 바탕으로 스토리텔링의 주제와 소재를 발굴하고 확보하기 위해 현장을 답사하는 과정이다. 향토문화자원을 활용한 스토리텔링은 우리 주변의 일상을 텍스트로 담아내는 것이기 때문에 현장 스토리텔러(면담자, 문화행위 등)가 이야기를 창작할 연구자에게 주는 메시지뿐만 아니라 그 콘텍스트까지 담아내야 한다. 따라서 이 과정이 단발적 조사보다는 장기적 조사로 이루어지면 더 나은 결과물을 얻을 수 있다. 특히, 이야기를 창작할 당사자들이 직접 참여하여 현장감을 익히는 것이 중요하다.

현장조사는 크게 면담, 문화행위 참여, 이미지촬영 등으로 나눌 수 있다. 면담은 사전연락한 면담자들에게 향토문화에 관한 내용을 인터뷰하는 것으로 그 내용은 전설, 지역의 인물, 면담자와 지역의 생활사 등으로 범위의 제한이 없다. 면담 내용은 녹취하여 나중에 그 내용을 텍스트로 옮겨야 하므로 면담자에게 면담 내용이 녹취됨을 알리고 녹음한다. 면담 후에는 면담자에게 면담 내용은 연구에만 사용된다는 정보동의확인서를 받았으며 이에 대한 감사를 표했다.

　문화행위 참여는 축제, 동제, 마을회의 등 지역의 문화행사에 참여하는 것이다. 문화행위는 연구자가 향토문화에 직접 참여할 수 있는 기회로, 외부인의 관점에서 관찰하는 데 그치지 않고 그 행위에 직접 참여하여 향토민들의 정서를 파악하는 것이 중요하다. 문화행위 이전에 문화행위가 벌어지게 된 경위나 역사, 장소, 의의 등을 사전조사 방법에 의거하여 조사하고, 현장 제보자와의 면담을 통해 문화행위에 대한 정보를 파악한다. 문화행위 참여 후에는 이미지촬영을 정리함과 동시에 참여 시 궁금했던 점을 문화행위 주최자나 현장 제보자와의 면담을 통해 묻고 정리한다.

　이미지촬영은 사진 혹은 동영상을 촬영하는 것으로, 면담과 문화행위 참여 시 녹음과 함께 필수적으로 해야 하는 활동이다. 이외에도 조사 지역의 자연환경, 문화유산, 생활현장 등도 반드시 촬영해야 한다. 사전조사에서 촬영할 이미지를 얻었다고 하더라도 시간을 품고 있는 이미지의 모습을 확인하고 저작권 획득 차원에서 직접 촬영하는 것이 좋다. 촬영할 때는 각각의 촬영 위치와 이름을 기록 혹은 촬영기기의 시스템을 통해 체크해야 한다. 골짜기, 큰 논과 개울의 모양 등은 개인이 촬영하기는 어려우므로 항공사진이나 인터넷에서 서비스되는 지도를 이용한다. 이렇게 만들어진 이미지는 현장답사 후 현장감을 익히고 텍스트를 이해하는 데 도움을 준다.

　현장답사 후에는 답사일지, 전사록, 이미지 정리 등을 통해 1차적으로 현장을 텍스트에 담아낸다. 현장조사정리 파일인 답사일지, 전사록, 이미지파일은 각각 위에 제시한 기준을 참고로 정리한다. 또한 각각의 파일 간에는 서로 연관된 내용을 기입 혹은 링크한다. 또한 사전조사 파일에도 연관 내용이 있다면 역시 연계시키는 것이 좋다. 이렇게 연계된 파일은 이야기를 창작하고 OSMU화하는 과정에서 재확인이 필요할 때 매우 용이하게 사용된다.

향토문화자원을 활용한 스토리텔링 프로세스에서 본조사는 아주 중요한 단계이다. 왜냐하면 사전조사 결과를 바탕으로 스토리텔링의 주제와 소재를 발굴하고 확보하기 위해 현장을 답사하는 과정이기 때문이다. 그렇기에 본조사 결과에 따라 스토리텔링의 성공 여부가 결정된다.

(4) 이야기 창작

이야기 창작과정은 스토리텔링에 있어서 가장 중요한 단계이다. 이 과정은 사전조사와 현지조사를 통해 만든 사전조사 자료 파일과 현장조사 정리 파일을 중심으로 실제 이야기를 만들어내는 과정이다. 이야기 창작과정 스토리텔링으로 구현되는 실제 장르를 결정하는 것에서부터 시작한다. 이야기 창작과정은 크게 ① 스토리텔링의 소재 및 주제 추출, ② 스토리텔링 개요 및 유형 결정, ③ 창작과정으로 구성된다. 황골마을의 스토리텔링은 초등학교 고학년을 대상으로 하는 에듀테인먼트 출판물을 대상 장르로 정하고 진행한다.

스토리텔링의 소재 및 주제 추출과정은 한 편의 이야기로 만들 주제와 소재를 추출하는 단계이다. 이야기의 대주제(자연환경, 지명 유래, 전설, 성씨, 문화재, 마을 사람들 등)를 분류하고, 대주제별로 팀 혹은 개인으로 나누어 작업을 진행한다. 추출한 주제가 여러 대주제에 걸쳐 있다면 회의를 통해 조정한다. 이때 사용되는 결과물로는 문헌조사 파일, 사전 이미지파일(지도, 사진), 전사록, 본조사 이미지파일, 답사일지 등이 있다. 주제는 효, 정, 우애 등의 가족적 가치와 중용, 절제 등의 도덕적 가치, 형설지공 등의 성공적 가치 등 제한 없이 정할 수 있다.

스토리텔링의 개요 및 유형 결정 단계에서는 연구자가 정한 주제와 소재를 중심으로 개요를 짜고 그와 가장 어울리는 유형을 결정한다. 향토문화 스토리텔링은 현장조사 결과물을 기반으로 만들어진다. 따라서 향토문화 스토리텔링은 자료에 기반을 둔 사실성과 연구자의 창의력에 기반을 둔 허구성이라는 두 가지 상반된 성격을 가진다. 향토문화 스토리텔링의 유형은 자료의 사실성과 창의성을 바탕으로 다음과 같이 구분할 수 있다.

〈표 6-1〉 향토문화자원을 활용한 스토리텔링의 유형

창의성										
										사실성
	A형				B형					

A형식과 B형식을 수치로 환산하여 정확히 분류할 수는 없다. A형과 B형을 나누는 기준이 허구성과 사실성에 기반을 두고 있기는 하지만, 어느 특성이 많고 적음은 연구자가 판단하여 결정해야 한다. A형식은 연구자의 창의력이 많이 들어간 내용에 어울리며, 장르로는 소설 유형에 가깝다. A형식의 구성은 소설의 구성과 비슷하지만, 도입부분 혹은 결말부분에 학술적인 의미를 담는 것이 차이점이다. 도입부분에서 이야기에 등장하는 인물, 배경, 사건의 전말을 설명하고, 결말부분에서 이야기의 주제에 관한 현재적인 의의를 기술하는 방법을 택할 수도 있고, 도입부분에서 이야기에 대한 학술적 소개와 의의를 제시한 후 결말부분에서 대부분의 소설처럼 갈등을 해소하고 이야기를 종료하는 방법을 사용할 수도 있다. B형식은 자료에 기반을 둔 사실이 많이 들어간 내용에 어울리며, 장르로는 다큐나 설명문이 어울린다. B형식의 구성은 설명문의 구성처럼 도입부분의 이야기에 관한 학문적인 소개―명칭과 역사―를 하고, 결말부분에서 이야기에 관한 현재적인 의의를 진술한다. B형식을 표로 정리하면 다음 〈표 6-2〉와 같다.

〈표 6-2〉 B형식(다큐, 설명문)

도입	이야기에 관한 학문적 소개(명칭, 역사 등)
본문	마을의 사례, 이야기 진술
결말	이야기에 관한 현재적 의의 기술

위에 제시한 A형식과 B형식의 구성이 절대적인 것은 아니며, 스토리텔링에 익숙하지 않은 연구자들에게 방향을 제시하는 하나의 기준으로 사용될 수 있다.

창작과정은 스토리텔링의 개요와 유형을 정한 후에 실제로 글을 쓰는 과정이다. 개요를 스토리텔링의 유형에 맞게 수정하고 글을 늘려간다면 어렵지 않게 글을 쓸 수 있다. 창작 도중 불분명한 단어나 내용이 있다면 빨간색이나 밑줄을 그어 눈에 쉽게 띄게 하고, 추후에 재조사나 전화면담을 통해 보완한다. 창작 시 유의해야 할 점은 일반 소설이나 글을 쓸 때의 유의사항(시점 부여, 통일성, 맞춤법 등)과 같다.

〈표 6-3〉 황골마을-A형식의 구성표

도입	1. 진수의 썰매장 걱정
	2. 태정에서 친구들과 헤어져 혼자 도라지고개를 넘는다(도라지고개 설명).
상승	3. 성적표, 책가방
	4. 대추굴에 얼음이 언 것을 보고 기뻐함
	5. 집에 들어가자마자 신발을 갈아 신고(털신→검정고무신) 외발썰매를 들고 썰매장으로 뛰어나감
정점	6. 썰매 타는 아이들과 외발썰매 덕분에 으쓱해진 진수
	7. 친구들을 데리러 도라지고개로 올라감
	8. 친구들과 함께 낙엽썰매를 타고 도라지고개를 다시 넘어옴
결말	9. 현재 도라지고개의 상황. 공간의 변화가 소통의 단절을 가져옴

이를 바탕으로 황골마을 에듀테인먼트 출판물에 이야기 창작을 적용시키면 다음과 같다. 이 콘텐츠는 소설을 표방하고 있기 때문에 위의 형식 중 A형식을 따른다.

이야기는 1970년대 아이들의 겨울놀이 모습을 보여주며, 황곡의 고개와 공간의 변화가 소통의 단절을 가져온다는 내용이다. 구성표에서 사전조사 파일과 현장조사 정리 파일에 나온 항목은 눈에 띄게 표시한다. 또한 관련 사진이나 전사록 번호가 있다면 이 역시 표시한다.

2) 실제 스토리텔링 사례

위의 내용을 바탕으로 실제 콘텐츠를 구성하면 다음과 같다.

'잘 얼었을까? 잘 얼었을 거야.'

진수는 집에 가는 내내 어젯밤에 물을 대놓은 논 걱정에 친구들 이야기가 귀에 잘 들어오지 않습니다. 중학생이 되어 처음으로 맞는 겨울방학이라 그런지 친구들은 집에 가는 것이 유난히 즐거운가 봅니다.

"응? 뭐가 잘 얼어?"

속으로 혼잣말 한다는 것이 친구에게 들렸나 봅니다. 진수는 친구에게 어젯밤에 아버지께서 논에 물을 대놓은 이야기를 해줍니다.

"정말? 만약 물이 얼었으면 우리 꼭 데리러 와야 한다. 나 집에 가서 썰매 찾아놓을게."

태정마을을 지나오는 동안 작은 냇물들이 언 것을 본 친구들은 당연히 논에 대놓은 물도 얼었을 것이라고 생각합니다. 진수는 친구들의 말에 기분이 좋아지며 꼭 그러겠다고 약속하고 친구들과 헤어져 도라지고개(1A-도라지고개)

를 혼자 오릅니다. 도라지고개는 태정에서 황곡으로 넘어가는 고개입니다. 도라지골산, 태정 안산이라고도 불리며 나무가 많고 나물이 많이 난다는 이 산을 통해 태정마을 사람들은 황곡이나 두밀로 넘어갈 수 있습니다. 사실 태정에서 두밀로 넘어갈 때에는 청룡모테이라고 불리는 곳으로 돌아가는 경우가 많습니다. 아마 태정-두밀-황곡 순으로 마을이 위치해서 산을 넘기보다는 돌아가는 것이 편해서 그런 것 같습니다. 도라지고개 마루에 오른 진수는 뭔가 생각났다는 듯이 책보에서 급하게 무엇인가를 꺼냅니다. 그러고는 그것을 손에 꼭 쥐고 낙엽이 많이 쌓여서 미끄러운 고갯길을 열심히 내려갑니다. 미끄덩거리면서도 넘어지지 않고 몸을 이리저리 움직이며 균형을 잡는 진수의 모습을 누군가가 본다면 아마 피식 하고 웃음을 흘릴 것입니다. 진수는 벌써 고개를 내려와 집을 향해 뛰다가 대추논(1A-대추논) 앞에서 잠시 멈춥니다. 대추나무 옆에 있는 논이라고 해서 이름 붙여진 대추논에는 벌써 어린아이들이 썰매를 타고 있습니다. 그토록 걱정하던 얼음이 언 것을 본 진수의 입이 함박 벌어지더니 다시 집으로 뛰어갑니다.

"할아버지, 저 왔어요! 엄마, 나왔어!"

진수는 집이 떠나가라 인사하고는 어깨에 멘 책보와 손에 든 종이를 마루에 던져놓습니다. 마루에 떨어진 종이를 살펴보니 성적표입니다. 반에서 5등 안에 들면 책가방을 사주겠다는 아버지 말씀에 성적표를 책보에서 꺼내 손에 꼭 쥐고 오더니 썰매장을 보고는 까먹었나 봅니다. 마루 아래에 쭈그리고 앉아 외발썰매를 꺼내 대문으로 뛰어나가던 진수가 다시 마루로 돌아옵니다. 그러더니 털신을 벗고 검정고무신으로 갈아 신습니다. 얼마 전에 마련한 털신을 신고 얼음 위에 올라가면 넘어질까 봐 그런 것일까요? 아, 진수는 털신이 얼음에 닿을까 걱정한 것 같습니다. 얼마 전부터 대곡동에는 털신이 유행하기 시작했습니다. 조금 깊이가 있는 고무신 안쪽에 털이 붙어 있는 털신은 따뜻하고 고무신보다 비싼 신발입니다. 반 친구들이 하나 둘 털신으로 갈아 신은 것을 본 진수가 졸라 저번 김포장에서 할머니께서 큰맘 먹고 사오셨습니다.

썰매장에는 벌써 동네 아이들이 많이 나와 있습니다. 아까 집으로 들어갈 때보다 더 많은 아이들이 대추논에서 썰매를 타고 있습니다. 진수는 어깨에 멘 외발썰매를 논 위에 던집니다. 소리가 난 곳을 돌아본 동네 아이들에게서 와, 하는 작은 소리가 들립니다. 진수는 두발썰매를 타는 아이들 사이로 외발썰매를 타고 미끄러지듯 들어갑니다.

'나는 두발썰매를 타는 너희랑 달라. 나는 중학생이니까.'

진수는 외발썰매를 타는 자신이 자랑스럽지만, 행색은 영락없는 동네 아이입니다. 또래보다 체구가 작은 진수가 썰매를 타고 있으니 그저 초등학교 아이로만 보입니다. 이를 알 턱이 없는 진수는 "외발썰매 타고 싶은 사람, 여기여기 붙어라." 하며 동네 동생들에게 으스댑니다. 동네 아이들은 썰매계의 신제품인 외발썰매를 타보기 위해 타던 두발썰매에서 일어나 진수에게 뛰어옵니다. 진수의 외발썰매는 누구나 그렇듯이 아버지께서 만들어주셨습니다. 어젯밤 대추논에 물을 대고 들어오시자마자 진수는 아버지께 두발썰매가 낡았으니 외발썰매로 만들어달라고 졸랐습니다. 아버지께서는 진수에게 이제 중학교 2학년에 올라가니 겨울방학 동안 공부 열심히 하라고 선물로 만들어주신다며 나무를 깎으셨고요. 진수는 아버지의 말씀을 기억이나 할까요?

동네 아이들이 썰매를 돌아가며 타는 것을 보며 어른인양 흐뭇하게 웃던 진수는 갑자기 친구들이 생각납니다. 태정마을에 사는 병훈, 형석에게 얼음이 얼면 데리러 오겠다고 약속한 것이 떠오릅니다. 동생인 만수는 벌써 두밀마을에 사는 친구들을 데리고 왔습니다. 도라지고개로 친구들을 데리러 간 진수는 친구들과 고개를 내려오는 길에는 낙엽썰매를 타고 내려옵니다. 도라지고개의 사람들이 다니는 길옆에는 낙엽이 많이 쌓여 있습니다. 얼음썰매만큼 재미있는 낙엽썰매를 타고 황곡마을에 다다른 진수와 친구들은 대추논을 향해 누가 먼저라 할 것 없이 뛰기 시작합니다. 아마 오늘은 진수와 친구들에게 잊지 못할 겨울방학 하는 날이 될 것 같습니다.

　진수와 친구들이 태정마을과 황곡마을을 오가던 도라지고개는 1980년 태정마을 도라지고개 입구에 군부대가 이전하면서부터 넘을 수 없게 되었습니다. 이어 황곡 입구마저 불법 공장들이 점거하여 사람이 다닐 수 없게 된 도라지고개에는 고갯길도 사라지고 들짐승과 낙엽만 가득합니다. 도라지고개가 막히면서 태정-황곡 간의 직접적인 소통도 단절되었습니다. 비록 전화가 보편화되었지만, 얼굴을 마주보며 쉽게 오갈 수 있던 과거를 생각하면 소통의 폭이 너무나도 좁아진 것 같습니다. 설원마을의 양알고개도 마찬가지입니다. 이렇게 공간의 변화는 소통의 단절을, 변화를 가져오고 있습니다.

　이야기 창작과정은 스토리텔링에 있어서 가장 중요한 단계이다. 이 과정은 크게 스토리텔링의 소재 및 주제 추출, 스토리텔링 개요 및 유형 결정, 창작과정으로 구성된다. 이 연구에서는 황곡마을을 A형식으로 결정하여 여기에 따라 스토리텔러의 창의성을 요구하는 이야기 창작방법을 보여주었다. 황곡마을을 비롯한 다른 마을도 이와 같은 스토리텔링 방법을 사용할 수 있을 것이다.

3. 사례 2:
인천 검단 여래마을의 스토리텔링*

두 번째 사례에서는 플롯 중심의 스토리텔링 방법을 제시한다. 앞서 살펴본 사례와는 달리 플롯 중심의 스토리텔링은 '이야기'를 먼저 선정하고 이에 따른 현장연구를 수행한다. 플롯 중심의 스토리텔링은 원형조사, 플롯 구성, 이야기 재생산의 세 단계로 구성된다.

첫 단계인 원형조사는 지역문화 이야기를 스토리텔링 하기에 앞서 자신이 살고 있는 지역 혹은 관심 있는 지역을 선정하고 대상 지역을 조사하는 단계로 대상지 선정, 문헌조사, 현지조사, 가치대상 분석으로 구성된다. 특히, 스토리텔링 이야기를 선정하여 지역 서적, 시ㆍ구청 홈페이지, 연구보고서, 블로그, 논문 등에서 지역의 거시적인 측면과 미시적인 측면에서 지역문화를 이해하는 과정이다. 그 후에 대상 지역을 직접 방문하고, 대상지의 이미지를 촬영하여 수집하는 현지조사를 한다. 이러한 활동은 지역민의 인터뷰를 통한 또 다른 이야기를 생산하고 문헌에서 학습한 내용을 이해하는 데 도움을 준다.

---

* 이 절에서는 김영순ㆍ오세경(2010)이 〈문화예술교육연구〉 5권 1호에 게재한 "지역문화교육을 위한 지명 유래 전설의 스토리텔링 사례연구: 인천 검단 여래마을을 중심으로"의 내용을 기반으로 작성했음.

이러한 사전연구를 통해 지역 이야기 안에 내재된 의미를 분석하여 이야기의 가치대상을 파악한다. 즉, 이야기 속에서 획득하고자 하는 대상이 무엇인지, 얻고자 하는 것이 무엇인지 등과 같은 맥락으로 이야기 안에 들어 있는 본질적인 의미를 파악하는 것이다. 이러한 가치대상 분석을 하는 것은 스토리텔링의 주제를 설정하는 데 있어서 핵심적인 요체로서 활용될 수 있기 때문이다. 대상지 선정, 문헌조사, 현지조사, 가치대상 분석으로 구성된다.

두 번째 단계는 주제와 제목, 메인플롯과 서브플롯을 정하는 플롯 구성 단계이다. 첫 단계에서 선택한 이야기의 내용을 결정하고, 전체 내용을 함축할 수 있는 제목을 설정한다. 그리고 스토리텔링 하는 데 있어서 큰 흐름이 변하지 않도록 토비아스(1993)의 20가지 플롯을 적용하여 메인플롯을 설정한다. 즉, 메인플롯은 스토리텔링의 방향을 설정하는 과정이다. 토비아스의 20가지 플롯을 요약하면 〈표 6-4〉와 같다.

〈표 6-4〉 토비아스의 20가지 플롯

토비아스 플롯	핵심 초점	주안점
추구 (quest)	돈키호테는 사랑을 얻을 것인가?	장소나 사물을 찾는 플롯, 원인과 결과에 따른 움직임, 여행의 목적은 지혜의 추구, 여행 동반자 필요, 조력자 등장
모험 (adventure)	초점을 여행에 맞추어라	새롭고 이상한 장소와 사건을 다룸, 무엇인가에 의해 여행을 시작해야 하는 동기를 부여 받음, 행운을 찾아 나섬, 사건의 원인 결과적 연관성 일치
추적 (pursuit)	도망자의 길은 좁을수록 좋다	추적 자체의 중요성, 추적하는 사람들이 위험한 상황에 처함, 쫓기는 자가 쫓는 자를 붙잡을 정당한 기회 마련, 신체적 행동에 의존, 등장인물은 자극적이고 적극적이며 독특해야 함, 고정된 인물상 탈피, 상황을 지리적으로 고착시킴(좁을수록 긴장감 극대화), 첫 번째 대목(추적의 기본 규칙 정하기, 위험 설정, 동기를 부여하는 사건)

토비아스 플롯	핵심 초점	주안점
구출 (rescue)	흑백논리도 설득력이 있다	등장인물의 행동에 의존, 주인공이 악역으로부터 희생자 구출, 도덕적 논리는 흑백논리, 주인공과 안타고니스트의 관계, 이별·추적·대결 및 상봉이라는 세 단계의 국면 사용
탈출 (escape)	두 번 실패한 다음에 성공하라	탈출 이외의 길 배제, 흑백논리, 구출의 플롯과 반대(주인공이 희생자), 첫 탈출 시도는 좌절하지만 후에는 성공
복수 (revenge)	범죄를 목격하게 하면 효과가 커진다	복수의 행위 자체에 초점, 복수에 대한 도덕적 정당성, 복수는 주인공이 당한 괴로움을 넘어서지 않는 상태에서 형평성을 지님, 첫 극적인 단계에서는 주인공의 정상적인 삶, 두 번째는 복수의 계획을 수립, 마지막은 주인공과 안타고니스트의 대결
수수께끼 (the riddle)	가장 중요한 단서는 감추지 않는다	수수께끼의 핵심은 영리함, 아주 평범한 빛으로 감춤, 긴장은 실제로 일어나는 것과 일어나야만 하는 것 사이의 갈등에서 옴, 독자에게 도전거리 제공, 수수께끼의 대답은 평범하게 보여야 함, 첫 번째 극적 단계는 일반적 요소 포함(인물, 장소, 사건 등), 두 번째는 특별한 측면 소개(인물, 장소, 사건의 엮임 상태 밝힘), 세 번째는 해결책과 관객을 정해야 함, 끝을 개방구조 혹은 폐쇄구조로 정해야 함
라이벌 (rivalry)	경쟁자는 상대방을 이용한다	세력의 투쟁, 적대감은 대등하게, 도덕적 문제에 관해 편이 갈림, 인물의 세력관계를 곡선으로, 첫 번째 극적 단계는 행운의 반전으로 인한 프로타고니스트의 세력 곡선의 방향을 달리 잡음, 세 번째는 라이벌 간의 피할 수 없는 대결
희생자 (underdog)	주인공의 정서적 수준을 낮게 하라	라이벌 플롯이 적용되나 예외도 있음, 예외적으로 프로타고니스트는 안타고니스트와 대등한 상대가 되지 않음, 극적 단계의 전개 과정은 세력 곡선을 따른다는 점에서 라이벌 플롯과 흡사, 희생자는 보통 적대 세력을 극복
유혹 (temptation)	복잡한 인물이 유혹에 빠진다	유혹에는 치명적인 대가가 따름, 주인공이 유혹에 지게 됨, 첫 번째 극적 단계에서 프로타고니스트의 본성을 먼저 설정, 다음에 안타고니스트 소개, 유혹의 본질 소개, 프로타고니스트가 유혹에 빠짐, 두 번째 극적 단계는 유혹에 빠진 영향을 반영, 프로타고니스트가 책임과 처벌을 피하기 위한 방법과 수단을 찾음, 저지른 행동의 부정적 영향은 두 번째 극적 행동의 분위기를 더 긴장 상태로 몰아감, 세 번째는 프로타고니스트의 내면적 갈등을 풀어줌

토비아스 플롯	핵심 초점	주안점
변신 (metamorphosis)	변하는 인물에는 미스터리가 있다	보통 저주의 결과, 저주의 치료를 일반적으로 사랑, 주인공이 변신의 과정을 겪어 인간의 모습으로 돌아온다는 데 있음, 변신은 인물의 플롯, 주인공은 천성적으로 슬픈 인물, 생활은 보통 금기사항과 의식절차로 묶여 있음, 관객은 저주의 성격에서 교훈을 얻음
변모 (transformation)	변화의 책임을 누가 질 것인가?	주인공이 인생의 여러 단계를 여행하면서 겪는 변화를 다룸, 변화의 본질에 집중해야 하고 경험의 시작에서부터 마지막까지 주인공에게 어떻게 영향을 미쳤는지 보여주어야 함, 첫 단계는 프로타고니스트를 위기에 빠뜨리는 사건과 연관이 있어야 함, 두 번째는 주인공의 성찰, 세 번째는 모든 것이 밝혀지는 사건을 담음(진정한 성장과 이해), 종종 지혜의 대가로 슬픔을 겪기도 함
성숙 (maturation)	서리가 내려야 맛이 깊어진다	성장기의 절정에 있는 주인공을 창조하라, 주인공의 어린 시절의 순진한 삶과 보호를 받지 못하는 어른의 삶을 대비시켜라, 주인공의 도덕적·심리적 성장에 집중시켜라, 주인공의 변화과정을 보여줌, 주인공이 준비가 되기 전에 어른의 가치와 인식을 심어주면 안 됨, 교훈이 가져올 심리적 비용을 결정하라
사랑 (love)	시련이 클수록 꽃은 화려하다	진정한 사랑은 시련 속에 꽃핀다, 관객은 해피엔딩을 바란다, 내용보다는 표현방법이 더 중요, 구조(사랑이 절정에 도달하면 시련이 찾아옴 → 눈물겨운 노력에도 희망은 절벽 → 시련 극복과 사랑의 완성)
금지된 사랑 (forbidden)	빗나간 열정은 죽음으로 빚을 갚는다	사회의 관습에 어긋나는 사랑, 사회적 관습을 무시하고 열정을 쫓아감, 보통 비극적 결과, 첫 단계는 그들이 위반한 금기, 두 번째는 사랑하는 연인들이 관계의 핵심에 도달, 세 번째는 연인들이 마지막 단계에 도달하게 되고 도덕적 문제를 해결할 단계에 다다름
희생 (sacrifice)	운명의 열쇠가 도덕적 난관을 만든다	개인에게 위대한 대가를 치르게 함, 프로타고니스트는 이야기가 진행되는 동안 낮은 도덕적 차원에서 숭고한 차원으로 중요한 변화를 겪음, 사건이 주인공에게 결단 촉구, 등장인물의 기본 바탕을 설정하여 관객이 희생을 결정하는 과정을 이해하도록 만듦, 등장인물의 동기를 분명히 해서 왜 희생하는지 관객이 이해하도록 사고의 줄기를 통한 행동의 줄기, 도덕적 난관 설정

토비아스 플롯	핵심 초점	주안점
발견 (discovery)	사소한 일에도 인생의 의미가 담겨 있다	발견하는 과정에 초점, 상황이 변하여 등장인물이 새로운 상황에 처하게 되기 전에 주인공을 알려주는 방법으로 시작, 주인공의 과거 인생에 너무 집착하지 않도록 균형감각 유지, 멜로드라마적 정서는 피함, 작가의 메시지를 전달하기 위해 등장인물에게 강요하거나 설교하지 않음
지독한 행위 (ascension)	사소한 성격 결함이 몰락을 부른다	등장인물의 심리적 몰락에 관한 작품, 몰락의 이유를 성격적 결함에 둠, 등장인물의 몰락은 변화를 시작하기 이전의 주인공은 어떠했는가, 주인공이 계속해서 나빠질 때 상태는 어떤가, 사건이 위기의 순간에까지 도달한 이후에 무엇이 벌어지는가, 위기의 순간에 주인공이 완전히 파멸하던가, 구원을 받던가
상승과 몰락 (descension)	늦게 시작하고 일찍 끝을 맺는다	인간심리 탐구와 세부묘사가 중요, 이야기를 한 명의 주인공에게 초점을 맞춤, 등장인물의 강한 의지를 보여줌, 사건들의 결과로서 등장인물이 계속해서 변하는 발전을 보여줌, 직선적인 출세와 몰락은 피하도록

참조: Ronald B. Tobias(1993)

위의 〈표 6-4〉의 플롯을 활용하여 스토리텔링의 방향을 설정한 후에는 서브플롯을 설정한다. 서브플롯은 다양한 창의력이 요구되는 단계이며, 인물·사건·배경의 3요소로 나누어 각각의 플롯을 설정한다. 인물은 주인공과 조력자, 반대자를 설정하고, 배경은 시간적/공간적 배경으로 나누어 설정하며, 사건은 발단(도입) → 전개 → 절정(위기) → 결말(해결)과 같은 시간적 연쇄에 따라 구성한다.

마지막 단계는 앞서 구성한 플롯의 토대에 살을 붙여 본격적으로 스토리텔링을 한다. 앞에서 논의한 전체적인 스토리텔링의 단계를 정리하면 다음 〈표 6-5〉와 같다.

<표 6-5> 스토리텔링 단계

단계	1단계 〈원형조사〉				2단계 〈플롯 구성〉			3단계 〈스토리텔링〉
스토리 텔링	대상 선정	문헌 조사	현지 조사	가치대상 분석	주제 및 제목 설정	메인플롯 설정	서브플롯 설정	이야기 재생산

〈표 6-5〉에서 제시한 바와 같이 1단계는 주로 원형조사를 위해 문헌조사와 현지조사 그리고 조사내용에 대한 분석 작업이 행해지며, 2단계에서는 주제 및 제목을 설정하고 이에 대한 메인플롯과 서브플롯이 설정되어야 한다. 3단계에서는 스토리텔링의 본작업이라고 할 수 있는 이야기 재생산 활동이 수행된다.

이번 장에서는 본 연구의 대상지인 인천광역시 서구 검단지역의 지역문화 중 지명 유래를 활용하여 스토리텔링 단계에 적용했다. 스토리텔링 단계는 크게 원형조사, 플롯 구성, 이야기 재생산의 과정을 거친다.

1) 원형조사 단계

원형조사 단계에서는 대상지 선정이 최우선 과제이다. 이 스토리텔링은 인천광역시 서구 검단지역의 마전동 여래마을을 대상지로 선정했다. 대상지를 선정한 이후에 대상지역을 거시적으로 살펴본 다음, 이야기 대상 추출 후 소재에 대한 인터넷, 서적 등과 같은 다양한 매체를 통해 사전조사를 한다. 문헌자료를 통해 마전동 여래마을에 있는 지명, 인물 등과 같은 자원 및 역사, 지명 유래에 대해 살펴보았다. 여래마을의 경우, 여러 개의 지명 유래가 전해지고 있었다. 또한 여래마을은 고개와 우물, 논, 산 등이 어우러져 있는 지역이지만, 검단신도시 개발로 인해 현재 예전의 모습을 찾아보기 어려운 지역이기도 했다.

　문헌조사를 기반으로 진행한 현지조사에서는 주민들에게 여래마을의 생활상, 여래마을의 유래 등 인터뷰를 실시했다. 현지조사를 통해 문헌조사에서 알 수 없었던 마전동의 다양한 이야기를 수집할 수 있었는데, 특히 새로운 여래마을의 지명 유래를 채록할 수 있었다. 문헌조사를 통해 여래마을의 이름은 '여리, 여래, 열야'라고 불리었으며, 으뜸이 되는 마을이어서 붙여진 명칭이었다고 한다. 현지조사를 통해 이러한 유래 이외에도 "적선을 많이 한 여래라는 여승의 이름을 기린다는 뜻에서 붙여진 지명"이라는 새로운 이야기를 듣게 되었다. 이러한 여래마을 지명 유래 이야기는 덕, 적선, 사랑, 희생 같은 가치를 담고 있다.

2) 플롯 구성 단계

　1단계에서 도출된 덕, 적선, 사랑, 희생, 으뜸이라는 의미를 통해 주제와 제목을 설정했다. 주제는 '덕을 베푼 여래', 제목은 '비구니의 이름을 기린 여래'라고 정했다. 메인플롯은 토비아스의 스무 가지 플롯이론을 기반으로 '모험'이라는 모티프로 스토리텔링의 방향을 설정했다. 서브플롯은 인물, 배경, 사건이라는 스토리텔링 3요소에 맞추어 구성했다. 다음의 〈표 6-6〉은 마전동 여래마을의 지명 유래를 스토리텔링 하는 과정 중 2단계를 작성한 것이다.

　3장에서 도입한 토비아스(1993)의 스무 가지 플롯과 같이 '모험'이라는 플롯을 메인플롯으로 설정할 때에는 몇 가지 내용을 염두에 두고 서브플롯을 정해야 한다. 첫째, 새롭고 이상한 장소와 사건을 다루면서 관객도 주인공과 함께 모험을 즐길 수 있어야 한다. 둘째, 주인공은 누군가에 의해 혹은 무엇인가에 의해 여행을 시작해야 하는 동기를 부여받아야 한다. 셋째, 행운

주제	덕을 베푼 여래		
제목	비구니의 이름을 기린 여래		
메인플롯	모험		
서브플롯	인물	주인공	임여래
		조력	꼬마아이, 소녀, 마을 주민
		반대	–
	배경	시간적 배경	현재, 고려시대(과거)를 넘나듦
		공간적 배경	버스 안, 암자(절터), 학교, 검단동, 여래
	사건	발단(도입)	1. 학교버스를 타고 가던 중 어느 할머니가 서 계시는 것을 봄
			2. 무시하고 그냥 잠든 척하다가 잠이 듦
		전개	3. 버스에서 내려보니 학교는 보이지 않고 시골 모습만 보임
			4. 과거로 이행되었다는 사실을 알게 됨
			5. 메모가 적힌 종이를 발견함(덕망과 은혜를 베풀어야 한다는 내용)
		절정/위기	6. 마을 사람들의 보살핌을 받게 됨
			7. 여래는 여승이 됨
			8. 마을 사람들의 선행으로 여래 또한 그 사람들을 도와줌
			9. 마을 이름을 지으라는 메모 발견
			10. 마을 사람들은 마을 이름을 '여래'라고 정하기로 함
		결말(해결)	11. 여래는 꿈속여행에서 다시 현실로 돌아옴

을 찾아 나서야 하고, 넷째, 사건의 원인과 결과의 연관성은 주인공에게 동기를 부여하는 첫 번째 사건에서 발견할 수 있는 원인-결과의 연관성과 일치해야 한다.

본 스토리텔링은 이러한 점에 유의하여 서브플롯을 설정했으며, 주인공은 '임여래'로 설정하고, 조력자는 꼬마아이, 소녀, 마을 주민으로 정했고, 반대자는 설정하지 않았다. 단지, 주인공이 웃어른에게 양보와 미덕을 보이지 않는 데서 모험이 시작되게끔 했다. 배경은 현재 → 과거 → 현재의 시공간을 넘나들며 생소한 장소에서 여행을 시작하도록 설정했다. 그리고 창작성을 가장 발휘해야 하는 사건 설정에서는 11개의 플롯을 구성하여 스토리텔링의 흐름을 전개했고, 각각의 플롯이 유기적으로 연결될 수 있도록 했다.

3) 이야기 재생산 단계

다음은 플롯 중심의 스토리텔링 단계를 거쳐 마전동 여래마을의 유래를 콘텐츠화한 것이다.

나는 여러 이름을 가지고 있다. 학교에서는 여래로, 집에서는 여리로 불리며, 할머니는 열야라고도 부른다. 나는 평택 임 씨로, 제일가는 절세미인이다. 외동딸로 곱게 자란 나는 마을에서도 제일 잘나가는 미인이다.

"엄마! 학교 다녀오겠습니다."

학교에 가기 위해 늘 타던 시내버스에 올랐다.

'나는 너무 이뻐. 난 참 섹시해. 미모는 나의 무기!'

노랫가락을 흥얼거리면서 버스 맨 앞자리에 앉았다. 맨 앞자리에 앉아 핸드폰으로 내 얼굴을 보고 있는데, 허리가 굽은 할머니가 타시는 게 보였다. 버스 기둥을 겨우 잡고 올라선 할머니는 내 의자 손잡이를 잡고 한숨을 쉬셨다. 할머니가 내 앞에서 휘청거리며 서 계시는 걸 보고 나는 잠시 깊은 생각에 빠졌다.

'학교까지는 아직 멀었고, 어제 다리도 다쳐서 아픈데, 친구들과 수다를 많이 떨어서 피곤하기도 하고……'

이런 생각들을 하면서 나는 잠든 시늉을 하기 시작했다. 눈을 감고 할머니가 멀어지길 기다리다 보니 나도 모르게 잠이 들어버렸다.

단잠을 자고 있던 나는 누군가의 인기척을 느끼고는 눈을 찡그리며 일어났다. "학생! 여기 검단동 앞이야!"라고 말하는 운전기사 아저씨의 말을 듣고는 재빨리 벨을 누르고 버스에서 내렸다. 버스에서 내려보니 내 눈앞에 보이는 것은 온통 밭과 개울 그리고 산, 드문드문 보이는 집뿐이었다.

'이게 어떻게 된 상황이지? 아직 꿈을 꾸고 있는 게 틀림없어!'

볼을 꼬집어본 나는 '아~야, 꿈이 아니잖아. 여기가 대체 어디냐고~'를 외치면서 자리에 그만 주저앉고 말았다. 그 순간 두려움이 엄습해왔다.

'누구 없어요? 거기 누구 없어요?'

나는 이 말을 수백 번 아니, 수천 번 외쳤다. 그러던 중 길가에 떨어진 금빛 종이를 보게 되었다. 거기에는 이렇게 적혀 있었다.

「임여래, 덕망과 은혜를 베풀면 집으로 돌아갈 수 있을 것이오.」

쪽지를 보고 넋이 나가 멍하니 서 있는데, 저기 멀리에서 조그마한 여자아이가 나를 향해 걸어오고 있었다.

"애야~ 여기가 어디니?"

여자아이는 내 말에 머리에 감투를 쓴 것과 같은 산을 가리켰다. 나는 그 꼬마아이가 알려준 산으로 올라갔다. 산에 오르니 마을 사람들이 모여 있었다.

"저기요! 여기가 어디죠?"

사람들은 오히려 나를 이상한 눈으로 쳐다봤다.

"여기에서 인천시 서구 검단동에 가려면 어떻게 가야 하나요?"

내 말에 또 다른 남자가 "서구? 인천? 거기가 어디지? 여기는 여래마을인데?" 나는 그의 말에 '여기가 여래마을이라고? 우리 마을?' 하며 순간 정신을 잃고 말았다.

눈을 떠보니 낯선 방안이었다. 이윽고 한 부인이 들어와 "정신 차리셨나요? 이 옷으로 갈아 입으세요. 옷이 많이 망가졌던데" 하면서 승복을 내밀었다. 나는 얼떨결에 그 옷으로 갈아입고 방문 밖으로 나섰다. "몸은 어때요? 마땅히 묵을 데가 없는 거 같아서 여기에 모셔왔어요. 괜찮죠?"라며 마을 사람들은 내게 먹을 것을 주며 쉬라고 했다. 마을 사람들은 각자 집으로 돌아가고, 나는 암자 주변을 돌며 현재 상황에 대해 곰곰이 생각해봤다.

'도대체 나한테 무슨 일이 벌어지고 있는 거야! 괜찮을 거야! 괜찮을 거야! 이건 꿈일 거야!'

나는 주변을 서성이다가 암자에 새겨진 명패를 보았다. 거기에는 '여ㄹ'라는 글귀가 쓰여 있었다. 방안에 들어온 나는 생각에 잠겼다.

'그 명패에는 뭐라고 적혀 있는 거지? 여래? 여리?'

이런 생각들을 하면서 잠이 들었다. 눈을 뜨면 분명히 우리 집의 내 침대에 누워 있을 거라는 기대를 안고…….

"저기 비구니님, 일어나셨어요?"라며 문 밖에서 소리가 들려왔다. '비구니? 비구니가 뭐지?' 하며 잠시 고민한 뒤, "누구세요? 무슨 일 때문에……?"라고 묻자, "저 가운데 말에 사는 사람인데요."라는 대답이 돌아온다. 문 밖으로 나가보니 어엿한 한 소녀가 있었다. 그 소녀에게 "비구니가 뭐지?"라고 묻자, 그 소녀는 "스님이시잖아요." 이러는 것이 아닌가? '내가 여자 스님이라고?' 이렇게 나는 나 자신조차 모르게 비구니가 되어 있었다.

바야흐로 1001년이 지난 지금, 나는 이 마을 사람들에게 너무나 많은 사랑과 관심을 받으면서 생활하고 있다는 것을 깨달았다. 나는 마을 사람들에게 내가 할 수 있는 건 모두 다 헌신해서 도와주려 했다. 나이 드신 분들의 말동무도 해드리고, 짐도 들어 드리고……. 이러한 사소한 일까지도 말이다. 하늘이 감동한 것일까? 정자에 누어 상쾌한 바람을 맞으며 누워 있는데, 그 옆에 예전에 보았던 금빛 종이가 떨어져 있는 게 아닌가? 처음 내가 여기 왔을 때 보았던 그 쪽지. 나는 그 쪽지의 내용을 까맣게 잊은 채 지내왔던 것이다. 나는 재빨리 쪽지를 열어보았다. 쪽지에는 이렇게 적혀 있었다.

「임여래! 당신이 베푼 선행으로 인해 마을 사람들은 행복하게 지낼 수 있었소. 그러기에 마지막으로 당신이 해야 할 일이 있소. 이곳 마을의 이름은 아직 없소이다. 이 마을의 이름을 지어주시게.」

나는 쪽지의 내용을 보며, '마을 이름? 무엇으로 해야 하지? 마을 사람들과 의논해봐야겠어.' 나는 마을 사람들을 한데 모아 의논하기 시작했다. "여러분! 이 마을에는 마을 이름이 아직 없어요! 마을 이름을 뭘로 하면 좋을까요?"라고 묻자, 사람들은 웅성거리며 "비구니께서 지어주쇼! 우린 이름 짓는 것을 잘 모르니!"라고 답했다. "나 또한 고민한 일이에요. 해결책이 안 나와서 이렇게 묻는 게 아닙니까?"라고 하자, 뒤쪽에 앉아 있던 한 남성이 "스님 이름으로 정하는 것이 어떻소? 당신은 이 마을에 살면서 적선을 많이 한 사람이잖소." 모두들 남성의 말을 듣고 이구동성으로 찬성했다. 나는 여래, 여리, 열야로 불리는데 어떤 이름으로 해야 할지 망설여졌다. "여러분! 저는 여래, 여리, 열야로 불립니다. 어떤 이름으로 하는 것이 좋을까요?" 여기저기서 "그럼 투표합시다!"라는 말들이 이어졌다. 투표 결과는 '여리'의 승으로 끝났다. 그러나 이 마을을 지나가던 풍수지리에 능숙한 지관이 '여리'에서 '여래'로 고치면 마을이 흥하여 잘살게 될 것이라는 말을 했다. 그리하여 이 마을의 이름은 '여래'가 되었다. 나는 내 이름을 본떠 만든 마을에 애착을 가지며, 더더욱 선행에 앞장서야겠다는 마음가짐을 안고 잠자리에 들었다.

"저기 학생, 일어나봐! 종점이야! 종점!"

나는 한쪽 눈만 뜬 채, 앞에 있는 사람을 응시했다. "앗! 여긴 어디지? 여기 어디예요?"라고 묻자, 기사아저씨는 "종점이야! 종점!"이라고 대답했다. 나는 생각했다. '이게 현실이란 말인가? 너무나 생생한걸!' 나는 그 마을에서 아직도 헤어 나올 수 없었다. 주섬주섬 가방을 챙겨들고 집에 들어왔다. 나는 지리학을 공부하는 대학생이다. 내가 너무 수업에 열중하고 있었던 것일까? 오늘 강의에서 교수님은 인천 검단에 대한 이야기들을 해주셨다. 나는 그중 마전동 여래마을을 잊을 수가 없다. 마을 명칭이자 내 이름인 여래, 여리, 열야는 모두 대(大), 주(主)의 뜻을 지닌다. 그러므로 모두 '큰 마을'이라는 뜻이다. 마전동 여래마을은 예전부터 검단 일대에 있던 법정리로, 으뜸이 되는 마을이었기 때문이라고 설명해주셨다.

나는 이 마을과 똑같은 이름의 주인공으로 그 비구니처럼 선행을 베풀어야겠다는 생각을 하며 뿌듯해했다. 내 이름은 다양하게 불리지만, 그래도 나는 여래라고 불리는 것이 제일 좋다. 내 이름이 자랑스럽게 느껴진 하루였던 것 같다.

위의 스토리텔링 내용의 주된 특성은 1인칭 화자가 바로 여래마을 지명 유래를 모두 갖춘 여학생으로 등장한다는 점이다. 자신이 1인칭 화자가 되어 시간여행을 하게 되고, 그 와중에 검단의 지명 유래를 직접 경험한다. 이는 곧 해당 지역의 학습자들에게 지역문화의 정체성을 함양할 수 있는 '모멘트'를 만들어줄 것이다. 주인공의 하루 이야기를 풀어쓰면서 독자에게 흥미를 불러일으키는 이 텍스트는 플롯을 중심으로 구성되었으며, 이 내용 안에는 앞선 선행조사들(스토리텔링 1, 2단계)의 결과물들이 투영되어 있다.

지금까지 살펴본 두 스토리텔링 사례는 인천광역시 서구 검단지역이라는 같은 지역을 대상으로 하고 있다. 그러나 스토리텔링이 어느 곳에 주안점을 두고 진행되었느냐에 따라 다른 형태로 나타나고 있다. 앞서 살펴본 스토리텔링은 현장연구를 진행한 후에 이야기의 주제를 결정했으며, 이야기는 창의성과 사실성의 두 가지 기준을 바탕으로 하였다. 후에 살펴본 스토리텔링은 대상 선정 후 이야기의 주제를 결정하고 이를 위한 현장연구를 진행하는 것으로 토비아스의 스무 가지 플롯을 바탕으로 이야기가 진행되었다. 이 글에서는 두 가지 사례만 제시했지만, 여러분이 구성하는 스토리텔링은 또 다른 단계를 거쳐 다른 방향으로 구성될 것이다.

스토리텔링은 셀 수 없을 만큼 다양한 과정과 형태로 존재한다. 다만, 여러분이 에스노그라피의 틀 안에서 스토리텔링을 할 때에는 다음의 3가지를 명심해야 한다.

첫째, 에스노그라피 스토리텔링은 반드시 현장성을 가져야 한다. 이야기의 선결정, 후결정보다 중요한 것은 반드시 실제 공간과 시간을 반영해야 한다는 점이다. 현장성은 연구자가 현장연구를 수행함으로써 획득할 수 있으며, 현장연구를 통해 연구자가 현장이 지닌 가치를 이해했을 때 연구자의 글에서 현장은 그 모습을 드러낼 것이다. 에스노그라피 스토리텔링은 현장을 콘텐츠로 옮겨와 독자의 가슴에 날카로운 첫 키스의 추억같이 살아 숨 쉬게 하는 것이다.

둘째, 에스노그라피 스토리텔링은 다양성을 기반으로 구성되어야 한다. 스토리텔링은 연구 대상지의 특성과 예상 독자 및 제작 플랫폼, 기획자의 경험 등에 따라 다양하게 구성된다. 다양한 내용이 하나의 스토리를 구성하는 만큼 스토리텔링은 다층적이고 다양한 가치를 담고 있다. 그 스토리는 수용자가 다양하게 선택하여 즐길 수 있는 거리를 제공해야 한다.

셋째, 에스노그라피 스토리텔링은 서사성을 지녀야 한다. 서사성은 이야기의 본질로서 이야기를 이야기답게 만든다. 특히, 서사성은 이야기를 흥미롭게 만들고 수용자에게 또 다른 이야기를 재구성하고자 하는 욕망과 힘을 제공한다. 이와 같은 점들을 기반으로 에스노그라피 스토리텔링을 진행한다면, 여러분은 질적 연구자로서 첫발을 내디딜 수 있을 것이다.

7장

인터뷰

1. 인터뷰란

1) 목적

(1) 인위적이고 유목적적인 대화

"당신은 어떤 색깔을 선호하나요?"
"당신이 지지하는 후보자는 어떤 사람인가요?"

선호도 조사, 기자의 취재, 다큐멘터리, 취업 면접, 계약 체결, 교사의 상담, 의사의 진료 등 그야말로 우리는 '인터뷰 사회(interview society)'에 살아가고 있다고 해도 과언이 아닐 정도로 삶의 많은 부분에 인터뷰가 존재하고 있다 (Gubrium & Holstein, 2002). 이렇듯 일반적인 의미에서 인터뷰란 어떠한 정보를 주고받는 언어적 소통과정으로 간주된다. 이러한 인터뷰는 질적 연구방법의 전통에서도 가장 보편적으로 널리 활용되어왔다. 질적 연구에서의 인터뷰는 일상의 대화나 의견 교환과는 달리, 특정 의미를 도출해내는 연구의 도구이며 중요한 자료수집 방법의 기술이라고 할 수 있다. 즉, 연구자의 관심 주제와 관련한 정보와 지식을 생산하는 것을 목적으로 이루어지는 의도적인 대화라고 할 수 있다. 이는 일정 형식과 구조를 가지고 있는 유목적적인 의사소통 과정으로 규정할 수 있다. 의사소통을 가이드해주는 초점은 연구 주제에 맞추어진 'guided conversation'이라고 할 수 있다(Bogdan & Biklen, 2007; Merriam, 1998). 따라서 질적 인터뷰는 일상에서 벗어나 특정 주제와 관련하여 연구 주제에 대한 정보를 생산한다는 목적을 수행하기 위해 연구자가 만든 인위적인 성격의 대화라는 점에서 일상적 대화와는 구분된다.

(2) 내적 상태를 이해하는 특별한 대화

질적 인터뷰가 자료수집과정에서 얼마만큼의 비중을 차지하든 간에 중요한 사실은 '다른 사람의 생각과 마음'을 밝혀낼 수 있다는 점에서 참여자의 내적 상태를 이해해내는 탁월한 접근방식이라는 것이다(Patton, 1990). 인터뷰는 연구자가 시간적 · 공간적 제약으로 인해 직접 관찰하기 어려운 정보까지 수집할 수 있다. 과거에 경험했던 내용이나 그로 인해 느꼈던 감정과 생각은 연구자가 직접 눈으로 확인할 수 없는 정보이기 때문이다. 이처럼 질적 연구에서 사용되는 인터뷰는 참여자의 경험과 생각을 이해하고, 그 의미 구조를 밝혀내기 위해 사용하는 특별한 대화를 의미한다(Mishler, 1986; Spradley, 1979).

2) 질적 인터뷰의 활용방식

질적 연구에서 인터뷰의 활용은 연구에 따라 다양한 방식으로 이루어진다(Spradley, 1979). 첫째, 인터뷰가 단독으로 활용되는 경우에는 인터뷰를 일차적인 자료수집방법으로 선택하거나 유일한 자료 출처로 활용한다. 둘째, 관찰과 연계하여 인터뷰를 진행할 경우에는 주로 연구자가 관찰한 초점에서 참여자의 생각을 보다 더 심층적으로 이해하기 위한 방법으로 적용된다. 셋째,

인터뷰는 아직 관찰되지 않은 사건이나 정보, 경험으로 이어질 수 있는 관점을 제공하는 데 도움이 된다.

질적 인터뷰의 목적과 관련하여 Lincoln과 Guba(1985)는 경험의 구성, 재구성, 경험의 예상, 자료의 확인, 구성원 확인이라는 5가지 확인사항을 제시했다. 첫째, 연구 참여자의 특정한 사건, 인물, 활동, 현상, 느낌에 등에 대한 경험의 구성(construct)을 확인할 수 있다. 둘째, 연구자와 참여자 간의 인터뷰 진행과정은 참여자의 사건과 경험을 재구성하는 과정으로서 의미를 갖는다. 인터뷰의 진행과정에서 참여자가 진술하는 내용은 연구자가 제공하는 질문의 형식과 내용을 인식하고, 그에 적절한 형태로 자신의 경험을 재구성하게 된다는 것이다. 셋째, 미리 예상되는 경험을 설명하는 예측의 역할을 한다. 넷째, 다른 자료수집방법으로 얻은 사실이나 획득한 정보를 확인하거나 관점을 확대하는 역할을 한다. 다섯째, 수집된 정보와 이에 대한 사실을 구성원에게 확인해볼 수 있는 역할을 한다.

3) 특징

질적 인터뷰는 객관적 실재라기보다는 참여자의 개인적 특성, 문화적 배경, 선입견 등 참여자의 주관에 의해 만들어진 자료이다. 이러한 자료는 어떻게 의미를 해석하는지, 왜 그렇게 생각하는지 등을 확인할 수 있는 근거가 된다. 연구 주제, 목적과 관련하여 이에 충족할 수 있는 경험을 구성하는 것이기에 이러한 질적 인터뷰는 자료의 형태, 인터뷰의 초점, 연구자와 참여자의 관계에 있어서 주요 특징을 포함하고 있다.

4) 질적 인터뷰의 자료 형태

질적 인터뷰의 자료는 형태적인 측면에서 유동적이고 개방적인 특징을 갖는다. 즉, 질적 인터뷰의 자료는 참여자의 진술내용, 즉 구술자료뿐 아니라 참여자의 표정, 몸짓, 태도 등 비언어적인 자료까지 모두 포함된다. 인터뷰는 연구 참여자의 관점에서 해석된 주관적 경험과 사건에 대한 정보를 제공한다. 인터뷰 과정 중에 참여자가 진술하는 내용은 하나의 사건을 결코 가치중립적으로 해석하지 않으며, 자신이 갖고 있는 가치관이나 문화, 신념을 바탕으로 사건을 해석하고 이해하여 의미를 재현해내는 것이다.

(1) 질적 인터뷰는 연구 참여자의 실제 경험에 초점을 둠

인터뷰 자료는 일반적인 생각과 신념보다는 참여자의 실제 경험으로부터 전개되는 주관적 서술이기 때문에 연구자는 참여자의 주요 관점을 이해할 수 있어야 한다. 즉, 개인의 주관적 시각으로부터 해석을 들을 수 있다는 점에서 인터뷰는 연구 상황에 따라 다른 초점을 발견할 수 있다. 참여자의 경험에 대한 생각이 어떻게 재현되고 있는가에 따라, 혹은 어떤 대화가 진행되었는가에 따라 동일한 참여자라고 하더라도 다른 이야기가 도출될 수 있다는 것이다. 물론, 연구 참여자의 실제 경험이나 삶 자체가 왜곡되거나 달라진다는 것을 의미하는 것이 아니라, 인터뷰의 초점과 시각의 변화에 따라 다른 강조점이 발견될 수 있다는 것이다. 이처럼 인터뷰 자료의 주관적 성격은 연구의 초점이 연구 참여자의 실제 경험을 바탕으로 하고 있다는 점에 가치를 두고 있다.

(2) 질적 인터뷰를 진행하는 연구자와 참여자와의 관계

일반적으로 자신의 마음속에 있는 생각을 타인과 공유한다는 것은 어색하고 어려운 일이다. 그러므로 질적 연구자는 연구 참여자가 자신의 이야기를 자연스럽게 표현해나갈 수 있도록 돕기 위한 일정한 면담 기술을 가지고 한계와 어려움을 극복해야 한다. 특히, 연구자와 연구 참여자 간의 언어적인 소통을 전제로 한다는 점에서 공감대를 형성하고 친밀한 관계(라포르)를 유지시키는 노력이 필요하다. 연구자는 연구 참여자의 개인적 자질이나 능력, 주제에 대한 관심과 익숙한 정도, 문해 수준이나 이해능력 등을 파악해야 하며, 연구 참여자가 제보하는 내용을 일방적으로 수용하기보다는 참여자의 경험구성을 돕고 함께 의미를 만들어내는 역할을 해야 한다.

5) 유형

(1) 구조화의 정도에 따른 인터뷰의 유형

연구자는 연구의 의도가 무엇인지를 판단하고 그에 따라 적절한 인터뷰 유형을 결정하는 것이 필요하다. 인터뷰 형태는 주로 구조화의 정도와 인터뷰 질문의 계획에 따라 구분되는데, 이는 반비례의 성격을 갖고 있다. 보다 많이 구조화될수록 계획적인 인터뷰가 진행된다고 볼 수도 있지만, 반대로 구조화된 틀 안에서 연구 참여자의 풍부한 생각과 의견을 충분히 이끌어낼 수 없다는 점에서 개방성의 제약이 따른다. 이처럼 질적 인터뷰의 유형은 연구자의 계획과 인터뷰의 구조화 정도에 따라 구조화 인터뷰(structured interview), 반구조화 인터뷰(semi-structured interview), 그리고 비구조화 인터뷰(unstructured interview)로 구분된다.

인터뷰의 유형은 연구 의도가 같더라도 연구수행과정과 단계에 따라 다르게 적용될 수도 있다. 연구가 진행되는 초기 단계에서는 주제와 관련하여 연구 참여자의 다양한 경험과 의견을 도출해야 하기 때문에 개방적이고 자연스러운 분위기에서 내용의 범위를 제한하지 않는 형태가 선호될 수 있다. 연구가 어느 정도 진행되면 중심 현상과 초점에 따라 보다 심층적으로 자료를 수집하고 인터뷰를 수행하기 위해 구조화의 정도를 바꾸어갈 수 있다(Bogdan & Biklen, 2007). 따라서 연구 수행과정에서 인터뷰 유형은 연구 환경과 분위기, 연구 참여자와의 관계를 고려하고 인터뷰 수행의 효율성을 감안하여 구조화의 정도를 선택하거나 적절하게 혼용하여 사용하는 것이 적절하다.

① 구조화 인터뷰(structured interview)
연구자가 사전에 질문지를 구성하고 인터뷰 가이드 또는 프로토콜을 구체적으로 조직하여 진행하는 인터뷰 형태이다. 이는 연구자 이외에 연구 주제에 대한 지식과 경험이 없는 다른 보조연구자도 인터뷰를 실행할 수 있다는 점에서 인터뷰할 참여자가 많은 경우의 정보를 수집하는 데 유용하게 활용될 수 있는 인터뷰 유형이다(신경림·조명옥·양진향, 2004). 연구자가 모든 참여자에게 동일한 언어와 동일한 순서로 질문하며, 양적 조사방법처럼 강요된 선택 '예 또는 아니오', 리커트 척도에 국한하지 않는다는 점에서 질적이지만, 모든 연구 참여자에게 동일한 질문을 취한다는 점에서 표준화되어 있는 인터뷰 형태이므로 '표준화된 면담'이라고도 한다. 이는 질적 연구에서 사용되는 개방형 질문 방식과 유사해보이지만, 연구 참여자에 의해 응답이 기록되기보다는 연구자에 의해 기록되고 전사되며, 후속 질문은 일반적으로 사용되지 않는다는 특징을 갖는다. 따라서 구조화 인터뷰는 사전에 준비된 질문에 대한 내용만 얻을 수 있으며, 연구자가 예상하지 못했던 연구 참여자의 독

특한 의미내용과 독창적인 해석을 발견하여 포함하기에는 한계가 있다(Kvale, 1996; Merriam, 1998). 그러므로 구조화 인터뷰는 다수의 연구 참여자들이 가지고 있는 경험의 대략적인 경향성을 파악하는 분석에서 사용할 수 있는 인터뷰 유형이라 할 수 있다.

② 반구조화 인터뷰(semi-structured interview)

구조화 인터뷰와 비구조화 인터뷰의 중간 형태로, 인터뷰 질문지를 사전에 준비하기는 하지만, 참여자의 반응에 따라 질문을 추가하거나 확인하는 등 어느 정도의 가변성을 가지고 진행하는 인터뷰 형태이다. 그러나 반구조화 인터뷰에서도 연구 주제에 대한 의도나 연구자의 편향(researcher's bias)이 인터뷰 내용을 제약할 가능성을 내포하고 있다는 점을 감안해야 한다. 그러므로 반구조화 인터뷰는 연구자가 연구 주제와 관련하여 확인해야 할 초점과 필수사항에 대해 빠뜨리지 않도록 인터뷰 가이드를 적절하게 확인할 수 있으며, 연구 참여자의 답변 형식이 비교적 제한을 덜 받기 때문에 참여자 스스로 자신의 경험과 생각을 보다 심층적이고 폭넓게 제공할 수 있다는 점에서 오늘날 질적 연구에서 보편적으로 많이 사용되고 있는 인터뷰 유형이다.

③ 비구조화 인터뷰(unstructured interview)

주로 참여관찰을 동반하며, 연구자가 관찰한 것에 대해 참여자들이 실행한 것 또는 그들의 의견을 반영할 기회를 제공하는 인터뷰 형태이다. 비구조화 인터뷰의 전략은 관찰연구에서 사용되는 경우가 대부분이며, 어떠한 질적 연구 패러다임 내에서나 적합하게 적용될 수 있다. 이는 실제 행위의 부차적인 것이거나 목적 없이 무작위적으로 수행하는 것을 의미하는 것이 아니라 관찰 상황을 반영하는 직접적인 맥락에 관한 면담이라는 것이다. 관찰 상황에서 참여자에게 묻고 싶은 질문을 상기하거나 확인된 것에 대해 삼각검

증을 위한 자료 생성으로도 이용할 수 있다. 비구조화 인터뷰는 참여자가 이야기하는 형식과 내용에 대해 제약을 거의 두지 않기 때문에 참여자의 자연스럽고 일상적인 이야기들은 실질적인 의미나 풍부한 경험을 제공해줄 수 있다(신경림 외, 2004). 무엇보다 비구조화 인터뷰는 인터뷰 과정에서 발생할 수 있는 예상치 못한 상황에 대한 유연한 대처와 해박한 지식, 풍부한 경험 등 연구자의 숙련된 인터뷰 기술을 요구한다. 참여자의 답변을 수용하고 이에 적절한 다음 질문을 생각해낼 수 있어야 한다. 또한 이처럼 비구조화 인터뷰는 연구자와 참여자가 관찰의 맥락에서 발생하는 것에 대해 공동으로 이해하고 구성해나가야 한다는 점에서 개방적(open-ended)이고 심층적인(in-depth) 방식을 취하며, 문화기술지적인 인터뷰(ethnographic interview)로서 창의적인 인터뷰 전략으로 활용된다.

〈표 7-1〉 반구조화 면담지의 예

인터뷰 가이드
연구 주제: 예술 강사의 전문성

1. 현재 예술 강사로서 자신의 수업과 관련하여 기본적인 사항들에 대해 말씀해주십시오.
   – 수업교과 및 시수
   – 수업대상 및 특성
   – 수업환경(학교)의 지원

2. 예술교육의 교수(teaching)와 관련하여 자신의 실행 사례에 대해 말씀해주십시오.
   – 교수내용
   – 교수방법
   – 교수 관련 개선 노력

3. 예술 강사로서의 전문성에 대한 자신의 생각은 어떠한지 말씀해주십시오.
   – 전문지식과 역량
   – 전문가로서의 태도와 자질
   – 전문성 개발을 위한 노력

(2) 포커스 그룹 인터뷰(focus group interview)

① 포커스 그룹 인터뷰란

한 개인을 인터뷰하는 것이 아니라, 목적을 갖고 모인 집단에게 일정한 토의 주제를 제공하고 집단 인터뷰 속에서의 상호작용을 관찰·기록한 내용을 분석하는 것이다. '핵심집단면담' 또는 '표적집단면담'이라고도 부른다. 핵심집단면담은 사회과학보다는 소비자학이나 마케팅 분야에서 주로 사용한 연구방식이다(Morgan, 1986). 마케팅에서는 새로운 상품이 얼마나 잘 팔릴 것인가에 대한 예측을 위한 목적으로 사용해왔다. 집단 심리치료처럼 표적집단 구성원들의 잠재의식 속에 있는 동기를 발견한다는 점에서 마케팅에서는 초점집단을 정신역학적(psychodynamic) 관점으로 보기도 한다(Morgan, 1986). 사회연구에서 그룹 인터뷰의 이용은 다른 차원의 관점이나 태도를 얻을 수 있는 기회를 제공한다. 사람들의 이해와 신념에 대한 사회적·문화적 맥락을 발견할 수 있기 때문에 다른 질적·양적 방식과 연계해서 사용할 수 있는 유용한 질적 연구 방식이다.

② FGI의 특징

연구자는 토론을 진행하는 중재자(moderator)의 역할을 한다. 그룹 인터뷰는 익숙하지 않은 연구 주제의 초기 단계에 사용될 수 있다는 점에서 탐색적이고, 질문의 프로토콜을 구성하기 위해 사전조사를 취하며, 방법론적인 타당성을 더하기 위해 추가 자료로서 트라이앵글레이션을 확보할 수 있고, 특정 현상과 경험에 대한 세부적인 통찰력을 제공하는 현상학적 주제에 적합한 연구방식이다(Frey & Fontana, 1993). 집단 인터뷰는 참여관찰이나 인터뷰와 비교할 때 중간적인 성격을 띤다. 집단 인터뷰이기 때문에 개별 인터뷰와 같은 성격도 있지만, 초점집단 구성원들 간의 언어행위와 상호작용을 모두 관찰할 수 있다는 점에서 참여관찰적인 측면도 있다. 따라서 초점집단은 연구자가 인위적으로 특정 구성원들을 선택해서 만든 조작적인 환경에서 특정 조직의 행위를 살피는 관찰의 특징과 주관적 인식과 태도를 이해하는 인터뷰의 성격을 모두 포함하고 있다.

(3) 원격 인터뷰

① 원격 인터뷰란

참여자와의 면대면 방식뿐 아니라 전화, 인터넷을 활용한 인터뷰 방식을 의미한다. 이러한 원격 인터뷰 방식은 첫째, 참여자와의 물리적 거리 때문에 발생하는 제약을 극복할 수 있다. 둘째, 면대면 인터뷰가 불가능한 경우, 참

〈화상통화를 통한 인터뷰〉

여자의 편의를 고려하여 면대면 인터뷰를 대체할 수 있다는 것이다. 셋째, 국제적 성격의 연구 프로젝트나 온라인을 이용했을 때 보다 수월한 연구의 성격일 경우, 연구 주제의 특성상 원격 인터뷰를 이용할 수 있다.

② 원격 인터뷰의 특징

인터뷰 참여자와의 면대면 인터뷰를 대체할 수 있는 방식으로, 여러 가지 접근의 어려움을 해소할 수 있다. 지리적으로 멀리 떨어져 있는 참여자를 모집하거나 인터뷰를 시도해야 할 때, 현지 인터뷰 참여자를 확보하기가 용이해질 수 있다는 점이다. 지리적으로 멀리 떨어져 있는 참여자와의 인터뷰를 수행하는 데 드는 시간적 소요와 경비 등 자원 투자를 줄일 수 있고, 특히 국제적인 차원의 연구를 수행할 때 이 방법은 매우 적절하다. 참여자와의 물리적 거리뿐 아니라 참여자의 면대면 인터뷰가 불가능할 때, 참여자의 편의에 맞추어 전화 인터뷰나 이메일을 이용하여 자료를 확보할 수 있다는 장점이 있다.

2. 인터뷰 진행방식

1) 연구 참여자

연구 참여자의 선정

적절한 인터뷰 참여자의 선정은 연구 주제와 목적에 충족되는 좋은 인터뷰를 기대할 수 있게 된다. 주지하는 바와 같이 질적 연구는 어떤 특정 상황을 예측하거나 일반화된 원리에 주안점을 두지 않는다. 따라서 연구 참여자를 선정하는 데 있어 특정 집단의 의미 있는 경험의 다양성, 연구 참여자에 대한 접근성, 연구수행과정에서 초점과 연계된 추출방식 등을 고려해야 한다.

① 다양성의 기준

질적 연구에 있어 연구 참여자를 선정하는 데 가장 일반적으로 고려되는 기준은 다양성이다. 즉, 경험에 있어서 의미 있는 다양성을 나타낼 것으로 기대되는 참여자들을 표적화한 목적적인 전략이 필요하다. 이는 참여자를 선택하기 위한 차원과 범주의 선택에 달려 있다. 대부분은 문헌 고찰, 개인적 지식, 주제와 연관된 사람으로부터의 입증되지 않은 정보와 연구자 지식의 혼합에 의해 선택된다. 그런데 이러한 선택과 표본추출에 관해 명심해야 할 것이 있다. 연구 참여자들을 선정하는 주안점, 즉 연구하고자 하는 연구 참여자들의 공통된 특성을 한두 가지의 중요한 측면에 의해 정의하고, 그런 다음 다른 측면의 다양성을 찾는 것이 적절하다는 점이다. 생생한 경험의 한 가지 중대한 측면을 통제하고, 이론적 문헌에서 중요하게 보이는 다른 부분에서 다양한 표본을 선택하는 것을 제안했다(Gerson & Horowitz, 2002).

② 접근성의 확보

일부 연구에서 연구자는 기관 내의 접근성 확보를 필요로 하게 된다. 연구자가 관심을 갖고 있는 주제가 연구 참여자의 고통스러운 모욕, 아픔의 경험이거나 이야기하기 부끄러운 감성적인 내용일 경우, 이야기하기 꺼려하는 어려움에 직면하게 되기 때문이다. 연구자는 연구 참여자를 선정하는 데 있어 연구 주제와 관련된 경험을 이끌어낼 수 있는 측면에서 참여자들의 접근성을 확보할 수 있도록 도움을 필요로 할 수 있다. 환자와의 인터뷰를 위해 담당 주치의나 병원장, 학생과의 인터뷰를 위해 담당교사나 교장, 노인들과의 인터뷰를 위해 복지사나 복지센터장이 연구자에게 중요한 정보를 제공해주고, 연구의 접근성 확보를 도와줄 수 있다. 기관 내의 접근성 확보뿐 아니라 연구 참여자의 모집을 적극적으로 도와줄 내부자가 필요하기도 하다. 기관 내 구성원들 중 연구에 적절한 참여자들을 확인시켜주고, 연구와 관련된 정보를 전달해주는 역할을 해줄 수 있다. 그러나 내부자들이 특정 견해나 편견에 의해 연구 참여자를 선정하여 의도하지 않은 왜곡이 발생하거나 연구 참여를 거부하는 사람들에게 참여 압박을 가하는 경험윤리적 위험이 따를 수도 있다. 따라서 내부자의 도움을 필요로 할 때, 연구자는 연구에 대해 철저하게 파악할 수 있는 내부자와의 소통을 고려하고, 참여자들에게 명확한 정보를 제공할 수 있도록 주의해야 한다.

③ 연계된 추출

질적 연구에서 연구 참여자 모집은 연구수행의 여러 단계에서 이루어진다. 초기에 연구 참여자와의 인터뷰가 자료의 기초가 되어 이를 근거로 특정한 쟁점을 발견하게 되며, 그런 다음에 연구 참여자를 선정해나가는 방식의 전략이다. 이러한 전략은 이론적 표본추출(theoretical sampling)의 형태로 과정지향적인 근거이론 방법론에서도 많이 활용되고 있다.

눈덩이 표본의 경우, 연구자가 연구 주제에 적절한 참여자를 추천받기 위해 초기의 인터뷰 참여자를 활용하는 유형의 전략이다. 참여자를 모집하는 데 편리한 방법으로 사용되고 있으나, 이 전략은 불가피하게 편견이 있는 표본을 축적하게 된다는 점에서 한계가 있다. 연구 참여자를 섭외하기 매우 힘든 특수 집단일 경우, 연구 참여자의 네트워크를 활용할 수 있다는 점에서 이 전략은 매우 유용하게 활용된다.

2) 인터뷰 질문

(1) 인터뷰 질문의 구성

효과적인 인터뷰는 연구 주제와 관련된 질문의 유형이나 범위와도 밀접한 관련을 가지며, 유도와 추정의 질문을 피하고 질문이 변화될 수 있는 여지를 감안하여 인터뷰 질문을 구성해야 한다.

① 질문의 유형

질적 인터뷰의 질문은 어떤 행동의 인과관계나 광범위한 범주의 일반화 문제에 초점을 두어서는 안 된다. 질문의 초점은 특정 참여자 집단의 경험

(experience)과 의미(meaning)를 발견하는 것이어야 한다. 인과관계나 일반화된 이해에 관한 질문은 질적 연구로부터 '대답'을 도출할 수 없는 유형의 질문이다. 질적 연구의 관점은 연구 참여자의 인식을 통해 어떤 인과적 관계에 대한 지각과 생각은 어떠한지에 초점을 둘 수 있는 것이다.

② 질문의 범위

질적 연구는 어떤 특정 상황 속에서의 경험에 대한 이해를 위한 것이기 때문에 너무 광범위하면 참여자가 대답하기 어려워지는 결과를 초래한다. 반대로 연구 질문이 너무 협소하면 흥미가 떨어지거나 연구문제에 유용하지 않은 결과를 도출할 수 있다. 따라서 연구 질문의 범위를 실현 가능하도록 결정할 때, 연구자는 기본적으로 질적 연구가 일반성보다는 특수성에 관심이 있다는 것을 감안해야 한다. 연구 질문의 범위에 대한 확신이 들지 않을 때, 지나치게 욕심을 내기보다는 연구 질문의 범위를 어느 정도 좁히는 것이 더 안전하다는 점을 인식할 필요가 있다.

③ 유도와 추정 질문은 NO!

질적 인터뷰에서 연구자가 참여자와 함께 주제 현상을 탐색하고 적절한 방향성을 안내하는 데 '유도' 기법이 활용될 수 있다. 그러나 연구자가 가지고 있는 선입견과 현상을 바라보는 선이해 때문에 지나친 유도질문이나 추정에 의한 전제질문은 순수한 참여자의 답변을 이끌어내는 데 부적절하다. 이는 참여자의 경험과 그에 따른 의미를 있는 그대로 이끌어내는 데 방해가 되며, 문제의 본질을 왜곡시킬 수 있는 위험성을 갖기 때문이다. 따라서 연구자는 되도록 유도와 추정이 내재된 질문을 피하는 형태의 질문에 주목해야 한다. 어떤 특정 현상에 대해 연구자는 참여자에게 "그 교육상황의 경험이 좋은 결과를 초래했다고 보는데, 이를 어떻게 생각하는가?"라는 논리보다는 "그 교육 상황에서 당신은 어떠한 경험들을 했는가? 어떻게 느끼는가?" 의 형태가 적절하다는 것이다.

④ 질문의 변화

질적 연구는 항상 탐구적인 특징을 갖고 있기에 연구진행 과정에서 연구의 질문이 변화하는 것을 충분히 수용한다. 이는 연구 주제와 관련한 이론적인 쟁점들과 현실적인 문제들을 모두 고려해볼 때, 질문의 변화가 연구의 일관적인 맥락과 흐름을 훼손시키는지, 질문의 변화가 지나치게 확대되어 있는 것은 아닌지, 그리고 그러한 변화가 현상의 이해를 보다 적절하게 반영할 수 있는지 등을 놓고 검토되어야 한다.

(2) 인터뷰 질문의 전략

① 광범위한 질문에서 구체적인 질문으로

인터뷰의 진행은 광범위한 질문에서 구체적인 질문으로 이어지는 것이 적절하다. 인터뷰 초기에는 개방적인 질문(open question)을 하는 비지시적 인터뷰(indirective interview)를 전개하고, 인터뷰가 진행되면서 점차 특정한 질문(specific question)을 하는 지시적 인터뷰(directive interview)를 진행하는 것이 연구문제의 초점에 심층적으로 접근할 수 있는 전략이다.

② 논의를 이끄는 개방형 질문

"예" 또는 "아니오"를 이끄는 단답형 질문이 아니라 연구 참여자가 스스로 이야기를 이끌어갈 수 있는 논의 중심의 질문을 제시해야 한다. 이중질문(multiple question)이나 유도질문(leading question)은 피해야 한다. 두 가지 이상의 내용을 동시에 묻는 복잡한 형태의 이중질문 또는 어떤 현상을 연구자의 의도대로 유도해나가는 질문은 연구 참여자의 생각을 복잡하게 만들거나 판단과 기억을 혼란하게 하여 경험의 본질로부터 왜곡된 답변을 제시할 수 있기 때문이다. 질적 연구방법에서는 일반적으로 개방형(open-ended) 질문을 바람직한 형태로 간주한다. 이는 참여자의 응답내용이나 방향이 사전에 연구자에 의해 결정되거나 제한되지 않는다. 참여자 스스로 질문내용에 대해 자신의 주관적인 해석과 의견을 피력할 수 있도록 하는 질문을 제시해야 한다.

③ 추후 질문

인터뷰 자료의 유용성과 신뢰도를 높이기 위해서는 반드시 추후 질문을 해야 한다. 1회에 그치는 단기적인 인터뷰보다는 최소한 2~3회 정도 하는 것이 바람직하다. 1차 인터뷰에 비해 2차 또는 3차 인터뷰에서는 연구 주제에 보다 더 초점을 둔 구체적인 인터뷰를 전개하며, 최종 인터뷰에서는 연구자가 추가적으로 궁금한 사항 등을 중심으로 진행하도록 한다.

3) 인터뷰의 진행 전략

(1) 인터뷰 고려사항

① 인터뷰의 환경

인터뷰가 진행되는 물리적 공간은 인터뷰 수행과정에 큰 영향을 미친다. 대부분 연구자들이 참여자에게 인터뷰 장소를 묻는 것이 일반적인데, 이는 좋은 관행이다. 참여자들은 대부분 자신의 직장이나 집 등 생활중심 영역을 편하게 생각하고, 그러한 장소를 선호하는 경향을 보인다. 이는 참여자에게 편안함과 조용함, 사생활을 보호할 수 있다는 측면에서 인터뷰의 적절한 공간으로 활용된다. 이와 같이 인터뷰 환경의 조건은 첫째, 연구자와 인터뷰 참여자가 최대한 편안함을 느낄 수 있는 장소여야 한다는 것이다. 이는 물리적 편안함뿐 아니라 심리적 편안함을 모두 포함한다. 둘째, 인터뷰 환경은 조용한 장소여야 한다. 이는 심리적인 이완을 유도할 수 있을 뿐 아니라 녹취 과정에서 잡음 문제를 감안해서이다. 셋째, 인터뷰 환경은 연구 참여자의 사생활을 보호하는 곳이어야 한다. 연구에 참여하는 사실이 노출되는 것을 꺼려할 수도 있고, 인터뷰 과정에서 자신의 사생활이 방해받는 상황을 원하지 않을 수 있기 때문이다.

② 신뢰 관계

인터뷰는 직접적이고 대면적인 접촉을 통해 필요한 정보를 얻는 것이기에 연구자와 참여자와의 관계는 성공적인 질적 인터뷰의 중요한 요소라고 할 수 있다. 이는 공감대와 친밀도를 가진 신뢰 관계를 의미한다. 이와 같은 라포르(rapport) 형성은 인터뷰의 원활한 진행의 근간이 된다. 일반적으로 인터뷰 참여자와 연구자는 서로 초면인 경우가 대부분이다. 연구자는 인터뷰가 이루어지는 상황이 참여자에게 우호적으로 인식될 수 있도록 분위기를 조성해야 한다. 따라서 연구자는 인터뷰 초기에 연구 주제와 무관하지만 흥미 있거나 일상적인 주제로 가벼운 대화를 통해 연구 참여자와의 공감대를 형성하여 친밀한 인터뷰 상황을 조성하는 전략이 필요하다(Bogdan & Biklen, 2007). 또한 참여자가 연구자에게 자신의 경험과 이야기를 편안하게 개방할 수 있도록 격려하며, 신뢰를 높이는 긍정적 관계를 위해 연구자의 배려와 노력은 필수적이라 할 수 있다. 예를 들어 연구 참여자가 80대 노인이라면, 30대 연구자에게 편하게 말을 놓을 수 있을 때 보다 원활한 인터뷰가 전개될 수 있다. 이처럼 연구 참여자의 나이, 성, 학력, 직업, 거주지역 등 다양한 변수를 고려하여 연구 참여자가 인터뷰에 응하는 의도와 태도에 대해 면밀히 파악하고,

적절하게 대응하는 유연성이 인터뷰에서 중요하게 요구된다.

③ 몰입과 경청

질적 연구자들이 공통적으로 조언하는 인터뷰의 전략은 연구자의 경청하는 태도이다(Bogdan & Biklen, 2007; Kvale, 1996; Merriam, 1998). 인터뷰 참여자로부터 보다 가치 있는 정보를 획득할 가능성은 연구 질문의 유형과 성격뿐 아니라, 인터뷰가 진행되는 동안 연구자의 자세에 따라 답변의 질적 가치가 달라질 수 있다는 점이다. 인터뷰 시 연구자가 휴대폰을 자주 본다거나, 성의 없이 고개를 끄덕이거나, 시계를 자주 본다면, 연구 참여자는 인터뷰에 성의를 보이기 어렵고 몰입하기 힘들 것이다. 연구자는 인터뷰 과정에서 연구 참여자의 모든 상황에 진지한 태도로 몰입해야 한다. 인터뷰 내용뿐 아니라 어떤 형식으로 이야기가 전개되고 있는가에 대해서도 연구 참여자의 언어적 · 비언어적 측면의 특징에 모두 주목해야 한다. 연구 참여자의 억양이나 발음, 몸짓이나 표정 같은 비언어적인 측면에도 주의 깊게 관심을 기울여야 한다.

④ 수용과 존중

인터뷰 도중 발생하는 침묵과 여백의 순간에도 연구자는 연구 참여자가 채워나갈 수 있도록 기다려주어야 한다. 특히, 연구자는 말을 많이 하지 않도록 유념해야 한다. 연구자들은 궁금한 사항에 대해서만 알고 싶어 하기 때문에 말을 많이 하는 실수를 범하게 되는데, 이는 연구 참여자가 충분히 말할 수 있는 기회를 제한하게 된다. 또한 연구 참여자가 문헌이나 다른 사실 정보와 다른 혹은 틀린 진술을 전개한다고 하더라도 연구 참여자의 의견에 반박하거나, 수정된 정보를 제시해서는 안 된다. 연구 참여자의 입장과 그의 견해를 충분히 수용하고, 존중하며, 그의 의견에서 왜곡된 부분에 대해서는 다음 인터뷰에서 추가적으로 연구 참여자가 스스로 그 사실 여부를 확인하고 해명할 수 있도록 기회를 열어주어야 한다.

⑤ 전개되는 순서와 흐름

자신의 경험을 시간적인 연대에 의해 반드시 순차적으로 이야기할 수는 없다. 중요한 것은 연구 참여자가 이야기하는 사실이나 사건이 이야기되는 순서 또한 중요한 전개방식이라는 점이다. 가장 먼저 상기되는 기억이나 경험은 실제 시간적 순서와 관계없이 참여자에게 가장 가치 있거나 의미 있는 것일 수 있다. 개인의 기억회로가 작동하는 방식은 각기 다르기 때문에 각 참여자의 특성에 맞는 인터뷰 전략으로 흐름을 이끌어나가야 한다. 또한 연구 참여자가 진술할 수 있는 새로운 정보에 대해 지속적으로 가능성을 열어두는 전개방식을 진행해야 한다.

⑥ 소요시간

질적 인터뷰는 높은 집중력을 요구하기 때문에 장시간 인터뷰는 집중력을 떨어뜨려 효율적이지 못하다. 따라서 아무리 길어도 한 번에 3~4시간을 넘기지 않도록 하며, 연구 참여자의 신체적 · 심리적 상태나 추후 일정을 확인하고 집중력을 떨어뜨리지 않는 범위에서 중간중간 쉬는 시간을 가지며 진행해야 한다.

(2) 인터뷰 자료의 기록과 코딩

① 인터뷰 내용의 기록

인터뷰 내용을 전부 기록하는 것은 대부분의 질적 연구 전통에서 강력하게 선호되어왔으며, 절대적으로 필요하다. 이는 인터뷰를 통한 기록뿐 아니라 관찰을 위한 비디오 기록이라 할지라도 모두 오디오 기록의 형태로 활용되고 있는 것이 보편적이다. 녹음할 상황이 안 될 때 노트 기록을 활용해야 하는 경우도 있다. 인터뷰가 진행되는 동안 노트 기록은 참여자에 의해 제기된 문제를 추후 상기해야 할 기록을 간략하게 메모하는 기록지의 역할을 하며, 정확하게 묘사가 필요한 비언어적 행동까지 기록할 수 있다는 점에서 되도록이면 노트 기록과 오디오 기록을 동반하는 것이 유용하다.

② 인터뷰 내용의 전사

인터뷰 자료 분석을 시작하는 데 필수적인 사전 단계로, 녹취된 인터뷰 자료를 글로 전환하는 과정을 '필사' 또는 '전사'라고 한다. 이 과정을 연구자가 직접 수행할 경우, 자료에 보다 익숙해질 수 있고, 실제 자료 분석에 도움을 줄 수 있다는 점에서 분석의 첫 단계라고도 한다(Langdridge, 2004).

③ 인터뷰 자료의 코딩

인터뷰 자료의 코딩 첫 번째 단계는 자료의 흐름에 익숙해질 수 있도록 읽어나가며 참여자의 인터뷰 내용 중 의미해석보다는 흥미로운 주요 부분을 찾아내는 것이다. 그다음 주제와 관련하여 연구 참여자들의 경험과 인식, 관점을 이해할 수 있도록 하는 부분을 선별하고 무엇이 특징적이었는지에 대해 간략한 설명을 메모해두는 설명적 코딩을 한다. 설명의 공통성을 갖고 있는 코드들을 범주화하여 의미를 부여하고, 분석의 주요 개념들을 특징짓는 핵심적인 주제어들을 제시함으로써 마침내 연구 주제와 초점이 탐구하고자 한 지배적인 주제나 패러다임을 제시하게 되는 것이다.

4) 질적 인터뷰에서의 윤리

(1) 연구의 윤리와 도덕성

연구에서 윤리적 기준은 보편적인 기준의 도덕적 원칙에 의해 연구를 실시하는 과정에서 적용된다. Edwards와 Mauthner(2002)는 "사회 연구의 윤리는 연구 수행과정에서 연구자가 행하는 도덕적 숙고나 책임과 관련된다"고 강조했다. 그러므로 질적 연구자는 연구 질문을 구성하는 과정에서부터 그 과정이 연구 참여자의 삶에 미치는 영향에 대해 윤리적으로 고려해야 한다. 또한 연구에 참여하는 참여자들의 의지와 자발성도 감안해야 한다. 연구의 목적과 그 사용처를 명확하게 알리고 연구 참여에 대한 동의를 받는 것은 가장 선행되어야 하는 윤리적 의무라고 할 수 있다.

(2) 기본적인 윤리 지침

연구에서 준행되어야 할 기본적인 윤리 지침은 사전 동의, 철회의 권리, 디브리핑, 비밀유지 등에 관한 것이다. 첫째, 자유의사결정에 의해 연구에 참여하며, 참가자들은 사전 동의(informed consent)를 할 권리가 있다(Berg, 2001). 연구자는 참여자들에게 연구의 목적과 수행과정에 대한 자세한 정보를 미리 설명해야 하고, 정보 수집에 대한 참여자들의 참여 동의를 구해야 한다. 둘째, 언제든지 연구 참여를 철회할 수 있도록 연구 참여자의 철회 권리(right to withdraw)를 보장해주어야 한다. 셋째, 연구자는 연구 참여자 자신이 참여한 연구에서 도출된 내용을 검토할 수 있도록 연구 참여자에게 디브리핑(debriefing)을 해야 한다. 넷째, 연구자는 연구 과정 동안 참여자들이 언급한 모든 정보에 대해 익명성과 비밀유지(confidentiality)를 보장해야 한다.

3. 인터뷰를 활용한 연구사례

바르테니에프 기초원리(BF)를 활용한
발레 학습 프로그램에 관한 질적 연구:
초등학교 아동을 중심으로

(정이선, 2011)

면담 대상은 BF를 활용한 발레 학습 프로그램이 적용된 담임교사와 초등 3~4학년 학생들이었으며, BF를 활용한 발레 학습 프로그램을 개발하고 적용함으로써 학습자인 초등학교 아동들과 교사가 보이는 반응을 구체적으로 파악하고 분석하는 데 목적이 있다. 효과를 심층적으로 이해하기 위해 질적 연구를 적용했으며, 연구대상자의 관점을 알아보기 위해 학생과 담임교사를 대상으로 심층면담을 실시했다.

1) 학생

학생들에게는 수업 중 수시로 집단형 심층면담의 형태로 여러 가지 질문을 했고, 좀 더 정확하고 개인적인 의견을 알아보기 위해 응답자의 반응이 비교적 자유로운 주관식 설문조사를 실시했다. 본 연구에서의 설문조사는 계량적 연구에서 수치를 추출하기 위한 조사가 아니라 개인 면담을 대신하여 다수의 의견을 알아보기 위한 방법으로 사용되었다. 또한 학생들의 경우 다른 친구들에 의해 본인의 의견이나 생각이 쉽게 영향을 받을 수 있으므로 좀 더 정확한 개인적인 의견을 얻고자 이 방법을 선택했다.

2) 담임교사

교사용 설문지

1. 바르테니에프 기초 원리를 활용한 본 학습 프로그램이 학생들의 발레 교육에 도움이 된다고 생각하십니까? (그 이유도 간단하게 적어주세요.)

2. 본 수업에 임하는 학생들의 흥미도, 참여도는 어떠하다고 생각하십니까?

3. 이 수업의 장점은 무엇이라고 생각하십니까?

4. 이 수업의 단점은 무엇이라고 생각하십니까?

5. 만약, 이 프로그램에서 사용한 여러가지 방법들을 선생님의 수업에 활용한다면 어떠한 방법을 사용하시겠습니까? (그 이유도 간단하게 적어주세요.)
   ① 뼈 모형: 뼈 이름, 숨 쉴 때 뼈의 움직임 알아보기
   ② 풍선: 호흡 연습
   ③ 팔 운동: 스트레칭 밴드로 a la second 연습, 어깨 돌리기
   ④ 다리 운동: 스트레칭 밴드로 여러 가지 발가락, 발목 운동, 2명 씩 안쪽 근육 기르기 운동
   ⑤ 몸통 운동: 삼각형 동작, 배와 등 근육 운동
   ⑥ 화이트보드: 몸에 화살표 그려보기, 몸통 + 팔 + 다리 연결성 알아보기

6. 본 수업이 아래의 내용 중 어느 부분에 효과적이라고 생각하십니까?
   (해당된다고 생각되는 부분은 모두 체크해 주십시오)
   ① 유연성   ② 근력
   ③ 신체 정렬   ④ 인지 발달(신체 인지)
   ⑤ 정서 발달(표현력 향상)   ⑥ 사회성 발달
   ⑦ 기타: (   )

7. 더욱 발전적인 수업을 위한 선생님의 조언을 부탁드립니다.

학생용 설문지
학년:
이름:

1. 이 프로그램이 재미있었나요?

1-1. 왜 그런가요?

2. 어떤 수업이 가장 재미있었나요? (2개 선택 가능)
   (   ) 뼈 모형: 뼈 이름, 숨 쉴 때 뼈의 움직임 알아보기
   (   ) 풍선: 호흡 연습
   (   ) 팔 운동: 스트레칭 밴드로 a la second 연습, 어깨 돌리기
   (   ) 다리 운동: 스트레칭 밴드로 여러 가지 발가락, 발목 운동, 2명 씩 안쪽 근육 기르기 운동
   (   ) 몸통 운동: 삼각형 동작, 배와 등 근육 운동
   (   ) 화이트보드: 몸에 화살표 그려보기, 몸통 + 팔 + 다리 연결성 알아보기

2-1. 왜 그렇게 생각하나요?

3. 이 수업이 발레를 하는 데 도움이 되었나요?

4. 이 수업을 하면서 가장 좋았던 점은?

5. 수업에서 배운 것들이 어려웠나요?

6. 지금 뼈 이름과 몸의 화살표를 몇 개나 기억하고 있나요?

7. 수업 중 어려웠거나 재미없었던 것은 무엇인가요?
   (   ) 뼈 모형   (   ) 풍선   (   ) 팔 운동   (   ) 다리 운동
   (   ) 몸통 운동   (   ) 화이트보드   (   ) 없다.

7-1. 왜 그렇게 생각하나요?

8. 이 수업을 친구들과 함께 할 때 좋았나요? 아니면 혼자 하는 것이 더 좋은가요? 반친구들과의 관계가 좋아졌다고 생각하나요?

9. 수업 중이나 동장을 하면서 느꼈던 점을 적어주세요.

10. 마지막으로 선생님에게 바라는 점, 이야기 할 것이 있으면 자유롭게 편지 써 주세요.

담임교사에게는 연구 수업을 진행하기 전과 사후검사 수업 관찰 후 총 2
회에 걸쳐 약 30분 정도의 개방형 심층면담을 실시했으며, 연구 수업 중 수
업을 잠시 관찰하러 들어오거나 연구자와 마주쳤을 때 등 수업에 관해 연구
자와 이야기한 모든 사항도 심층면담지에 기록했다.

공부방 아이들의 문화예술교육 경험에 관한 질적 연구:
연극놀이를 중심으로

(김은영, 2012)

이 연구는 K지역의 지역아동센터, 학교 밖 공간인 공부방에서 이루어지는
문화예술교육을 받는 아이들이 그 교육을 통해 무엇을 배우고 경험하며, 거
기에서 얻은 경험의 의미는 무엇인지 알아보기 위해 푸른 공부방〈연극놀이〉
를 관찰한 사례이다. 공부방에서 이루어지는 문화예술교육의 경험과 그 의
미에 대한 연구로 아이들의 경험을 이해하고, 해석하며, 그 의미를 찾는 일
은 문화와 예술을 가르쳐야 할 필요성과 연결되어 있는 중요한 문제로 보고,
초등학교 아동들이 참여하는 연극놀이를 연구대상으로 참여관찰과 함께 6
명의 연구 참여자와 연극 강사를 중심으로 면담을 실시했다. 면담을 부담스
러워하는 학생들을 위해 다른 예술 강사들의 보조 강사로서 연구자가 참여
했다. 심층면접방법을 사용하여 교사와의 면담을 통해 아이들의 가정환경에
대해 확인한 후 연구의 맥락에서 필요한 중심적인 질문들을 중심으로 면담
을 진행했다. 비공식면담은 주로 공부방 거실이나 주방에서 이루어졌고, 공
식면담은 주로 식당이나 분식집 등에서 간단한 식사를 하면서 진행했다. 아

이들은 저녁을 먹으면서 진행하는 면담을 좋아했고, 면담하는 것보다 저녁을 먹는 것에 더 큰 의의를 두었다. 면담은 일대일 면담을 기본으로 했으나, 아이들이 같이하기를 원하는 경우와 두 아이가 같이하는 것이 더 효과적이라고 판단한 경우에는 면담을 복수 인원으로 진행했다. 공식면담은 아이에 따라 2~5회에 걸쳐 이루어졌고, 비공식면담은 이보다 많이 진행되었다. 면담 시간은 회당 60분을 기준으로 했고, 기본 질문으로 시작해서 차츰 질문과 연결된 내용을 다시 질문하는 방식으로 면담을 진행했다. 다음은 아이들에게 공통으로 질문한 내용이다.

〈구조화 질문〉

1. 언제 어떻게 공부방에 다니게 되었니? 그전에는 어디에 다녔어?
2. 처음에 연극놀이 할 때 기억나니?
3. 연극놀이 할 때 기분이 어때?
4. 공부방에서 누구랑 친해? 혹시 사이가 좋지 않은 친구가 있니?
5. 공부방을 색깔로 표현하면 무슨 색깔일까? 그 이유는 뭘까?
6. 연극수업을 색깔로 표현하면 무슨 색깔일까? 그 이유는 뭘까?
7. 연극놀이 하면서 생각이 바뀌거나 달라진 게 있다면?
8. 다른 친구들은 어떤 것 같니? 전하고 뭐 달라진 게 있어?
9. 너에게 공부방과 학교가 좀 다르니? 다르다면 뭐가 다르니?
10. 너는 하루 중 언제가 가장 행복하니?
11. 너는 어느 장소에서 가장 행복하니?
12. 만약 공부방이 없었다면?
13. 만약 연극놀이를 하지 않았다면?
14. 공부방은 ㅇ ㅇ이다.
15. 연극놀이는 ㅇ ㅇ이다.
16. 선생님한테 물어보고 싶거나 하고 싶은 말은 없니?

문화예술교육 프로그램의 영향에 대한 질적 연구:
안산 자바르떼 프로그램에 참여한 저소득층 아동을 중심으로

(김은영, 2011)

 이 연구는 문화예술교육이 저소득층 유아 및 아동에게 어떠한 영향을 끼치는지를 알아보기 위해 안산지역에서 지역사회서비스 청년사업단의 일환(이하 자바르떼)으로 2010년 5월부터 12월까지 약 8개월간 유치원, 공부방에서 진행된 문화예술교육 프로그램을 관찰·면접하여 성과를 평가하고, 긍정적인 영향을 지속·확대하기 위한 방법을 제안하고자 한 탐색적 연구이다.

 교육 프로그램은 8개월간 주 1회씩 진행했으며, 예술 강사 전원과 최소 2~5회 면담을 실시했고, 비공식면담도 활용했다. 예술 강사와의 면담 내용은 기록되었고, 공식면담인 경우 그들의 허락을 얻어 녹음되었다. 관찰 내용은 교육 프로그램 진행 시 교육의 내용, 아동의 반응, 예술 강사와의 상호작용, 아동들 간의 상호작용 등이 중심이 되었다. 참여 기관의 담당교사를 만나 면담하고 허락을 얻어 녹음했다. 면담은 기관당 1회씩 진행되었고, 최소 약 50~80분가량 소요되었다. 학부모와 참가아동에 대한 면담은 주로 수업 장소에서 비공식면담으로 이루어졌는데, 이와 별도로 공식면담으로 결혼이주여성을 포함한 2명의 학부모와 다문화가정 아동 1인을 수업장소를 벗어난 곳에서 개별적으로 만나 면담했다.

 면담을 통해 효율적으로 아동들의 변화와 교육의 영향을 알아보기 위해 몇 가지 개방형 질문을 준비했다.

사회 예술 강사의 직업의식과 음악교육적 인식에 대한 질적 연구

(조정은, 2014)

이 연구는 사회 예술 강사 제도와 관련된 문헌과 자료를 고찰함으로써 이론적 틀을 파악하고, 질적 연구방법을 통해 사회 예술 강사의 직업관, 음악교육적 인식, 교육적 어려움과 그들의 요구 등을 심층면접하여 분석하는 데그 목적이 있다.

이 연구에서는 참여자들의 사회 예술 강사로서의 교육적 경험을 중심으로 직업의식과 음악교육적 인식에 대한 통찰을 얻기 위해 면담을 실시했다. 면담 대상자는 4개 지역에서 활동하고 있는 사회 예술 강사를 중심으로 연구 의도를 이해하고 면담에 적극적으로 참여할 수 있는 강사들로 9명을 선정했다. 연구 결과는 심층면담을 통해 수집된 자료를 바탕으로 귀납적 범주분석을 진행했고, 연구 참여자의 직업의식과 음악교육적 인식 그리고 그들의 요구에 대해 심도 있게 통찰할 수 있었다. 면담에서 사용된 구체적인 질문들은 다음과 같다.

〈면담에서 사용한 질문〉

1. 사회 예술 강사의 입문 동기를 말씀해주십시오.
2. 사회 예술 강사 외에 다른 단체 소속이나 음악활동에 대해 말씀해주십시오.
3. 직업으로서 사회 예술 강사의 강점과 약점에 대해 말씀해주십시오.
4. 교육을 진행하는 과정에서 학생들과의 관계에 대해 말씀해주십시오.
5. 음악교육의 경험들을 말씀해주십시오.
6. 교육 외에 시설에서의 어려운 점에 대해 말씀해주십시오.
7. 그런 어려움을 어떻게 해결해왔는지 말씀해주십시오.
8. 사회 예술 강사로서 활동함에 있어서 가장 어려운 점에 대해 말씀해주십시오.

---

9. 음악교수법에 대해 자신의 느낌을 말씀해주십시오.

10. 학생들의 발달적 단계에 대해 말씀해주십시오.

11. 음악교육과정에 대해 말씀해주십시오.

12. 교육을 진행한 경험 중 가장 보람되었던 기억을 말씀해주십시오.

13. 교육 중간에 학생들의 돌발적 행동에 대한 경험과 대처에 대해 말씀해주십시오.

14. 음악학습에서 가장 즐겨 활용하는 것에 대해 말씀해주십시오.

15. 자신의 교육기관과 시설 배치에 대해 말씀해주십시오.

8장

사례연구

1. 사례연구란

    사례는 어떤 특정한 인물이나 집단, 조직이나 기관 혹은 특정 프로그램이나 사회현상을 말한다. Miles와 Huberman(1994)은 "제한된 맥락 안에서 일어나는 현상"을 사례라고 했다.

    이렇듯 사례연구는 연구 주제, 전략과 방법, 연구의 결과물에 따라 다양한 방식으로 정의되어왔다. 첫째, 연구 주제에 따른 사례연구의 정의를 살펴보면 일련의 의사결정이 왜 일어났고, 그것이 어떻게 실행되어 어떠한 결과를 초래했는지를 보여주는 연구라고 했다(Schramm, 1971). Stake(1995)는 사례를 "구체적이고, 복잡하며, 현재진행형의 것으로 보고, 단일한 사례가 특정한 상황 속에서 갖는 복잡성과 특수성을 갖는 행위에 대해 이해하는 것"이라 했다. 둘째, 연구의 전략과 방법에 따른 사례연구의 정의로 Punch(2005)는 "작은 사례들에 대한 매우 구체적인 연구로, 사례연구에서는 적절하다고 판단되는 모든 방법이 동원된다"고 했다. Yin(2003)은 "가능한 한 다양한 상황에서 자료수집이 보장되는 형태로 이론에 기반을 두고 자료의 수집과 분석이 영향을 받는 연구"라고 정의했다. 특히, 실제적인 맥락 안에서 이루어지는 현상에 대한 실증적인 탐구로 현상의 경계와 맥락이 명확하게 구분되지 않는 상황에서 이루어지는 탐구로 보았다. 셋째, 연구의 성과와 추출된 결과에 따른 정의로 Merriam(1998)은 "개별적인 사건, 현상 또는 사회적 단일체에 대한 집중적

이고 전체적인 기술과 분석"으로 질적인 사례연구를 정의했다. Wolcott(1992)
은 "현장을 중심으로 수행된 연구물의 최종산출물"을 사례연구라 정의했다.
이처럼 질적인 사례연구는 하나의 사건, 현상 혹은 사회단위에 대한 집중적
이고 전체적인 설명과 분석으로 정의된다(Merriam, 1988). 일반적으로 사례연구
는 하나 또는 복수의 사례가 가지고 있는 복잡성을 충분하게 이해하고자 할
때, 특정한 사례에 대한 깊은 이해와 사례가 갖는 의미를 얻고자 할 때, 시간
에 따른 변화의 양상, 즉 어떠한 현상의 변화과정을 살펴볼 때 쓰는 연구형
태이다(Merriam, 1998).

1) 특징: 연구대상으로서 사례의 특징

연구대상으로서 사례의 특징은 제한성, 맥락성, 구체성, 복잡성, 현재성
등을 포함한다. 첫째, 일반적으로 연구자의 관심을 끄는 사람, 집단, 프로그
램, 현상 등 모든 범주의 사례에서 연구의 대상으로서의 사례는 경계성이라
는 제한성을 갖는다(Merriam, 1998; Punch, 2005; Stake, 1995). 둘째, 사례연구는 현상
을 이해하는 데 있어 맥락성을 고려해야 한다(Yin, 1994). 사례 안의 맥락을 간
파하고, 그에 대해 자세하게 기술할 필요가 있다. 셋째, 사례연구의 사례는
구체적인 현상과 문제에 초점을 둔 구체성을 띤다. 사례에 대한 총체적인 정
보를 제공하는 것이 아니다(Hays, 2004). 연구하고자 하는 사례는 다른 사례와
확연히 구별되는 구체적인 정보를 포함한다. 넷째, 사례연구는 사례가 갖는
복잡성 때문에 다른 연구방법으로는 설명될 수 없는 현상을 탐구할 수 있다
(Punch, 2005). 현상에서의 복잡한 요인들을 발견하고, 이들 간의 관계와 상호작
용을 발견해낼 수 있다는 점이다. 다섯째, 사례가 갖는 현재성이다. 현재성
을 갖는 사례로부터 특정 사건이나 프로그램의 전개과정에 대한 모니터링

과 과정에 대한 초점에 주목하여 인과적인 설명의 결과를 모두 얻어낼 수 있다(Merriam, 1998).

2) 연구방법으로서 사례의 특징

연구방법으로서 사례의 특징은 구체성, 서술성, 발견성을 포함하고 있다(Merriam, 1998). 첫째, 사례연구의 방법은 구체적이어야 한다. 구체적인 상황과 사건, 현상에 초점을 두고, 이 사례가 어떻게 구체적으로 잘 드러날 수 있는지를 고려해야 한다. 둘째, 사례연구의 방법은 서술적이어야 한다. 사례연구의 결과물은 연구의 대상이 되는 사례에 대한 풍부하고 심도 있는 서술을 제공한다. 심도 있는 서술은 사건이나 현상에 대한 완벽하고도 직접적인 서술을 의미한다. 셋째, 사례연구의 방법은 발견적이어야 한다. 그 사례에 대해 기존의 의미를 재확인시키거나 경험을 확장시킬 수 있는 사례로부터 새로운 이해를 제공하는 것이다.

3) 사례연구의 형태

사례연구의 형태는 사례연구를 적용하는 목적 가운데 정보의 제공과 평가와 관련하여 5가지로 분류된다(Yin, 2003).

또한 사례연구의 목적에 따라 Stake(1995)는 3가지 분류를 제시했는데, 사례가 갖는 특성과 현상에 대해 구체적으로 더 많은 이해를 구하는 본질적 사례연구(intrinsic case study), 사례에 대한 통찰과 이론적 설명을 개선하기 위한 도구적 사례연구(instrumental case study), 도구적 사례연구의 복수 사례를 수행하여 사례 간의 공통점이나 차이점 등을 제시하는 집합적 사례연구(collective case study)이다.

<표 8-1> 사례연구의 형태

사례연구 구분	특성
설명적 사례연구	설문이나 실험 같은 양적 연구방법을 통해 발견하기 힘든 복잡한 상황에서 발견될 수 있는 현상에 관해 특정 현상과 관계들을 설명해주는 사례연구
기술적 사례연구	실제적인 현상에 대한 구체적인 기술, 즉 맥락과 현상에 대한 이해와 현상에 영향을 미치는 요인과 특성을 제시함으로써 일정 정보를 제공해주는 형태의 사례연구
묘사적 사례연구	사례에 대한 깊이 있는 묘사로 기술적 사례연구보다 더 심층적인 묘사를 제시함으로써 간접적인 경험을 유도하는 정보를 제공해주는 사례연구
탐색적 사례연구	어떤 특정 프로그램이 실행되었을 때, 그 결과나 영향을 평가하는 데 있어 분명하게 드러나지 않을 경우, 이러한 요인들을 탐색하고자 하는 경우에 적용되는 사례연구
메타-평가 사례연구	몇 가지 사례연구들을 통합하여 그 결과에 대한 해석을 통합적으로 제시함으로써 평가를 제시하는 형태의 사례연구

2. 사례연구 진행과정

1) 사례 및 연구문제

　연구의 대상이 되는 사례는 특정한 맥락, 상황, 특성을 통해 다른 사례들과 구분된다. 연구 대상으로서의 사례는 일정한 제한성을 지녀야 한다. 그 사례가 갖는 특수성, 정교한 문제, 그 사례에 대해 설명해줄 수 있는 제한된 연구 참여자의 수 등은 연구의 범위를 적절하게 좁힘으로써 연구문제를 정교화하는 것과 관련된다.

　연구자가 관심을 갖게 되는 문제가 곧 연구문제가 되는 것은 아니다. 연구자가 관심을 갖는 문제는 너무 난해하고 이해가 불가능하거나, 연구에 적용하기 어렵거나, 너무 광범위하고 일반적인 내용들일 수 있다. 연구문제와 연구자의 관심 문제는 그 범위와 성격에 있어서 차이가 있다. 연구문제는 연구를 설계하고 수행하는 데 방향성을 갖는 구체적인 속성을 가져야 한다. 사례연구에 있어서 연구문제의 선정도 이와 같은 문제의식을 유념해야 한다. 즉, 연구자가 관심을 갖고 있는 현상과 사건의 사례는 연구를 수행하는 과정에서 구체성을 띤 연구문제로 변형시키는 것이 중요하다(Merriam, 1998). 따라서 사례연구 수행을 위한 연구문제들은 대상으로서의 사례가 갖는 특성, 즉 제한성, 맥락성, 구체성, 복잡성, 현재성 등을 감안해야 한다.

2) 연구 설계

사례연구를 수행하기 위해서는 많은 시간이 소요된다. 종종 연구자들은 연구의 진행과정에서 추가적인 자료수집 때문에 연구가 지속되기도 하고, 여러 가지 제한적인 이유로 연구를 예상기간보다 빨리 마무리 지어야 하는 경우도 있다. 이러한 문제들을 예방하기 위해서는 사례연구를 준비하는 과정에서 연구수행에 관한 세부적인 계획을 설계하는 것이 필요하다.

이처럼 사례연구의 연구 설계를 한다는 것은 연구할 사례를 정하고, 연구문제를 선정하며, 연구의 대상이 되는 참여자들을 선정하고, 연구에 소요되는 시간과 예산을 정하며, 연구의 결과를 어떠한 방식으로 도출할 것인지에 대한 전체적인 계획을 세우는 것을 의미한다(Stake, 1995). 연구 설계에 포함되는 요인들 가운데 특히 중점적으로 고민해야 할 부분은 자료의 수집과 분석에 대한 설계이다. 자료수집 기간과 수집되어야 할 자료의 분량은 연구 진행과정에서 변경될 수 있으므로 이러한 요소들을 구체적으로 정확하게 정해놓고 계획한다는 것은 쉽지 않은 일이다. 그러나 자료수집과 분석에 대한 구체적인 절차와 방향을 정함으로써 수집과정에서 누락되는 것을 방지할 수 있고, 보다 체계적인 연구수행을 할 수 있다는 점에서 반드시 고려되어야 한다.

사례연구를 수행하기 위한 연구 설계는 각 특성에 따라 4가지 형태가 있을 수 있다(Yin, 2003). 사례연구의 설계에 있어 연구의 대상이 되는 사례의 수(number of cases)와 분석단위(unit of analysis)의 설정에 따라 연구 설계의 형태가 달라질 수 있다. 이 두 가지 변수의 조합에 따라 단일(single case)-전체(holistic)설계, 단일(single case)-내재(embedded)설계, 복수(multiple case)-전체(holistic)설계, 복수(multiple case)-내재(embedded)설계의 4가지 연구 설계가 가능하다.

3) 사례연구의 자료수집

(1) 다양한 형태의 자료수집

다양한 자료의 수집은 사례연구의 신뢰성과 타당성을 확보하는 데 중요한 역할을 할 뿐 아니라 전반적인 연구의 질적 수준을 높여준다(Yin, 2003). 다양한 경로를 통해 얻어지는 자료들은 연구자가 연구 상황에 대한 정보들을 취합하는 데 정보의 이해를 높여줄 수 있다. 다양한 형태의 자료들이 보다 설득력 있고 정확한 정보를 제공하는 데 도움이 된다는 것은 사실이지만, 모든 경우에 이처럼 자료수집의 다양성을 확보하는 것이 가능하거나 적절하지 않을 수도 있다. 실제 연구 자료의 다양성을 추구하기 위해서는 연구자의 노력과 시간, 비용 등의 투자를 요구한다는 점이다. 더욱이 연구자가 여러 가지 형태의 자료를 수집하는 방법에 대해 충분히 수행할 수 있는지에 대한 부분도 고려되어야 한다. 무조건 자료의 다양성을 위해 정확하지 않은 방식으로 자료를 수집하게 된다면, 오히려 연구의 논리를 저해하거나 질을 떨어뜨리는 결과를 초래할 수 있다는 점을 신중히 고민해야 한다.

(2) 자료수집과정에서의 변화성에 대한 기록

사례연구가 갖는 복잡성과 변화성이라는 특징은 연구가 수행되는 동안 그대로 반영된다. 사례의 현상은 수행과정에서 충분히 변화할 수 있다. 연구수행 초반의 연구문제와 초점, 범위가 진행과정에서 변할 수도 있다는 점이다. 연구자는 이러한 연구문제의 변화에 대해 체계적으로 관리하고 그 흐름과 전개과정에서 나타난 변화의 추적을 잘 관리할 수 있어야 한다. 현상의 어떠한 요인들이 연구자의 결정에 영향을 미치게 되었는지, 그래서 자료수집의 방향이 어떻게 변화되었는지 등의 내용들을 기록하여 사례가 갖는 역동성과 변화성에 대한 중요한 정보를 제시하여 사례와 연구문제, 자료수집이 부합된 사실을 반영할 수 있어야 한다.

(3) 자료수집 단계

사례연구에 있어서 자료수집 시기는 연구의 주제와 연구수행을 둘러싼 주변 환경, 사례에 대한 연구자의 친밀함 등에 따라 달라질 수 있다. 이러한 자료수집 활동을 준비-수집-정리 단계로 구분해볼 때, 자료수집의 범위와 활동을 단계적으로 수행하는 것이 효과적이다.

첫째, 사례연구를·위한 자료수집의 준비단계는 사례를 선정하는 과정에서부터 본격적인 연구수행의 준비사항을 검토하는 단계라 할 수 있다. 사례에 대해 연구자가 친숙해지기 위해 이해를 높일 수 있는 자료를 수집하고, 보다 효과적으로 사례에 접근할 수 있는 방법과 사례에 적절한 대상을 선정해야 한다. 또한 연구에 참여하는 참여자들과의 친밀하고 신뢰 관계를 위해 관찰 상황이나 현장 사람들과의 라포르를 형성하고, 연구자의 연구 환경과 참여자들로부터의 동의를 구하고, 인터뷰와 관찰 일정을 정한다. 또한 인터뷰에 대한 질문지나 관찰일지 등 수집 가능한 자료의 목록을 정하여 준비하는 단계이다.

둘째, 사례연구를 위한 수집단계에서는 자료수집 계획에 따라 본격적인 자료수집이 이루어지는 시기이다. 필요에 따른 자료수집 일정을 변경하고, 수집된 자료의 일차적인 분석을 실시하고 수시로 검토한다. 수행과정에서 필요 시 자료수집을 추가하고, 그에 따른 목록과 일정을 검토해야 한다. 이와 같은 자료들을 구분할 수 있도록 목록화하여 저장한다.

셋째, 사례연구를 위한 자료수집의 정리단계에서는 자료수집 현황에 따른 전반적인 정리가 이루어진다. 자료 분석과정에서 도출된 분석 내용을 확인 · 검토하고, 필요 시 추가적인 자료수집을 파악하여 보완하는 단계이다.

3. 좋은 사례연구

좋은 사례연구는 연구의 대상과 사례가 특별하고 중요한 속성을 갖는다. 또한 그 사례가 이론적으로 혹은 현실적으로 중요한 문제를 포함하여 기존에 다루어지지 않은 탐구가 필요한 영역의 이론적 논쟁이 필요한 대상일수록 좋은 사례가 될 수 있다는 것이다. 따라서 사례연구는 좋은 사례를 발견할 수 있는 연구자의 안목과 집중적인 검토가 수반되어야 한다.

좋은 사례연구는 완전성을 갖고 있다. 사례연구의 완전성은 연구대상의 완전성, 자료수집의 완전성, 인위적 요소가 배제된 완전성이라는 특징을 갖는다. 첫째, 그 사례가 가지는 특성, 즉 다른 사례나 대상과 구분되는 경계와 특별성을 갖는다는 점에서이다. 둘째, 자료수집에서의 완전성, 즉 수집된 자료가 연구자가 제시하고자 하는 설명과 논리를 충분히 반영할 수 있느냐의 문제이다. 셋째, 계획된 연구수행기간이 끝나서 연구가 완료되는 것이 아니라 사례 그 자체가 갖고 있는 현상에 대해 충분한 이해와 통찰을 반영하는 완전성을 가져야 한다는 것이다.

좋은 사례연구는 연구자의 다양하고 대안적인 관점이 포함되어야 한다. 연구자는 자료를 분석하고 결과를 도출하는 과정에서 가능한 한 다양한 관점을 취해야 한다는 것이다. 이러한 연구자의 대안적 관점, 특히 문화적인 현상과 문제에 관한 연구자의 이해를 높이는 과정에서 중요하게 강조된다.

좋은 사례연구는 풍부한 자료를 뒷받침할 수 있어야 한다. 풍부한 자료는 그 사례를 효과적으로 반영할 수 있기 때문이다. 연구자가 수집된 자료 중 얼마만큼 풍부한 자료를 반영하느냐의 문제는 그 사례연구의 질을 높여줄 뿐 아니라 독자가 사례에 내포되어 있는 의미를 해석하고 이해하는 데 배가된 설명력을 제공해준다.

4. 사례연구를 활용한 연구사례

문화예술을 활용한 마을 만들기의 경험:
광주시 시화문화마을 사례를 중심으로

(민소영, 2013)

이 연구는 국내에서 문화예술을 활용한 마을 만들기 사업의 대표적 사례를 추출하여 분석한 것으로, 단일사례연구방법에 기반을 두고 있다. 대상은 광주시의 시화문화마을로서, 사례분석을 위해 현장조사, 개별 및 초점집단 인터뷰, 각종 자료들을 수집했다.

분석결과는 참여 주체적 측면, 제도적 지원환경, 사업내용으로 범주화했으며, 문화예술을 활용한 마을 만들기의 경험은 지역 및 이웃 간의 관계 개선 및 의식 향상, 지역 규범에 대한 성장을 통해 지역 내 소속감을 향상시키는 데 성과가 있는 것으로 보고되고 있다.

학교 문화예술교육 활성화 방안 연구:
예술 강사와 고등학교 미술 교사의 파트너십을 중심으로

(김효희, 2014)

이 연구는 학교 문화예술교육 활성화를 위한 예술 강사와 학교 미술 교사의 파트너십 사례를 분석한 것으로, 바람직한 파트너십의 방향성을 제시하는 데 목적이 있다.

경기문화예술교육지원센터에서 추천한 우수 사례를 선정했고, 연구 참여자는 경력 5년 이상의 예술 강사와 학교 교사 경력 5년 이상인 미술 교사로서, 모두 학교 문화예술교육 경험이 있으면서 예술교육의 변화에 관심을 갖고 있다.

연구방법으로 강사와 교사의 사전 면담과 구체적 수업 시연 사례 자료집을 분석했고, 수업에 대한 인터뷰 및 녹음, 전사 과정을 진행했다. 질적 연구방법의 타당도 및 신뢰도 검증방법을 면밀하게 검토하여 적용함으로써 의미 있는 연구 결과를 도출했다.

연구 결과는 예술 강사가 인식하는 학교 문화예술교육은 삶에서 예술이 중요한가에 관한 고민의 시간으로 차이를 인정하고 소통하는 과정으로 보고 있으며, 미술교사는 학교와 예술의 상생적인 만남과 학생들의 성장을 돕는 활동이라는 인식을 하는 것으로 나타났다.

이 둘의 파트너십은 학교 문화예술교육에 대한 철학 공유, 이해 협력의 관계에서 긍정적인 인식의 변화를 가져오는 중요한 계기가 된 것에 의미를 두고 있다.

초등학교 무용 분야 예술 강사들의 전문성 개발을 위한 학습공동체 사례연구

(김지영, 2013)

예술 강사들의 전문성 개발을 위한 학습공동체 형성 과정 및 의미를 심층적으로 탐구하고자 한 사례연구로서, 연구 대상은 예술 강사 연수 프로그램에서 우수한 실천공동체로 소개된 모임에서 연구하고 있는 5명의 예술 강사들로 선정했다. 연구방법으로는 핵심 집단면담을 실시했으며, 수집된 자료들은 비교분석과 유사성에 기반을 둔 접근에 근거하여 해석했다.

그 결과 무용 분야 예술 강사들의 학습공동체 형성의 과정, 연구 및 실천, 의미 측면에서 살펴볼 수 있었고, 자발적인 공유의지로 형성된 학습공동체는 다양한 방식의 '그물형' 구조의 전방위적 학습공동체로 발전하고 있는 것으로 나타났으며, 이러한 학습공동체는 수업자료 및 교구의 공유, 수업 전략 등의 학습 주제와 관련된 활동들이 이루어지고 있었다. 결과적으로는 서로에게 창조적이고 발전적인 관계로서 무용교육자 및 예술가로서의 정체성을 함양하도록 하며, 해당 분야에서 전문성을 개발하는 데 협력적 기능을 하고 있는 것으로 의미가 있음을 알 수 있다.

초등학교 다문화교육 프로그램의 실제에 대한 질적 연구: '다문화 하나 되어 프로그램'의 사례를 중심으로

(전은희, 2012)

이 연구는 학교에서 실시되는 다문화교육 프로그램의 현장을 통해 프로그램의 현실적 문제들을 짚어보고자 하는 데 목적이 있다. 이를 위해 현재 '다문화 하나 되어 프로그램'을 진행하고 있는 초등학교 두 곳을 선정했다. 연구 방법은 프로그램 참여 학생과 학부모의 참여와 반응이 중요하기 때문에 질적 연구를 통해 다문화교육을 이해하고자 했다.

참여관찰노트와 면담에 기초하여 자료를 수집했고, 이러한 자료는 반복적 어휘와 이슈를 중심으로 코딩 작업을 진행했으며, 이 과정에서 중요한 범주들을 도출했다.

연구 결과 교사들은 프로그램 선정의 어려움 및 그로 인한 과다한 업무 부담을 느끼고 있었으며, 프로그램이 갖는 특징과 한계에 대해 진술하고 있었다. 교사와 학생들은 프로그램의 취지에 대한 동의 여부와 참여 정도에 따라 소극적·적극적이거나 불참형 및 참여형으로 구분할 수 있었으며, 특히 적극적으로 참여한 아동의 경우 말과 행동에서 긍정적 변화와 함께 정체성에 관한 긍정적 태도를 형성하는 것으로 분석했다.

다문화 사회 이야기:
방과 후 다문화 수업에 관한 질적 사례연구

(조대훈, 2012)

이 연구는 다문화 수업과 관련하여 고등학교에 재직 중인 사회 교사의 이야기로 풀어나가는 질적 사례연구이다. 다문화 수업에 대한 공감대가 낮은 서울 소재 고등학교를 대상으로, 다문화에 대한 인종 및 문화적 편견과 차별을 극복하고자 하는 수업 방식을 구상한 교사가 실제 수업에 적용함으로써 현장에서 경험하게 되는 이야기를 다루고 있다. 이를 위해 연구자는 방과 후에 실시되는 다문화 수업을 10차시에 걸쳐 면밀히 관찰했고, 심층면담은 해당 지도교사와 수업 참여 학생 중 학업성취수준이 다른 7명의 학생을 대상으로 개별 및 집단면담으로 진행되었다. 연구자는 수업시간에 진행되는 교사와 학생의 상호작용을 살펴봄으로써 다문화 수업의 교육적 의미를 분석하고자 했다.

학교 현장에서 드러난 다문화 수업의 실제 의미를 분석하는 과정을 통해 입시 위주의 한국 교육에서 다문화교육의 가능성 및 한계를 인지할 수 있었으며, 다문화교육의 안정적인 정착을 위해 필요한 학교 구조 및 문화에 대한 근본적인 탈바꿈이 필요하다는 것을 역설하고 있다.

9 장

관찰 및 조사연구

1. 관찰이란

    질적 연구에서 관찰은 어떤 특정 현상과 행위에 대한 심층적인 이해를 목적으로 수행하는 구체적인 자료수집 방식이다. 이는 자연적인 상황에서 관찰 가능한 현상과 행위에 대한 체계적인 기록을 포함하는 연구방법이라고 할 수 있다(Gorman & Clayton, 2005). 연구자의 관찰이 중심을 이루는 문화기술지 연구의 경우 관찰(observation), 참여관찰(participant observation) 또는 문화기술지(ethnography)를 유사한 의미로 사용하기도 한다. 이와 관련하여 Spradley(1980)는 타 문화권의 삶을 이해하는 문화기술연구는 참여관찰을 통해 그 근원적 진술을 이끌어낼 수 있다고 했다. 따라서 질적 연구에서의 관찰은 연구 주제와 관련한 현장 상황에서 연구 참여자들의 경험과 행위, 그 모습들을 깊이 있게 이해하고 주요 현상을 포착하기 위해 연구자가 체계적인 방식으로 면밀하게 살펴보는 행위를 의미한다. 이처럼 질적 연구의 관찰을 통해 수집될 수 있는 정보들은 관찰 현장의 환경, 관찰 대상의 행동과 상호작용, 현장의 감성적 환경, 공식적 혹은 비공식적 상호작용, 비언어적인 의사소통 등이다(Patton, 2002).

1) 특징

(1) 직접적인 경험 제공

질적 연구에서의 관찰은 연구자에게 직접적인 경험을 제공한다(Atkinson & Hammersley, 1994). 관찰을 통한 직접적인 경험은 연구자가 연구현상과 대상을 이해하는 데 도움을 준다. 직접적 경험의 제공은 연구 대상, 장면, 현장 상황에 대해 연구자가 보다 구체적이고 정확하게 현장 상황을 기술할 수 있다는 점에서 유익하다. 현장에서 어떤 현상이 주목해볼 만한지, 참여자들의 행동에는 어떤 특징이 있었는지, 어떠한 대화가 이루어졌는지 등 연구자의 관점에서 직접적으로 감지할 수 있다.

(2) 개방적인 관점 제공

관찰은 연구자로 하여금 현장에서 일어나는 현상에 대해 개방적인 관점을 갖게 한다. 관찰 경험 없이는 연구 현상과 대상에 대한 사실과 연구 결과에 대해 사전적 이해와 선입견에 의해 왜곡되게 바라볼 수 있다. 이러한 점에서 관찰은 연구자가 가질 수 있는 편견을 줄이고 열린 관점을 제공해줄 수 있다. 또한 관찰은 연구자로 하여금 연구 참여자들의 일상적 경험에 대해 새로운 시각으로 현상을 이해하고 접근하는 데 도움을 준다.

(3) 정보의 보완

연구 현상과 대상에 대한 연구자의 인상과 이해에 있어 관찰은 연구 상황과 인물들에 대한 이해와 발견을 돕는다. 면담에서 얻을 수 없는 정보는 관찰을 통해 발견할 수 있기 때문이다. 연구 참여자가 면담을 통해 진술할 수 없는 내부적인 갈등이나 민감한 문제들을 연구자의 관점에서 현상을 이해하고 발견함으로써 보완된 정보를 수집할 수 있다. 또한 관찰을 통해 참여자의 개인적 주관과 인식에 기반을 둔 진술내용을 보완해주거나 면담을 통해 언어로 형언하거나 구체화시키지 못하는 문제들에 대한 종합적인 이해를 가능하게 해준다.

2) 관찰의 종류

질적 연구를 위한 관찰은 관찰 현장에서 연구자의 개입과 참여 정도, 연구자의 위치, 관찰의 지속기간과 같은 요인들에 의해 분류될 수 있다. 어떤 종류의 관찰을 수행할 것인가의 설계는 연구의 목적과 주제, 관찰 대상에 대한 연구자의 지식과 사전경험, 관찰의 숙련도 등을 고려하여 수집되어야 할 현장 정보의 특성에 따라 결정지어야 한다.

(1) 연구자의 개입과 참여 정도에 따른 분류

① 참여관찰

참여관찰(participant observation)은 연구현장에서 일어나는 사건에 연구자가 직접 참여하고, 현장의 구성원들과 직접 대화를 나누며, 공식적으로 면담을 하는 등 현장의 경험에 완전하게 관여하는 것이다. 질적 연구방법의 현장연구 기법 중 가장 총제적인 적용방법이라고 할 수 있다. 참여관찰을 하는 연구자는 가능한 한 다양한 자료수집 방법을 모두 적용하기 때문이다. 즉, 참여관찰은 연구 참여자나 정보제공자에 대한 면담의 실시와 도입에 직접적인 참여와 관찰을 동시에 수행하는 관찰방법이다(Denzin, 1978).

② 비참여관찰

비참여관찰(nonparticipant observation)은 연구 현상과 대상, 연구 참여자들의 행동에 전혀 관여하지 않는 상태로 관찰을 수행하는 것이다. 관찰 현장에서 일어나는 사건과 인물들의 행동을 비디오로 녹화하고, 이것을 토대로 자료를 분석하는 것이다. 비참여관찰은 관찰 현장에서 느낄 수 있는 현장성과 생생함을 얻기에는 한계가 있지만, 연구자나 관찰자가 현장에 개입함으로써 어색해지거나 인위적일 수 있는 연구 참여자들의 태도를 최대한 자연스럽게 있는 그대로 이끌어낼 수 있다는 장점이 있다.

(2) 연구자의 위치에 따른 분류

① 내부자적 관찰

연구자의 위치에 따라 연구의 과정과 결과를 구분하는 방법으로 Pike(1954)는 'emic(내부적)'과 'etic(외부적)'이라는 개념을 사용했다. 내부자적 관찰은 연구의 대상이 되는 조직, 문화, 대상의 환경 속으로 연구자가 직접 들어가 내부자가 보고, 듣고, 느끼고, 배우고, 행동하는 과정을 통해 현상을 이해하는 관찰이다. 연구자는 내부 환경에서 사용하는 언어와 의미 범주를 있는 그대로 사용하게 되며, 연구 현상과 대상에 대한 보다 심도 있는 의미를 도출해낼 수 있다.

② 외부자적 관찰

외부자적 관찰은 다른 조직이나 대상에서 벌어지는 현상과 비교하여 연구 결과를 기술함에 있어 연구자가 외부자적 관점을 통해 객관적인 진술이 가능하도록 하는 관점이다. 연구 현상과 대상에 대해 기존과는 다른 해석을 필요로 하거나 다른 범주들을 생성하고자 한다면, 이러한 외부자적 관점을 적절히 적용해야 한다.

(3) 관찰 기간에 따른 분류

장기관찰과 단기관찰

관찰 연구기간은 6개월에서부터 평생에 이르기까지 다양한 기간이 소요될 수 있다. 특정 집단이 지닌 문화적인 현상을 심도 있게 이해하는 데는 단기보다는 장기관찰을 선택하게 될 것이다. 관찰 기간은 현장에 담겨 있는 복잡성과 실제성을 연구자가 얼마만큼 인식하고 이해할 수 있느냐에 따라 결정되며, 보다 총체적인 이해를 위해서는 장기적인 관찰기간을 필요로 하게 된다. 관찰의 목적이 특정 프로그램이나 현상, 행위에 대한 평가나 특정 문제에 대한 해결이라면 연구의 기간은 상대적으로 짧게 적용될 수 있다. 관찰 기간이 어느 정도가 적절한지는 연구의 목적과 수집되어야 할 자료의 수준에 따라 설정된다.

2. 진행방식

1) 관찰의 설계

(1) 관찰 장소와 동의

① 관찰 장소

연구목적을 달성할 수 있는 최적의 정보를 수집할 수 있으리라고 판단되는 관찰 장소를 선택해야 한다. 관찰 장소로 가능한 장소는 많을 수도 있고 한정적일 수도 있다. 또한 단일 장소가 아니라 여러 곳에서 관찰을 수행해야 하는 경우도 있다. 연구자는 적합한 관찰 장소의 기준에 따라 장소의 정보를 확보하고, 해당되는 관찰 장소가 가능한지의 여부를 검토해야 한다. 즉, 연구 활동을 위해 관찰을 허용할 수 있는지의 협조를 구해야 한다.

② 관찰에 대한 동의

관찰 현장을 선정함과 동시에 관찰 활동에 대한 동의를 구하는 절차가 필요하다. 학교나 회사 같은 공기관이나 조직의 경우, 연구와 관련된 정보를 제공할 수 있는 공문서나 자료를 통해 동의를 구하는 공식적인 절차가 필요하다. 연구자에 대한 소개와 연구의 목적, 예상되는 관찰기간, 협조사항 등을 제시하고 연구 참여자의 익명성과 권리 보장에 관한 연구윤리 등의 내용을 포함한 일반적인 정보들을 제시해야 한다.

(2) 관찰의 초점

① 애드립 샘플링

관찰을 설계하는 단계에서 특정 기준을 정하거나 관찰 대상을 미리 선정하는 것이 아니라 관찰을 진행한 단계에서 연구자가 관심을 갖게 된 대상과 현상을 중심으로 관찰을 실시하는 애드립 샘플링 방법(ad lib. sampling)이다. 관찰의 초점을 선정(Almann, 1974)하는 데 있어 이 방법은 연구자가 현장에 대한 사전 정보가 부족하거나 경험이 부족할 때 유용하게 사용될 수 있다. 연구자는 관심사에 따라 연구현장을 보다 잘 이해할 수 있고, 다음 단계의 체계적인 관찰에 근거를 마련할 수 있다. 그러나 이러한 관찰방법은 연구자의 주관적 관심사나 개인적인 편견에 치우칠 수 있다는 점에서 신중하게 다루어져야 한다.

② 상호작용 중심의 관찰

관찰 초점을 특정 개인이나 집단에 맞추어 그들의 행동과 상호작용을 중심으로 관찰하는 것이다. 이와 같은 관찰 초점은 관찰 대상의 특정한 상호작용의 연속성(sequence)에 맞추어져 있기에 관찰 단위는 하나의 상호작용이라고 할 수 있다. 관찰 대상이 되는 상호작용은 주도적인 행위와 반응적인 행위로 분류해볼 수 있는데, 이와 같은 상호작용 행위의 빈도와 지속시간, 상호작용 행위의 특징적 성격에 초점을 두어 관찰을 수행할 수 있다. 이처럼 관찰 대상이 특정한 상호작용에 한정될 경우, 관찰 현장에서 발생하는 다양성과 복잡성 가운데 연구자가 필요한 관찰 현상에 집중할 수 있게 된다.

③ 현장 전체의 관찰

현장 전체가 관찰 초점이 되는 경우로, 관찰 현장에 포함되어 있는 모든 구성원의 행동이나 현상을 모두 관찰하는 방법이다. 이 방법은 관찰하고자 하는 행동과 현상이 명확하며, 동시적으로 발생하는 모든 현상을 기록에 남길 수 있는 성격일 때 가능하다. 이러한 전체적인 관찰의 초점은 관찰이 수행되는 동안 대상의 행동과 그 행동이 발생하는 빈도, 그리고 시간적 변화에 따른 양상까지도 전체적으로 이해할 수 있는 정보를 제공해준다.

④ 감응적 개념

연구자는 관찰 현장에서 다양하고 복잡한 현상들에 대한 관찰 경험을 어떠한 방식으로든 구조화해야 한다. 숙련된 질적 연구자들은 감응적 개념(sensitizing concept)을 적용한다. 이는 상징적 상호주의(symbolic interactionism)를 제창한 Herbert Blumer가 처음 제안한 용어로, 관찰된 경험을 구조화하는 데 유용하게 사용된다. 즉, 연구자가 개방적이고 수용적인 태도를 가지고 연구 대상을 바라보고, 이 모든 관찰에 있어 복잡한 경험을 구별하고 관리하고 관찰할 수 있는 일정 단위로 구조화하는 데 사용되는 개념이라고 할 수 있다.

2) 관찰 자료의 수집

관찰일지

① 다양한 관찰일지

관찰 자료수집은 현장에서 일어난 일련의 대화나 사건의 기록을 담은 로그(logs)와 분석적이고 해석적인 성격의 기록을 모두 포함하는 현장노트(field notes)를 통해 이루어진다(Polit & Hungler, 1987). 현장노트는 연구자가 현장에서 직접 본 내용을 상세하게 기술하는 관찰노트(observational notes), 관찰 경험을 바탕으로 연구방법과 전략들을 기술하는 연구방법노트(method notes), 관찰에 대한 연구자의 해석적 기술을 한 이론노트(theory notes), 연구자가 개인적인 감정이나 느낌을 정리한 개인노트(personal notes) 등으로 분류하기도 한다(Chatman, 1992; Polit & Hungler, 1987). Spradley(1980)는 관찰 현장에서 작성된 압축노트(condensed notes)와 관찰 당시에 기록하지 못한 추가 정보들을 보완한 확장노트(expanded notes)를 제시하기도 했다.

② 관찰일지의 기술내용

관찰일지의 형식과 형태가 일정하게 존재하는 것은 아니다. 연구자의 의

〈표 9-1〉 관찰일지 양식 예

(연구 제목) 관찰일지					
관찰자		장소		일시	
관찰 주제					
관찰 현장 일반정보(관찰 대상 인원 수, 관찰 환경에 대한 묘사 등)					
관찰 시간		관찰 내용		관찰자 노트	
시작	종료				

도나 연구 주제에 따라 관찰일지의 형태도 다양하게 나타날 수 있기 때문이다. 다만 관찰일지가 자료로서의 정확성을 갖추기 위해 필요한 일반적인 기술 사항들이 있는데, 이는 일반적인 정보뿐 아니라 관찰자로서의 해석과 주관적 판단까지 모두 포함한다. 즉, 관찰이 일어나는 장소에 대한 일반적인 정보들을 스케치하듯 기술하고, 현장을 떠올릴 수 있을 정도로 관찰 현장의 행동과 사건들에 관한 정보를 기록하고, 그 관찰 내용에 대해 일차적인 의미해석을 기록하고, 관찰 현장에서 나눈 대화들, 연구자가 느낀 점, 새로운 아이디어, 지속적으로 수정되거나 보완되어야 하는 내용들까지 모두 포함되어야 한다.

3) 관찰 자료의 타당성과 신뢰성

(1) 관찰의 타당성

관찰연구의 타당성을 저해하는 요인으로는 선택적인 관찰을 통한 자료수집, 연구자의 주관적인 판단과 해석을 들 수 있다. 이러한 문제를 해결하기 위해 연구자는 지속적으로 연구과정을 성찰하고 반성하며, 면밀한 기록과 검토를 수행한다. 관찰 자료의 타당성을 확보하기 위해 관찰 기록에 대해 연구 참여자로부터 확인과정을 거치거나 관찰 내용과 연계하여 인터뷰나 문서 같은 추가 자료수집과 분석을 병행한다.

(2) 관찰의 신뢰성

관찰 현장의 다양한 조건과 맥락 속에서 체계적이고 지속적인 관찰의 반복은 자료의 신뢰도를 높여준다. 특히, 관찰의 신뢰성은 연구자의 관찰 능력과 이를 체계적이고 일관된 자료로 확보할 수 있는 연구자의 역량과 밀접하게 관계된다. 즉, 연구자가 관찰 현장에서 핵심적인 정보들을 정확히 포착하고, 관찰 사실에 근거하여 관찰일지를 작성하고 표현하는 데 있어 관찰자로서의 기술이 숙련되어 있어야 한다는 점이다(Patton, 2002).

3. 관찰을 활용한 연구사례

교육과정 재구성을 통한 문화예술교육 가능성 탐색:
'사회로 예술 하기' 사례를 중심으로

(정문성 · 전영은, 2014)

　이 연구는 서울문화재단에서 실시하는 지원사업인 '사회로 예술 하기' 수업을 관찰하고 분석한 것으로, 사회과와 예술의 통합 의미 및 가능성을 탐색하는 데 목적이 있다.

　'사회로 예술 하기'는 초등학교 3학년 사회교과에 통합예술을 접목시켜 교육의 효과를 향상시키기 위한 시도에서 시작되었다. 이 프로그램은 2012년에 개발되어 2013년부터 학교 현장에서 정식으로 실시되고 있으며, 이 연구에서는 이 수업을 진행 중인 학교 중 한 곳을 선정하여 2명의 TA(Teaching Artist)와 담임교사의 허락을 구했다. 총 8차시로 진행되는 수업으로 해당 연구를 위해 2차시와 7차시를 대상으로 직접 관찰 및 기록을 했고, 동시에 촬영한 비디오 분석을 활용했다.

　관찰 및 비디오를 통해 분석한 결과는 교수 · 학습의 비율(수업몰두도), 인지

주의 학습이론, 수업 요소 및 형식 등으로 분류하여 수업의 효과를 체계적으로 기술했다.

참여관찰을 하면서 포착된 학생들의 반응, 분위기 그리고 호응도 등을 비롯하여 교수자의 언어, 태도, 수업방식 등이 상세하게 관찰되었고, 연구자에게는 객관적 자료로서 결과를 도출해내는 데 중요한 자료가 되었다.

이러한 과정을 통해 수집된 자료를 토대로 연구자는 통합예술교육 매트릭스를 분석했고, 이를 5가지 행동목표와 7가지 내용요소에 해당되는 활동들이 실현되었음을 구체적으로 제시했다.

문화예술 프로그램 생산자에 대한 문화기술지 연구: EBS「문화공감」 제작진을 중심으로

(강진숙 · 이광우, 2012)

이 연구는 문화예술 프로그램 제작진들의 미디어 생산행위와 역할을 관찰함으로써 미디어 생산자 연구의 흐름과 배경을 살펴보고, 그것에 함축된 문화적 의미와 한계들을 분석하는 데 목적이 있다.

목적을 달성하기 위해 문화예술 프로그램 중에서 주 시청시간대에 편성된 일일방송이라는 점을 근거로 EBS의 「문화공감」을 연구 대상으로 선정했으며, 이 프로그램의 제작과정을 참여관찰 하는 방법으로 진행했다. 참여관찰을 중점으로 하고, 이 프로그램에서 다양한 직위에 있는 제작진들을 연구 참여자로 선정하여 심층 인터뷰를 실시하여 결과 분석에 활용했다.

참여관찰은 한 달 동안 총 6회 실시되었으며, 촬영 전 준비 과정에서부터 이동, 촬영, 편집 과정까지 제작 전반적인 과정을 탐색할 수 있었으며, 이러한 관찰이 심층 인터뷰에 필요한 라포르를 형성하는 데 큰 역할을 했다.

분석 결과는 방송국 내부 제작진의 위상, 문화예술 프로그램 제작진으로서 갖는 역할, 제작환경 속에서의 문제점과 대처방안으로 분석했으며, 결과적으로 해당 프로그램의 제작진들은 문화 · 예술을 다루는 입장에서 방송국 시스템과 개인적 욕구, 문화생산자와 대중이라는 교차지점에 있으며, 지속적인 상호작용을 하고 있는 것으로 보고 있다.

연구자는 이러한 결과를 토대로 미디어 생산자로서 문화예술 프로그램의 제작자들의 연출력에 대한 능력을 입증할 수 있었다는 데 큰 의의를 두고 있다.

자연유치원 만 5세아의 그림 그리기 활동에 대한 문화기술적 연구

(김혜전 · 홍용희, 2012)

이 연구는 유치원 만 5세 유아들의 그림 그리기 활동에 나타나는 행동 특성 및 요인들을 분석하기 위한 것으로, 참여관찰을 통한 문화기술적 연구방법을 진행했다.

연구는 서울 소재 부속 자연유치원 만 5세반에서 실시되었으며, 이 반은 매일 40분 이상의 실내 자유선택활동을 제공하고 있어 선정되었으며, 유아들이 이 시간에 주로 그림을 그리는 것으로 나타났다. 약 한 달여간 진행된 연구는 유아들이 그린 그림, 참여관찰(비디오 촬영, 오디오 녹음), 교사들과의 기본적 면담, 부모 설문지 등의 자료들을 수집했다.

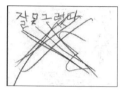

지상(남), 2011.3.23	지상(남), 2011.3.23	악어, 물회오리 안으로 들어가는 여우뱀 [지상(남), 2011.3.23]
[그림 1] 첫 번째 잘못 그린 그림	[그림 2] 두 번째 잘못 그린 그림	[그림 3] 완성 그림

성진:　(색칠을 멈추고 그림을 내려다본다) 에이. ('X' 모양으로 선을 긋고 그림을 미완성 바구니 안에 넣는다)
연구자:　(성진이가 바구니에 넣은 그림을 꺼내 보여주며) 성진아, 성진이 이거 뭐 그린 건지 알려줄래요? 뭐 그린 거예요?
성진:　잘못 그린 거예요.
연구자:　어떤 점을 잘못 그렸어요?
성진:　낙서잖아요.

(중략)

연구자:　아, 낙서구나. 처음에는 멋진 하트랑 별이었잖아. 왜 낙서가 됐어요?
성진:　색칠을 하고 싶었는데…….
연구자:　색칠을 하고 싶었는데?
성진:　낙서가 됐어요.

(관찰, 2011.4.11)

[서은이와 다희가 조형 영역에서 그림을 그리고 있다]
서은:　(그림을 그리다가 연구자에게) 선생님 치마, 치마 그려주세요.
다희:　(들뜬 목소리로) 자, 서은아 어떻게 하는지 알려줄게. 나 치마 그릴 수 있어. 이렇게! (서은이의 그림에 치마를 그리기 시작하며) 반팔, 긴팔?
서은:　긴팔! 긴팔을 내가 이렇게 그릴 거야.
다희:　'만세' 하고 있는 거?
서은:　아니 내가 그릴 거야, '만세' 하는 거.
다희:　내리고 있는 거?
서은:　일단 치마는 그려줘.

(관찰, 2011.3.28)

〈그림 9-1〉 관찰 예시

특히 이 연구에서 참여관찰이 중요한 이유는 관찰을 함으로써 유아들이 그림 그리는 활동을 하는 동안 보이는 행동, 언어적 상호작용 등을 통해 유아들의 그림을 이해할 수 있었기 때문이다.

또한, 연구자와 유아들 간의 자연스러운 상호작용도 참여관찰을 통해 행해졌으며, 참여관찰에서 판단할 수 없는 유아의 생각이나 감정, 의도 등은 교사들과의 반구조화 면담으로 보충할 수 있었다.

그 결과, 유아들의 그림은 유아들이 갖고 있는 지식, 경험, 흥미, 요구 등을 비롯한 생활세계를 이해하는 중요한 자료로서 의미가 있으며, 유아들의 창의적인 그리기를 위해서는 교사의 관심과 적절한 지도가 필요하다고 기술하고 있다.

집단놀이치료를 통한 다문화가정 아동의 또래관계 변화 연구: 초등학생을 중심으로

(이은정, 2012)

경기도의 다문화가정 지역아동센터인 ○○지역아동센터에 다니는 아동을 대상으로 실시했다. 센터 교사의 사전 협조를 얻어 초등학교 1~3학년의 아동 중 또래관계에 어려움을 보이는 아동 5명을 대상으로 집단을 구성했다.

집단놀이치료는 연구자가 2011년 3월 8일부터 4월 7일까지 주 1~2회로 총 10회기가 진행되었으며, 장소는 경기도 ○○지역아동센터 교육실에서 실시했다. 집단놀이치료의 모든 회기는 비디오카메라에 녹화했고, 회기를 관찰 및 평가하여 문서로 기록했다.

먼저 관찰을 위한 프로그램 대상을 선정하여 프로그램 목표 설정 및 프로그램을 계획한 후 프로그램에 대한 전문가 자문 및 수정을 통해 프로그램을 최종 구성한다. 프로그램은 총 10회기로 초기, 중기, 말기 단계로 구성되어 있으며, 초기는 1~3회기로 본 연구자와 집단 구성원의 관계 및 집단 구성원 끼리의 친밀감 및 신뢰감을 형성해가는 단계이다. 중기는 4~7회로 자신과 타인에 대한 감정 이해와 또래와의 상호작용 능력을 향상시키는 단계이다. 마지막으로 말기는 또래관계 향상과 그에 따른 협력 증진 및 자신의 긍정적인 점을 알 수 있는 단계다.

〈표 9-2〉 관찰을 통한 행동의 변화 분석

대상	초기	중기	말기
백호 (가명)	• 자신의 활동에만 집중하고 다른 아동의 활동을 기다려주지 못함(장난을 치거나 재미없다고 함)	• 다른 아동에게 지우개, 연필이 없는 것을 보고 건네줌	• 다른 아동의 활동 모습을 관심 있게 지켜보고, 빠르다고 하거나 잘한다는 이야기를 함
상어 (가명)	• 다른 아동이 신문지가마 활동을 할 때 모서리를 잘 잡아주지 않아 찢어지게 함	• 마무리하지 못한 아동의 이야기를 연구자에게 대신 해줌 • 다른 아동이 색연필을 떨어뜨리자 보고 있다가 주워줌	• 자신의 활동이 끝나고 난 후에도 다른 아동의 활동을 끝까지 지켜봐줌
공주 (가명)	• 자신의 활동이 끝나면 혼자 멍하니 앉아 있는 경우가 많음 • 자신에게만 신문지를 뿌리며 활동함	• 다른 아동의 종이 접는 모습을 보고 있다가 부족한 부분을 알려줌 • 다른 아동의 활동에 환호하거나 격려함	• 다른 아동의 활동을 마음 졸이며 끝까지 지켜봐줌

문화체험활동을 통한 발달장애아동의 사회적응양상에 대한 질적 연구

(송정희, 2006)

M 장애전담 어린이집에 재원 중인 발달장애아동 4명을 선정, 치료 중심 교육에 적응하지 못하여 기관을 옮겨온 아동들로 3년 이상 M어린이집에 재원 중인 아동들로 구성했다. 또한 장애 유형, 나이, 성별, 성향의 4가지 영역으로 나누어 각기 다른 양상을 보이는 아동을 선정했다.

다양한 문화체험활동을 통한 발달장애아동의 사회적응양상을 분석하는 것이므로 연구자가 운영하는 장애전담 어린이집에서 직접 수업에 참여하여 수업이 진행되는 동안 전반적인 아동들의 활동과정을 기록하면서 문화체험활동에 대한 발달장애아동들의 사회적 반응을 관찰·기록했으며, 비디오 촬영과 사진을 찍었다. 발달장애아동들의 특성상 매일매일 교육적 변화를 보이는 것이 아니라서 아동들의 변화가 있을 때나 새로운 프로그램이 진행될 때 기록하고 비디오 촬영이나 사진을 찍었다. 관찰 시 아동과 교사와의 관계, 환경에 대한 아동의 반응, 현장에서의 언어 사용, 아동에 대한 지역사회의 반응, 아동의 수업참여 태도에 대한 전반적인 관찰을 했다. 특히 발달장애아동의 유형에 따른 사회적응양상 연구를 위해 대상아동을 3명으로 제한하여 아동 개인별 수업참여 및 활동들에 대해 기록하고 분석했다.

10장

질적
연구자와의
인터뷰

1. 연구자가 되려면 사람 바이러스에 맞서라

질적 연구를 하려는 사람들에게 실제적인 목소리와 경험이 담긴 정보를 제공하기 위해 저자들은 가까이에서 질적 연구로 논문을 써본 경험이 있거나 질적 연구 수업을 수강한 대학원생들을 대상으로 인터뷰했다.

다음은 그 내용을 담은 것으로, 이 내용을 참고하여 앞으로 질적 연구를 하려는 사람들이 질적 연구를 수행하면서 갖게 되는 꼬리를 무는 생각과 고민들을 직접 풀어낼 수 있는 스스로의 노하우를 쌓아가길 바란다.

1) 나에 대한 의문 없이는 질적 연구도 없다*

김진희: 질적 연구를 어떻게 만나게 됐는지 말씀해주시겠어요?

도재우: 제 경우는 두 가지 입장에서 만나게 된 것 같습니다. 처음에 한국에 있었을 때는 방관자라고나 해야 할까요? 저와는 관련 없는 영역으로 만났습니다. 어차피 석사공부를 해야 하니까 문헌분석을 하면 그냥 '어, 이게 질적 연구인가 보다', 그리고 주변에 질적 연구를 하시는 선생님들이 계시니까 '아, 저렇게 질적 연구를 하시는가 보다'라

---

* 인터뷰에 응해준 도재우는 현재 The University of Tennessee에서 박사과정 중이다.

고 생각했어요. 그런데 무척 어려워 보였어요. '나는 양적 연구를 할 거니까 논문만 읽을 수 있으면 되지만, 이렇게도 할 수 있구나' 하고 그때는 솔직히 얕보는 마음이 있었어요. 그런데 미국에 가서 수강 신청 할 때 첫 수업은 당당하게 통계수업을 신청했죠. '나는 통계를 할 거니까. 그리고 한국 사람은 통계를 잘할 거니까.' 그런데 한 학기가 지나고 수업을 듣는데 자연스럽게 질적 연구 논문들을 많이 읽게 되고, 예전부터 느껴왔던 양적 연구의 한계에 직접 부딪쳐보기도 했어요. 그러니까 '해결해야 해'라는 생각에서가 아니라 그 프로그램 안에서 공부해보고 싶어서 의도적으로 수강신청을 한 번 했습니다. 누가 인도해줘서 간 건 아니지만 그렇게 해서 들어간 거죠. 교육과정에서 제공해주니까 그것을 선택할 기회가 생기고, 선택해서 질적 연구에 들어갔는데, 제가 공부했던 한국에서는 질적 연구 수업을 그렇게 가르치진 않았습니다. 특강은 있었지만 프로그램 상에는 없었습니다.

그때 그 수업을 들으면서 '아, 이게 질적 연구구나' 하고 생각했어요. 그리고 질적 연구에 대해 제가 약간 소설처럼 생각하고 있었던 것 같아요. 그래도 연구적 특성을 가진 하나의 논리가 있다는 걸 그때 처음 알게 되면서 조금씩 더 공부를 하게 됐고, 더 이상은 '방관자 역할이 아니라 내 연구방법으로서, 그리고 질적 연구를 공부하고 졸업하게 되면 내가 가진 연구자로서의 시각은 질적 연구의 시각으로 나올 수도 있겠구나'라는 생각을 하면서 질적 연구를 계속 공부하고 있습니다.

김진희: 질적 연구 세계에 본인이 혼자 걸어들어 갔다고 했는데, 질적 연구를 알게 된 지는 얼마 정도 됐나요?

도재우: 제가 직접적으로 질적 연구 책들을 읽은 지는 이제 1년밖에 안 됐고

요. 조금 호기심이 생긴 건 1년 반 정도. 그러니까 한 학기 동안은 자료들이 있는지 보는 수준이었고, 책들을 직접 읽은 건 1년밖에 안 됐습니다.

2) 질적 연구의 민낯이 궁금하면 현장 속으로 걸어 들어가라

김진희: 자, 그럼 알게 된 그 시간 동안 가장 좋았던 것, 혹시 기억에 남는 게 있나요? 알면서 기뻐지는 것 말이에요.

도재우: 알면서 기뻐지는 거는…… 특정 부분을 말하기 전에 일단 완전히 새로운 것을 배운다는 것이 정말 재미있었고요. 그리고 예전에 제가 숫자만 보다가 일반 텍스트 안에서 어떤 연구적 메시지를 찾았을 때, '와, 이런 게 있었구나. 만약에 예전의 시각이었다면 못 찾았을 텐데. 오, 이걸 이렇게 볼 수 있네?' 하며 놀랐던 적이 있어요. 최근 인터뷰 결과들을 가지고 어떤 사람들을 이해하려는 연구를 했는데, 거기서도 학생들에게 "너는 하루에 휴대폰을 몇 번 쓰니?", "몇 번 만지니?" 이런 걸 물었을 때보다는 전혀 다른 결과를 냈을 때 '아, 내가 이 사실을 좀 더 깊게 알게 되는구나' 그리고 '좀 더 다른 시각으로 볼 수 있겠구나'라고 생각하기도 했고, 질적 연구는 저 자신을 아는 프로세스를 필수적으로 요구하는데, 즉 인식론이나 존재론 같은 걸 공부할 때도 가장 어려운 영역이었지만 그래도 그것을 하면서 저 자신을 바라보는 느낌이 조금 더 재미있었던 점도 있었던 것 같습니다. 그리고 내적으로는 질적 연구 툴(Nvivo, Atlas ti)을 조금 만지고 있는데, 그것을 통해 하나의 그래픽을 만들 때나 도구를 이용해서 어떤 시각적 결과물을 만들 때 외부적인 면에서도 그런 쾌감이

좀 재미있었던 것 같습니다.

김진희: 지금 말씀하신 걸 요약하면, 질적 연구를 배워가거나 알아가면서 본인에게 달라진 점이 크게 두 가지가 있는데, 그 두 가지가 다 질적 연구라는 것을 알아가면서 얻어진 경험인 것 같은데요. 그 경험 중 하나는 책이건 논문으로 만나는 질적 연구 텍스트이건 그것을 보고서 내가 그걸 직접 쓰거나 수행하지는 않았지만, 공감이 가거나 의미를 해석할 수 있는 이해력이 생기거나 여러 가지 관점에서 보고 관찰할 수 있는 힘이 생겼다는 거죠? 두 번째는 '아, 막상 이런 제목의 연구 결과는 이럴 것이다'라는 자신의 고정관념이나 인식 같은 것들이 질적 연구를 한 텍스트들을 보고 깨지면서 오히려 더 깊어지고, '아, 내가 갖고 있는 생각이 전부가 아니구나'라는 깨달음인 건데요. 결국 제가 보기에는 경험을 통해 얻는 공감이나 경험을 통해 '나'라는 사람의 어떤 새로운 능력을 알게 됐다는 건가요?

도재우: 네. 그리고 앞에서 말씀 드린 '보고 새로운 것을 알게 되었다'는 것은 책에서도 배웠는데, 제가 연구를 해보면서 인터뷰 결과를 직접 분석했지만 솔직히 양적 마인드에서 거의 가설을 확실시했거든요. 제 머리에서 확실시했는데 전혀 다른 해석이 나왔습니다. 그 텍스트를 보고 연구를 했을 때, '어! 이걸 하지 않았으면 몰랐겠네?'라는 생각을 했어요. 그때 교수님도 "너는 들어가기도 전에 너무 확실하게 정해놓고 들어간다"는 피드백이 맞아떨어졌을 때, 그리고 제가 직접 책으로 배운 것도 있지만 인터뷰를 해보고 그것을 분석하면서, 그리고 작은 실천을 해보면서 뭔가 다른 걸 느꼈을 때 즐거웠던 것 같습니다.

김진희: 그러면 하나의 새로운 세계를 알게 됐고 그것이 바로 질적 연구라는 건데, 혹시 그러면 이 질적 연구로 앞으로 연구 활동을 수행해서

학위논문을 쓸 후배들이나 동료, 잠재적인 동료들에게 '이것만은 꼭 해야 한다', '알아야 한다', '필요하다'고 생각하는 건 뭐가 있을까요?

도재우: 질적 연구를 꼭 할 사람들한테요?

김진희: 생각할 시간 동안 좀 더 보탠다면, 한 예로 제 주위에는 질적 연구에 대해 고민하거나 공부하거나 훈련하거나 실습을 하기보다는 그냥 질적 연구로 쓰인 수많은 논문과 참고자료를 읽고는 바로 자기 연구 주제로 선정한 것에 질적 연구방법을 쓰죠. 관찰을 하건 인터뷰를 하건 말이에요. 그런데 거기에는 '왜'가 빠져 있어요. 그냥 누군가 질적 연구를 해서 인터뷰를 했기 때문에 나도 그것을 활용한다는 생각이죠. 제가 보기에는 주제도 다르고 하는 사람도 다름에도 불구하고 질적 연구 글쓰기가 자꾸 획일화되거나 통일화되고 있어요. 특이성이 없어서 그런 거라면 혹시 이런 오류나 고민, 고통을 더 반복하기 전에 질적 연구를 꼭 해야겠다는 사람이 있다면 그 사람에게 가장 필요한 건 뭘까요?

도재우: 너무 일반적인 대답일 수도 있지만, 일단 자기 스스로 질적 연구에 대한 이해가 있어야 한다고 생각합니다. 그런데 이해라는 것이 책을 보고 하는 이해일 수도 있지만, 질적 연구가 무엇이냐고 물었을 때, 스스로 "제가 생각하는 질적 연구는 이런 겁니다"라고 자신 있게 말할 수 있어야 해요. 그러니까 이해라는 단어로 설명하기에는 너무 좁은 개념 같은데, 저 같은 경우 질적 연구를 배우고 난 다음과 배우기 전은 분명히 다르거든요. 질적 연구를 대하는 제 모습이 말이에요. 그것을 '이해'라는 단어로 표현할 수 있을지는 모르겠는데, 참 너무 어렵습니다.

김진희: 한 단어로 말하기에는 모호한가요?

도재우: 네. '나 스스로 질적 연구자로서의 나의 모습을 아는 것?' 그게 더 적

절한 표현일 수도 있는데, 제가 꼭 해주고 싶은 말은 질적 연구는 어렵지만 결코 그렇게 어렵지만도 않다는 것입니다. 그런데 일기를 쓰는 것 자체도 어쩌면 연구자로서의 자신의 모습을 아는 한 가지 방법이자, 그 작은 연구에 대한 작은 연습과 수행이 아닐까 하고 생각하거든요. 저는 처음에는 너무 어렵게 생각했습니다. 연구방법으로서의 질적 연구만 생각하니까 뭔가 엄청 어려울 것 같고, 글을 정말 잘 쓰는 사람이어야 하고, 한 부분에 대한 내공이 엄청나야 한다고요. 그런데 그것보다는 그냥 내가 어떤 사실을 보고 그것에 대해 내가 이해한 것을 쓰는 것이 질적 연구라고 생각해요.

김진희: 본인은 질적 연구가 자신을 포함해 다른 사람이 갖고 있는 좋은 역량이나 자질 중의 하나로 봤는데, 이제는 오히려 그게 자신의 세계로까지 수위가 낮아지거나 일상에서도 '내가 바로 할 수 있는 거구나'라는 정도까지 생각하게 된 건가요?

도재우: 그렇죠. 일상에서는 질적 연구를 실천하기가 결코 어렵지 않다고 말하는데, 막상 그것을 연구로 끌어내려면 내 안에 이미 글쓰기와 생각이 당연히 들어가 있어야 하는 것이기 때문이죠. 그러니까 일상이면서도 그것이 좀 다른 별개의 수준인 것 같고, 그 안에서도 방법이 너무 많아요. 어찌 보면 한계가 없는 영역인 것 같은데, 그렇게 한계가 없다는 걸 알고 활용하기 위해서는 기본은 꼭 알아야 할 것 같습니다.

특히 자신의 '눈'을 알아야 글을 쓸 수 있을 것 같습니다. 내가 어떻게 보고 어떻게 생각하는지를 알아야 자신이 하는 것에 대한 이해가 가능할 것 같아요. 예를 들어 질적 연구들을 한마디로 표현한다고 하면 저 같은 경우는 '이해' 같거든요. 어떤 현상에 대한 이해 말이에요. 제 생각에 양적 연구는 '확인' 같고요. 제가 한 것에 대해 '이게 맞지?', '이게 맞아'하는 거요. 하지만 이해 같은 경우에는 답이 정해져 있지 않아서 그것에 깊게 들어가거나 아니면 그런 것들을 파악하는 과정인 것 같아요. 그렇기 때문에 이해를 제대로 하고('제대로'라는 표현도 그렇지만), 바르게 이해하는 게 중요해요. 과거에 저는 질적 연구라고 해서 논리가 없는 것인 줄 알았습니다. 그러니까 양적 연구는 가설 수립, 자료수집(김: 체계적인 과정에서죠.) 같은 절차에서 '얘는 겉으로 봐도 딱 논리적이야'라고 생각했죠. 질적 연구는 안 그렇다고 생각했는데, 요즘에는 질적 연구의 목차만 봐도 '아, 논리적이구나. 이런 흐름이라면 독자로서 내가 읽을 때 충분히 이해되어 수용할 수 있어. 이 연구자의 접근에 대해 의견은 다를 수 있지만 고개를 끄덕일 수 있는 그의 프로세스에 대해. 질적 연구는 그런 논리적 가정을 가지고 있으니까.' 결국 그것을 과학적 접근이라고 해야 할지, 논리적 접근이라 해야 할지는 모르겠지만, 어떤 사람이든 연구를 수행할 때는 독자를 설득시킬 수 있을 만한 프로세스는 갖되, 단 질적 연구에서는 나의 해석을 쓸 수 있고, 나의 이해를 쓸 수 있다는 게 차이점인 것 같습니다.

김진희: 한 예로 질적·양적 연구를 할 때 목차를 보면, 확립이나 확신하기 위한 논리로서의 목차는 양적인데, 질적 연구도 요즘은 논리와 절차가 있고 체계적이에요. 그런데 그것이 내가 확신하고자 하고, 공감을 사고, 이해가 가는, '아, 이럴 수도 있겠구나'라는 것에서 목차에서의 차이점이라는 거. 그것은 제가 보기에 굉장히 중요한 발견이거든요. 그전에는 질적 연구 목차가 양적 연구 목차보다 그렇게 안 와닿았죠?

도재우: 그렇죠. 몰랐어요. '그냥 글을 쓰는 건가보다'라고 생각한 거죠. 전문가가 칼럼 쓰듯이 써놓은 게 질적 연구인가? 어떤 교수님들도 그냥

"질적 연구는 논리가 없어" 하고 말하는 분들도 있었고요. 데이터, 결과 같은 것에 대한 편견이 있었던 것 같습니다. 그런데 이제는 양적 연구보다 더 논리적으로 생각될 때가 있는 것 같습니다.

김진희: 자, 그럼 혹시 본인이 지금 질적 연구를 하면서 '아, 알고 있구나. 내가 이젠 이 정도까지 자신이 생겼다'라고 생각하는 한두 가지 예를 들어줄 수 있나요?

도재우: 이제는 '질적 연구를 하라'고 해도 겁을 안 먹는 것 같습니다.(웃음) '내가 할 수는 있겠구나'라고 생각하죠. 예전에는 그런 연구방법들과 자료수집 같은 것들에 대해 어떻게 해야 할지, 그림을 관찰할 것인지, 인터뷰를 할 것인지 고민할 때 무조건 survey가 전부인 줄 알았거든요. 그런데 이제는 그런 방법들을 어떻게 활용해야 할지에 대해 지금 한 가지 한 가지씩 도구를 배우고 있거든요. 관찰도 그냥 관찰이 아니라 어떻게 관찰할 것인지, 인터뷰도 어떻게 할 것인지 등등. 그러니까 저에게 맞는 질적 연구 자료수집에 관한 무기들이나 방법들을 조금씩 개발하는 과정에 있습니다. 그래서 제가 원하는 데이터라고는 말하기 어렵지만, 그것들을 가장 잘, 그야말로 사실에 가까운 자료로 얻을 수 있는 방법을 조금씩 발견해가는 과정 같습니다. 제가 원하는 결과를 얻을 수 있을 때까지요.

3) 질적 연구자의 독······ 스스로 벗어던져라

김진희: 대학원생들은 학위논문이라는 졸업논문이 있잖아요. 자기 이름으로 처음 출판되는 작품인 셈인데, 학위논문을 질적 연구방법으로 준비하는 학생들에게 해주고 싶은 말이 있다면요?

도재우: 저도 이제 질적 연구방법으로 쓰려고 생각하고 있기 때문에 당장 그들에게 실질적인 조언을 해주고 싶어요. 왜냐하면 저도 준비돼가는 과정에 있는데, 제 주변에 그렇게 논문을 쓰는 사람들이 정말 많습니다. 그래서 질적 연구방법에 대해 많이 물어보고 그 사람이 쓴 걸 읽어보고는 하는데, 계속 자기의 생각을 추적하더라고요. 그 사람들의 특징은 언제나 메모하는 습관을 갖고 있다는 점이었어요. 자신의 사고과정과 프로세스 등 모든 것을 메모로 남기더군요. 그분들에게 물어봐도 항상 "메모해라", "너의 생각을 스스로에게 계속 고백해라"라고 말하시더라고요. 질적 연구자로서의 성찰적 시각이라고 해야 할까요? 그 자체는 연구 결과가 아니지만, 질적 연구자로서 성장하는 것이 가장 중요한 것 같고, 그런 고백을 논문에도 넣으시더라고요. 저는 그 파트를 읽으면서 어떨 때는 더욱 이해되는 부분들도 있고, 그 사람이 어떤 연구를 하면서 생각을 했는지를 알게 되니까 좋았던 것 같습니다.

김진희: 저도 질적 연구를 해본 사람으로서 대학원 생활을 하고 있는 사람들의 공통적인 고민을 살펴보자면, 어쨌든 논문을 몇 편 써야 하고, 뭘 해야 하고, 앞으로 수행해야 하는 것에 마침표를 찍어야 할 과제가 많다 보니까 그 과제에 질적 연구를 집어넣는데, 이게 늘 똑같은 패턴이에요.

도재우: 주제에 맞게 부분만 발췌하고는 그걸 질적 연구라고 하면서 껍데기만(김: 포장하는 거죠.).

김진희: 그래서 그런 고민이 늘 해결되지 않고, 왜 그럴까 하고 보면 지도교수가 질적 연구방법론에 대해 결과만 나오게끔 한다든지, 수업이나 공부모임 또는 세미나 자체에서 혼자 고통스러운, 어쨌든 결과물로만 예를 집어넣는 그런 문제가 있는 건데요. 사실은 질적 연구가 우

리나라에, 특히 교육학이나 사회과학에 처음 들어왔을 때부터 이런 문제가 계속 제기되어 해결해야 한다고 했는데, 20년이 지난 지금도 사정은 이렇습니다.

도재우: 제대로. 그러니까…… 저희 수업에서 한때 제일 재미있었던 질문이 "연구문제가 우선인가, 연구방법이 우선인가?"라는 질문이 있었습니다.

김진희: 한국의 대학원생들은 이런 하소연을 해요. "선생님, 질적 연구로 소논문을 쓰면 매번 '게재 불가'라는 대답이 돌아와요. 이건 이렇게 고치고, 저건 저렇게 고치고. 그런데 그렇게 고치면 또 다른 부분을 얘기하고……. 그럼 대체 어떤 식으로 하란 말일까요?" (도: 결국에는 양적으로 쓰란 거죠?) 아니죠. 결국 '나는 어떤 질적 연구자인가?'가 포함되어 있지 않으면서 '누구는 이런 얘기를 했고, 누구는 이 방법을 썼기 때문에 나도 이 방법을 쓴다'라는 식으로 얼기설기 엮어 합리화했을 뿐 왜 이 방법을 쓰고 있는지는 언급하지 못했기 때문이죠.

도재우: 네. 그러니까 공감이 가게 만들지 않은 건조한 연구물이더라구요. 앞의 이야기에는 빠졌지만, 질적 연구를 함으로써 제가 가장 크게 깨달은 점은 이거죠. 내가 탐구하고자 하는 것에 대한 가장 적절한 방법을 찾을 수 있게 되는 것. 그러니까 이 문제에서는 어쩌면 양적 연구가 맞을 수 있고, 다른 쪽에서는 질적 연구가 맞을 수 있고요. 질적 연구에서도 수많은 방법 중에 이게 맞을 수 있는데, 내가 연구하는 것에 가장 알맞은 시도를 할 수 있게 선택의 폭이 넓어지는 거죠. 그러고는 그걸 합리화시킬 수 있는 거죠. "왜 질적 연구를 선택했어?"라고 질문하면 "이렇기 때문에, 이것을 알고 싶어서 했다"는 것을 스스로 당당히 말할 수 있는 게 중요하죠. 만약에 제가 "학습자들의 휴대폰 사용 패턴을 알겠다"고 하면 "너 하루에 몇 번 체크하

니?" 이렇게 하는데, 데이터만 봐서는 패턴을 절대 모르겠더라고요. '왜 네가 그렇게 쓰는지', '네 전공이 무엇인지', '네가 그걸 할 때 어떤 행동을 하는지' 이런 것들을 보니까 그 사람의 진짜 패턴과 왜 그렇게 하는지 이유를 알게 되었고, 원인이라고 해야 할까요? 제가 알고 싶은 것을 좀 더 알게 되는 것 같더라고요.

아까 제가 했던 말로 돌아가서 "연구문제가 먼저인가?", "연구방법이 먼저인가?"에 대해 저는 그때 "당연히 연구문제가 먼저 아닌가? 연구문제를 잡고 그것에 맞는 적절한 방법을 선택해야지"라고 말했거든요. 그런데 그때 학생들 사이에서 정말 의외의 답변으로 많이 나온 것이 "아니야. 때로는 연구방법이 먼저일 수 있어"라고 말하더라고요. 다른 여러 가지 이유가 있었지만, 한 가지 이유는 '내가 박사학위 논문을 질적 연구로 쓰니까' 내 눈이 이미 질적 연구 렌즈를 착용한 겁니다. 저도 질적 연구에 대해 좀 배워서인지 예전과는 달리 이제는 학생들 모습만 보면 '질적 연구로 이렇게 접근하면, 이렇게 보면 되는 것'이라는 시각에 사로잡혀 있습니다. 안경을 맞출 때도 정말 나를 알고, 내 시력을 알고, 내 눈에 맞는 안경을 골라야 하는 것처럼 그냥 대충 윤곽만 잡으면 이것도 저것도 아닌 어설픈 연구가 나오는 것 같아요. 제대로 된 자신의 질적 연구 렌즈를 맞추는 것이 엄청 중요한 것 같고, 저도 아직 연구문제가 먼저인지, 연구방법이 먼저인지 하는 것은 때때로 다를 수도 있다고 생각해요.

김진희: 다를 순 있죠. 그렇지만 꼭 '이게 먼저이고 이게 나중이다', '한 가지 방법밖에 없다'고 생각하는 건 잘못된 것 같아요.

도재우: 그렇죠. 그런데 일반적으로 저희가 배워온 것은 연구문제가 항상 먼저라는 거였어요. 결국에는 1이 있어야 2가 있는 거고, 2는 절대로 1 앞에 못 나온다는 거…… 계단처럼 당연한 순서라고 생각했는데,

이제는 좀 더 다른 게 필요한 시점이라 생각되고, 저부터도 다르게 볼 수 있는 안목이 생겼다는 것은 질적 연구를 통해 알게 된 점이니 감사한 일이죠.

4) 논문 작성을 마친 대학원생의 생생 토크*

김진희: 논문을 이제 막 끝냈는데, 논문을 쓰면서 가장 기억에 남는 일은 뭔 가요?

강다영: 가장 자랑하고 싶은 것은 일단 현장을 많이 다녔다는 것. 그게 논문 을 쓰면서 제 자신한테 가장 뿌듯한 점인 것 같습니다.

김진희: 논문 현장을 다니셨다니까 현장조사를 기반으로 한 사례연구인가 요?

강다영: 네.

김진희: 그럼 논문을 쓰면서 진행과정이 어땠는지 얘기해주겠어요?

강다영: 사실 논문 계획서를 쓰기 전에 계획서를 쓰는 단계에서는일단 논문 주제와 관련된 다양한 논문들을 읽으면서 혼자 공부를 해왔는데, 그 것을 단순히 읽는 것에서 그치는 게 아니라 제 시각으로 보거나 분 석하는 과정이 많이 힘들었던 것 같습니다. 그래서 그 힘든 부분은 지도교수님과 일주일에 한 번 정도 또는 그 이상 튜토리얼 시간을 가졌는데, 그때 논문을 어떻게 제 시각으로 풀어나가야 하는지 그런 시간을 통해 조금 도움이 됐던 것 같습니다.

김진희: 논문 진행을 위해 튜토리얼은 몇 개월 정도 했나요?

강다영: 튜토리얼은 1년 정도 진행한 것 같습니다. 튜토리얼 방식은 먼저 제

---

* 강다영은 석사학위를 받고, 경북문화콘텐츠진흥원에서 일하고 있다.

가 찾아서 읽는 부분도 있지만, 제가 찾아서 제 나름대로의 분석을 선생님께 보내드리면, 선생님이 튜토리얼 시간 전에 의견을 주시거나 아니면 저한테 도움이 될 자료 같은 것을 선생님 나름대로 또 준비해오셔서 서로 공유하는 시간이 되었던 것 같습니다.

김진희: 현장을 다녀본 연구자로서 그 자료를 가지고 논문을 썼는데, 석사든 박사든 학위논문 제일 마지막에 자기 이름을 써야 하는데, 가장 중요한 게 뭘까요? 지금 논문을 다 쓴 사람으로서 (논문 계획서나 논문을 써야 할 사람들에게) 조언해줄 것이 있을까요?

강다영: 제 경험으로 보자면 저는 글쓰기에 대한 어려움이나 걱정, 글쓰기에 대해 겁을 내는 면이 있었는데, 제일 도움 되는 것은 처음에 말씀드렸던 것처럼 현장작업이었던 것 같아요. 제 논문이 현장에서 사람들을 만나는 것을 바탕으로 하는 것이기 때문이기도 하지만, 현장에 나가서 사람들을 만나면서 거기서 글쓰기의 바탕이 되는 내용을 얻을 수 있었고, 아이디어도 현장에서 얻을 수 있었기 때문에 현장작업이 제일 도움이 됐던 것 같아요. 책에 항상 답이 있는 게 아니니까……. 현장에 가면 책에서보다 더 많은 것을 얻을 수 있었던 것 같습니다.

김진희: 학위논문 계획서를 작성할 때 가장 중요한 것은 무엇일까요?

강다영: 연구 계획서에서는 '내가 앞으로 연구를 이런 식으로 진행하겠다'라는 것이 중요하기 때문에 세부 내용보다는 주제나 목차 위주로 작성하는 것 같습니다. 연구 계획서를 준비하면서 많은 계획서들을 살펴보았는데요. 재미있는 주제들이 굉장히 많았던 것 같습니다. 그런데 주제와 목차가 조금 일관성이나 연관성이 떨어지는 것들도 있었기 때문에 앞으로 무엇을 이야기하려고 하는지에 대해 조금 의문이 들었고, 또 연구 진행에 있어서 어려움이 있을 것 같다는 생각이 들었

습니다. 그래서 그런 것을 약간 수정 또는 보완하려면 제 생각에는 한 번이라도 현장에 나가서 어떤 방향으로 연구가 진행될지 도움을 받는 것이 좋을 것 같습니다.

김진희: 계획서는 말 그대로 '내가 뭘 하겠다'라는 거니까 결국 그 계획서가 온전해지려면 한 번이라도 빨리 현장에 나가서 보고 오든지, 이야기를 하고 오든지 해서 자기의 계획서를 최종 점검하고 구체적으로 앞으로의 밑그림이라든가 진행과정을 좀 더 자기 것으로 만들라는 건가요?

강다영: 네, 그런 말입니다. 일단 계획서는 사실 현장에 나가기 전에 작성한 것이잖아요? 앉아서 책으로만 공부하면서 '아, 이런 방향으로 연구가 진행되겠구나' 하고 계획서의 목차를 구성했는데, 현장에 나가 보니 제가 생각지도 못했던 부분들이 굉장히 많았고, 그래서 조금 더 생생한 연구를 진행할 수 있었으며, 그것에 따라 목차가 많이 달라졌던 것 같습니다.

김진희: 그러면 그게 연구의 큰 주제가 확 바뀌었다는 건가요, 아니면 큰 타이틀이나 흐름은 그냥 두고 현장에서의 자료수집과 분석하는 것에 어떤 작은 과정과 과정 사이에 내용이 조금씩 바뀌거나 추가되었다는 걸 말하나요?

강다영: 큰 틀에 있어서는 그대로 유지할 수 있었고요. 연구의 필요성이나 내가 어떤 연구를 하려는지 그 틀은 그대로 있었지만, 그 안에서 현장의 목소리에 따라 논문 안의 내용들이 조금 더 구체적이 된 것 같습니다.

김진희: 예, 잘 알겠습니다.

2. 질적 연구의 희망은 산타클로스 선물이 아니다

두 번째 이야기는 질적 연구로 박사학위 논문을 쓴 학문 후속세대들의 경험담이다. 인하대학교 김영순 교수에게 박사학위를 한 이들은 질적 연구 수행과정에 관한 질문지를 받아 성의껏 경험담을 써주었다. 네 명의 글은 다음과 같다.

이름	논문 제목	연구방법	학위연도
배현주	성인 여성의 아이돌 그룹 팬 경험에 관한 문화기술적 연구	문화기술지	2013
윤희진	지역 향수의 다성적 내러티브와 고향에 대한 사회적 리얼리티의 재구성	내러티브	2014
정소민	시민적 '프락시스'로서의 대학생 봉사활동 경험에 관한 문화연구적 해석	문화기술 사례	2014
임지혜	마을문화콘텐츠의 기호학적 해석 모델에 관한 연구	기호학 접근	2012

1) 내 것인 듯 내 것 아닌 내 것 같은 질적 연구: 배현주 이야기

(1) 나는 누구인가?

나는 결코 공부를 잘하는 아이도 공부를 좋아하는 아이도 아니었다. 나의 부모님과 나를 오랜 시간 보아온 친구들은 모두 입을 모아 "네가 어떻게 박사까지 하게 되었나 모르겠다" 하고 고개를 저을 정도라면, 흔히들 말하는 학구열이라는 것이 내게 얼마나 부족했는지 짐작할 수 있을 것이다. 그래서 소위 SKY라고 불리는 서울 사대문 안의 명문대는 꿈도 꾸지 않았다. 그러나 대학에 가면 꼭 배우고 싶은 것은 있었다. 중국어였다. 무협소설에 빠져 김용 (金庸) 작가의『영웅문』시리즈를 탐독하며 중학교 2학년 시절을 보낸 나는 중학교 3학년 때 본격적으로 무협 드라마와 홍콩 영화에 빠져들었다. 그러다 보니 좋아하는 홍콩 배우에 대해 알고 싶어졌고, 이를 계기로 중국어를 배우고 싶다는 강한 열망이 생겨났다. 결국 나는 중어중문과에 입학하였다. 이때까지만 해도 나는 그저 '중국어를 배우면 한국어 자막 없이도 드라마나 영화를 볼 수 있고, 내가 좋아하는 홍콩 배우를 만난다면 대화를 할 수 있겠구나' 하는 단순한 생각뿐이었다.

중국어 공부를 핑계 삼아 무협 드라마와 홍콩 영화를 엄청나게 찾아 보다가 더 이상 볼 새로운 작품도 없어질 무렵, 나는 친구의 추천으로 미국 드라마와 일본 드라마를 보게 되었다. 지금까지 보아오던 한국 드라마나 중국의 것과는 다른 새로운 내용과 형식의 드라마들은 나에게 새로운 재미와 자극을 주었다. 한국 드라마에서는 결코 찾아보기 힘든 파격적인 내용도 내용이었지만, 드라마 러닝타임이라든지, 중간 광고 같은 한국의 드라마와는 다른 부분들이 매력적으로 느껴졌다. 왜 이렇게 나라마다 형식이나 내용이 다를까? 그 궁금증이 나를 대학원 진학으로 이끌었다. 그래서 '영상문화'라는 전공으로 한국과 일본, 대만의 드라마 트렌드를 비교분석하는 논문으로 석사학위를 받게 되었다.

석사과정에서 나는 문화콘텐츠의 개념을 새로 배우게 되었고, 문화콘텐츠라는 것이 소비되는 상품을 넘어 그것을 만들어낸 제작자의 철학, 더 나아가 문화콘텐츠의 근간이 되는 한 국가의 문화 그 자체와 그것의 가치를 담아내고 있다는 것을 깨닫게 되었다. 그렇다면 이러한 문화콘텐츠를 소비하는 사람들은 그러한 철학과 가치를 어떻게 해석하고 받아들일까? 그들은 단순히 문화콘텐츠를 소비하는가, 아니면 향유하는가? 생산자가 아닌 소비자 혹은 향유자의 입장에서 문화콘텐츠를 바라보고 그것의 가치를 발견하고 싶었던 나는 박사과정에 진학하였고, 이러한 연구 주제로 박사학위를 받았다.

지금까지 나의 학문은 전적으로 나의 개인적인 즐거움과 호기심에서 출발하여 이어져왔다. 다시 한 번 말하지만 나는 결코 공부를 좋아하는 사람이 아니었고, 지금도 아니기 때문에 내가 지금까지 해온 것은 공부라기보다는 내가 좋아하는 것에 대한 애정이자 개인적인 호기심에 대한 탐구였다.

공자(孔子)는 "지지자 불여호지자 호지자 불여낙지자(知之者 不如好之者 好之者 不如樂之者)"라 했다. "아는 자는 좋아하는 자만 못하고, 좋아하는 자는 즐기는 자만 못하다." 평생을 나와 함께할 학문의 길이라면 기왕이면 내가 좋아하고 더 나아가 즐길 수 있는 연구를 하고 싶다. 거기에 조금 더 욕심을 부린다면 내가 한 연구가 누군가에게 도움이 되는 연구이길 바란다.

(2) 어떤 주제로 박사논문을 썼는가? 이 논문을 쓰게 된 계기는 무엇인가?

앞에서 이미 고백한 바와 같이 나는 결코 공부를 좋아하는 아이가 아니었다. 그러나 신기하게도 한번 관심을 가지면 그것에 한해서만은 나 스스로 만족할 때까지 파고드는 집요함은 있었다. 비록 그 집요함이 공부의 영역에는 영향을 미치지 못했지만 말이다. 그 집요함이 빛을 발한 것은 연예인, 그중에서도 아이돌(idol)이었다.

간단히 말하자면 난 '빠순이'였다. '오빠부대', '오타쿠(お宅)', '오덕후' 등등 뭐라고 불리어도 반박할 수 없는 '팬심(fan心)'과 '팬질'로 무장된 그야말로 아이돌의 열렬한 팬이었다. 초등학교 시절 '서태지와 아이들'로 시작된 나의 아이돌 사랑은 '젝스키스', '신화', 'GOD'를 거쳐 지금은 두 팀으로 분리된 '동방신기'와 'JYJ', 거기에 '비스트'까지 아직도 현재진행형이다.

내가 이렇게 나 스스로를 '팬녀'라고 당당하게 커밍아웃하는 이유는 내가 팬들 중에서도 꽤나 성공한 팬임을 자부하기 때문이다. 팬심과 팬질로 박사학위를 받았으면, 성공한 축에 속하지 않는가.

나의 박사논문 연구는 경험에서 출발하였다. 적어도 고등학생일 때까지만 해도 내가 아이돌의 팬이라는 것을 당당히 밝힐 수 있었다. 학급에서 서로 좋아하는 아이돌이 다른 친구들끼리 편을 갈라 싸우는 일도 심심치 않은 일상이었다. 그런데 그것이 대학생이 되면서부터 굳이 묻지 않는 이상 내 입으로 먼저 말하지 않게 되더니 20대 후반에 접어들면서는 은둔형 팬이 되고 말았다. 그렇다면 아이돌을 좋아하는 다른 사람들은 어떨까? 10대와 20대, 30대를 넘어 40대, 50대까지 그들의 아이돌을 좋아하는 마음과 그 표현방식은 어떠할까? 그들은 당당하게 자신이 아이돌 팬임을 밝힐까, 아니면 나처럼 은둔형 팬으로 살까? 주변 사람들의 반응은 어떨까? 만약 나처럼 청소년 시기부터 성인이 되기까지 줄곧 아이돌을 좋아하고 있는 사람이라면, 그 사람이 좋아하는 아이돌은 줄곧 한 명이었을까, 아니면 여러 명일까? 오랜 기간 동안 아이돌의 팬으로 활동하면서 어떠한 경험들을 했고, 그것이 그들에게 어떠한 의미와 가치로 남게 되었을까?

이러한 소소한 의문들이 구체화되고 범주화되면서 나의 논문의 연구문제가 되었고, 나는 '빠순이'로 비하되고 평가절하되는 아이돌에 대한 팬심과 팬

질이 한 개인에게 특별한 의미와 가치를 지니고 있을 것이라는 가정 하에 성인 여성을 대상으로 하여 그들의 아이돌 그룹에 대한 팬 경험을 연구 주제로 삼았다. 나의 논문은 몇몇 개인의 경험을 통해 일반화를 추구하기보다는 질적 연구의 본질이 그러한 대로 개인의 경험과 그 경험이 개인에게 주는 의미와 가치 자체에 주목하여 질적 사례연구를 실시하였다.

이 연구를 통해 나는 아이돌의 팬이 단순한 문화 소비자로서 기획사의 경제적 논리에 이용되는 수동적인 존재가 아니라, 아이돌에 대한 팬심이라는 심리적 만족감을 바탕으로 팬질이라는 능동적인 행위를 통해 문화를 수용하고 재생산하는 프로슈머로서의 향유자임을 피력하고 싶었다.

(3) 박사논문의 주요 내용은 무엇인가?

내 박사논문의 제목은 「성인 여성의 아이돌 그룹 팬 경험에 관한 문화기술적 연구」이다. '문화기술'이라는 표현에서 'ethnography'를 떠올렸을 수도 있지만, 논문에서의 문화기술은 말 그대로 '문화적 기술'이라는 의미의 'cultural description'이다. 본 논문은 문화학에 근간을 두고 있는데, 문화학이란 민속학이 지닌 한계에 대한 자기성찰에서 출발하였으며 '행위세계를 다양한 시각으로 바라보는' 학문으로서 간학문적이자 초학문적인 특성을 지닌다. 이러한 문화학에 근간을 둔 문화기술은 개인의 내재화된 문화 경험을 본인 또는 제삼자가 관찰하여 기록하는 것으로, 개인의 문화 경험 그 자체를 연구의 대상으로 삼으며, 그 경험이 이루어지는 당시의 사회문화적 맥락을 통해 이를 이해하고자 한다.

본 연구의 연구 참여자는 한국, 일본, 대만 국적을 가진 성인 여성으로, 여기서의 성인은 세 국가의 민법에 근거하여 만 19세 이상으로 규정하였다. 연구 참여자는 세 명의 한국인, 두 명의 일본인, 세 명의 대만인으로 총 여덟 명의 만 20세부터 만 57세의 다양한 스펙트럼으로 선정하였다. 본 논문에서는 성인 여성의 아이돌 그룹에 대한 팬 경험을 다양한 시각에서 살펴보고자 하였기 때문에 성인 여성인 점, 현재 아이돌 그룹의 팬으로 활동하고 있다는 점을 공통으로 하고 그 외의 부분은 다양한 개별변수와 그에 따른 차이를 살펴보기 위해 크게 제한을 두지 않았다.

연구는 ① '성인 여성의 아이돌 그룹의 팬 경험은 어떻게 설명될 수 있는가?' ② '성인 여성에게 팬 경험은 어떠한 의미를 지니는가?'의 두 가지 연구 문제에 대한 답을 찾기 위해 연구 참여자를 대상으로 팬 경험에 대한 질적 사례 인터뷰를 실시하여 그 내용을 분석하였다. 연구 결과, 연구 참여자들은 10대 후반과 20대 초반에 아이돌 그룹에 대해 관심을 갖게 되는 경우가 많았으며, 이 시기의 팬 활동이 가장 활발한 것으로 확인되었다. 아이돌 그룹을 좋아하게 된 계기는 또래집단의 권유가 가장 대표적이었다. 30대를 넘어서면서 성인 여성은 자신의 사회적 역할과 책임에 충실하기 위해 팬 활동 영역이나 내용이 감소하는 것을 확인할 수 있었다. 성인 여성이 아이돌 그룹을 좋아하게 되고 팬으로 활동하게 되는 기저에는 결핍된 욕망에 대한 충족 욕구가 있었으며, 아이돌 그룹은 결핍된 욕망을 채워줄 수 있을 것이라고 오인되는 대상이었다. 그러나 아이돌 그룹이 자신의 결핍된 욕망을 충족시켜주지 못할 것임을 깨닫게 되었을 때, 그들은 또 다른 대상을 찾아 떠났다. 그것이 같은 그룹 내의 다른 멤버일 경우도 있었고, 다른 아이돌 그룹인 경우도 있었으며, 이성 친구인 경우도 있었다. 그리고 아이돌 그룹과 직접 접촉하는 경험이 많으면 많을수록 아이돌 그룹에 대해 우상으로서의 동경, 연인으로서의 애정보다는 친구나 가족에게 느끼는 우정과 가족애의 성향이 짙어짐을 확인할 수 있었다. 결과적으로 사회문화적 상황에 따라 팬질, 즉 팬 행위는 다양한 형태로 변화하였으나, 국적과 연령에 관계없이 아이돌 그룹에 대한 팬심은 명확한 형태의 애정으로 유지되고 있다는 결론을 내릴 수 있었다.

성인 여성은 아이돌 그룹의 팬 경험 과정에서 스트레스 해소, 교우관계 형성 등에 대한 심리적 만족감을 느끼는 것은 물론이거니와 외국어나 인터넷 및 디지털 기기 사용 등과 같은 학습 효과를 얻고 있었으며, 이는 일상생활에서의 활용으로 이어져 다양한 문화의 재생산에 기여하고 있는 것으로도 확인되었다. 이는 팬 활동이 성인 여성 한 개인에게 있어서는 충분한 의미와 가치를 지님을 증명하는 것이기도 하다.

(4) 박사논문에 사용했던 연구방법은 무엇인가?

나는 박사논문에서 질적 사례연구방법을 사용하였다. 사례연구는 특별한 사람, 사회 상황, 사건 등에 관한 충분한 정보를 체계적으로 수집하고, 연구 참여자가 그 안에서 어떻게 기능하고 작동하는가를 효과적으로 이해하기 위한 방법이다. 사례연구는 단일 사례 또는 다중 사례에 대한 심층면접과 종단면접 조사를 통해 사례와 사건의 배경과 경위를 파악하는 데 도움을 준다. 그래서 사례연구는 자료를 수집하는 방법이라기보다는 여러 자료수집 방법들을 조직화하는 하나의 방법론이라고 하겠다. 질적 사례연구는 맥락상에서 이루어지는 맥락, 경계, 시간, 강도의 4가지 요소로 특징지을 수 있다. 따라서 질적 사례연구는 '맥락 안에서의 해석'이 중요하다. 어떠한 가설을 검증하려 한다기보다는 자료를 통한 통찰과 발견, 해석에 관심을 두는 것이 질적 사례연구의 특징이다. 특히 질적 사례연구는 특정 현상을 특징짓는 주요 요소들 간의 상호작용을 발견해내는 것을 목적으로 한다. 질적 사례연구는 일반적으로 연구 참여자를 대상으로 사례를 취합하기 위해 인터뷰 방법을 사용한다. 따라서 가장 중요한 것은 연구 참여자로부터 되도록 많은 이야기를 끄집어내는 것이 중요하다. 그러나 이야기의 양에 집착하여 이야기의 방향이 분산되어버리면 연구 본래의 목적을 잃어버릴 수 있기 때문에 인터뷰하는 과정에서 연구자의 적절한 관여와 조절은 불가피한 것임과 동시에 매우 중요하다.

나는 연구 참여자의 다양한 이야기를 자료로 활용하기 위하여 내러티브 인터뷰와 에피소드 인터뷰를 병행하여 실시하였다. 내러티브 인터뷰는 연구자가 연구 참여자의 진술에 최대한 관여하지 않고 경청하는 것으로, 연구자의 내러티브 생성 질문을 통해 연구 참여자의 내러티브를 촉진한다. 여기서 중요한 것이 연구 참여자의 공감이다. 긴 시간 동안 연구 참여자만 자신의 이야기를 풀어내기 때문에 이를 경청하는 연구자의 적절한 리액션이 없으면 연구 참여자 역시 금세 자신의 이야기를 완결해버린다. 따라서 짧고 간단한 행동이나 단어를 통해 연구자가 연구 참여자의 이야기에 집중하고 공감하고 있음을 상기시켜 계속해서 이야기를 끌어내야 한다. 에피소드 인터뷰는 개인이 경험한 특정한 상황이나 경험을 진술하도록 하는 것으로, 연구자가 수집하고자 하는 이야기의 목적성이 뚜렷하기 때문에 연구 참여자의 이야기가 이러한 목적에서 벗어나지 않도록 연구자의 적절한 관여를 권장한다. 해당 상황이나 경험에 대한 연구 참여자의 주관적인 정의나 견해를 엿볼 수 있는 질문을 포함한 인터뷰를 위한 지침을 만드는 것도 좋은 방법이 된다. 이러한 인터뷰 지침은 연구 참여자의 일상적 자신의 의미론적 부분까지 접근할 수 있도록 질문을 구성해야 한다.

질적 사례연구는 질적 연구의 접근방법 중에서도 상징적 상호작용론 입장과 구조주의적 입장에서 접근한다. 상징적 상호작용론 입장이란 상징적 상호작용론의 틀 속에서 개개인이 주관적으로 부여하는 의미를 탐색하는 것이고, 구조주의적 입장에서의 접근은 구조주의적 또는 정신분석학적 입장으로서 개인의 심리적 · 사회적인 무의식 과정에 집중한다. 이에 논문에서는 구조주의적 입장에서 팬심을, 상징적 상호작용론 입장에서 팬질을 설명하고자 접근하였다.

(5) 박사논문 수행 시 난관은 무엇이었는가?

박사논문을 쓰기 전에 가장 큰 고민은 분량이었다. 거의 200여 장에 달하는 페이지를 무슨 내용으로 채울 것인가가 솔직히 가장 고민되는 부분이었다. 그러나 실제로 박사논문을 쓰기 시작하면서 이러한 나의 고민은 미세먼지보다 더 작고 가벼운 것임을 절실히 깨닫게 되었다. 결국 가장 중요한 것은 무엇을, 어떻게 쓰느냐의 문제였다. 연구 주제를 결정하고, 연구 목적을 세우고, 그에 따른 연구문제를 설정하고, 그 문제에 대한 답을 찾아 결론을 제시하는 것은 논문을 쓰는 과정일 뿐 그 과정 하나하나를 무엇으로 어떻게 채우는가는 결국 연구자 본인의 내공에 달려 있다. 질적 연구의 경우, 논문의 대부분을 연구 참여자의 이야기를 통해 채워나가야 하기 때문에 연구자에게 학문적 내공 이외에 커뮤니케이션의 내공을 요구한다. 다시 말해, 연구 참여자와의 관계에 있어 어떻게 관계를 형성하고, 적정한 선을 만들어 유지할 것인가에 대한 능력이 요구된다.

나는 논문에서는 특히 해외의 연구 참여자들을 포함하고 있어 이러한 부분에 있어서 좀 더 많은 어려움이 있었다. 언어적 소통을 차후로 두더라도 어떻게 외국인 연구 참여자를 섭외할 것인가에 대한 고민이었다. 그래서 연구 참여자를 모집하고 최종 결정하는 데 많은 시간을 투자해야 했다. 나의 개인적인 견해로 질적 연구는 연구자라는 나와 연구 참여자라는 타인과의 관계 정도의 깊이와 긴밀성에 의해 성공 여부가 평가된다고 본다. 아이돌 그룹의 인터넷 팬 커뮤니티 안에서, 방송국의 음악방송 녹화를 기다리는 무리 속에서, 이와 같은 불특정 다수 안에서 나와 관계를 맺고자 하는 상대를 찾는 일은 결코 쉬운 일이 아니다. 관계는 상호적인 것으로, 나만 원한다고 되는 것이 아니라 상대도 나를 원해야만 이루어질 수 있는 것이기 때문이다. 처음에는 호기롭게 접근을 시도하다가도 몇 번 냉정한 반응을 접하다 보면 자연스레 움츠러들게 마련이다. 당시에는 연구에 참여해주겠다고 말했으나, 정작 본격적인 연구의 시작을 위해 연구 참여 동의서 작성을 내밀면 꽁무니를 빼는 사람도 있었다. 어떤 때에는 예상치 못한 사정으로 인해 연구 참여자가 연구 도중에 불참을 선언하는 일도 있었다. 또 연구 참여자와 너무 친밀해지다 보니 인터뷰가 본래의 목적을 잃고 방황하여 두세 시간이 넘게 진행된 인터뷰 내용 중에 단 10분도 건지지 못하는 참사가 발생하기도 했다.

또 방대한 자료에 대한 관리도 꽤나 힘든 부분이었다. 연구 참여자 여덟 명의 회당 1시간 내외의 인터뷰 자료가 10회차 이상으로 가면서 녹음한 원본 파일, 녹음 내용의 전사 파일, 관련 영상 및 사진 자료 등이 쌓이면서 꽤나 방대한 자료가 되었다. 일차적으로는 이러한 방대한 자료를 차후에 찾아보기 쉽도록 체계적으로 정리하는 일이 문제였으며, 이차적으로는 큰 용량의 자료를 보관하는 것이 쉽지 않았다. 인터뷰 녹음 자료를 전사하는 일은 만만치 않은 시간과 노력이 투자되는 일이었으며, 애써 정리한 자료를 모아놓은 컴퓨터가 고장을 일으키거나 외장하드를 분실하는 등의 사건도 끊이질 않았다. 이는 나의 게으름과 소홀함에서 비롯된 일들이지만, 그래도 만의 하나라는 경우의 수를 결코 무시할 수 없기 때문에 자료 취합 후 바로 정리하는 습관과 정리한 자료를 분산하여 여러 곳에 나누어 정리하는 습관은 연구의 순조로운 진행을 위해 필요하다고 생각한다.

(6) 박사논문 수행 시 슈퍼바이저는 어떤 역할을 하였는가?

냉정하게 말해 슈퍼바이저는 조언자의 역할을 할 뿐 박사논문에 직접적인 도움을 주지는 못한다. 질적 연구에서 연구 참여자와 대면하여 그들의 이야기를 직접 들은 사람은 연구자 본인이기 때문에 연구자만큼 그 내용을 잘 이해할 수 있는 사람은 없다. 설령 전사 자료를 본다고 해도 말이다.

그러나 연구자 인터뷰를 기획하고 구성하는 단계에서 인터뷰의 내용과 구성이 연구 목적에 부합하는지의 여부, 인터뷰 내용에 대해 분석할 때 분석의 방향성 등은 연구와는 한 발 물러서 있는, 보다 냉철하고 객관적인 시각을 지닌 슈퍼바이저의 조언이 큰 도움이 된다. 슈퍼파이저의 조언은 연구자에게 때때로 보지 못했던 새로운 방향을 제시해준다. 숲 안에 있는 사람은 나무의 모습을 자세히 알 수는 있어도 결코 숲 전체의 모습을 알지 못한다. 슈퍼바이저는 나에게 숲 전체를 볼 수 있도록 도와준다. 어떤 곳에 어떤 나무를 심으면 좋은지, 어떤 나무가 잘못 심겨져 있는지를 알려주어 내가 쓰고자 하는 논문의 목적에 맞는 방향을 잃지 않도록 도와주었다. 그리고 논문을 쓰는 과정에서 나 스스로 자신감을 잃고 지쳤을 때, 내게 할 수 있다고 독려해주고 다양한 대안을 제시하며 새로운 길을 찾을 수 있도록 도와주었다.

　　논문은 내가 쓰는 것이고 내가 써야만 하는 것이지만, 논문을 쓰도록 하는 것은 슈퍼바이저였다.

(7) 박사논문 이전과 이후에 본인이 생각하는 자신의 변화는 무엇인가?

　　박사논문을 완성하고 학위를 받은 이후, 내가 가장 적응할 수 없었던 것은 나의 호칭이 '○○○' 또는 '○○○ 원생'에서 '○○○ 박사'로 바뀐 것이다. '내가 과연 박사라는 타이틀을 가져도 좋은 것인가?'에 대한 자기반성이 박사학위를 취득하고 뒤늦게 찾아왔기 때문이다. 그러나 석사논문과 박사논문을 놓고 보았을 때, 나는 분명히 학문적으로 성장하였고, 앞으로도 더욱 성장할 것이다.

　　박사논문은 연구의 완성이 아닌 앞으로 할 연구의 시작이다. 그래서 박사논문을 쓰고 난 이후 내가 향후 연구하고자 하는 주제와 방향이 좀 더 분명해졌고, 이에 대한 학문적 준비도 보다 체계적으로 계획할 수 있게 되었다.

박사논문을 쓰고 찾아뵌 석사논문 지도교수님께서 "스스로 연구를 할 수 있는 것이 박사다"라고 말씀해주셨다. 결국 앞으로의 연구에 대한 책임은 나 스스로에게 있다는 말씀이셨다. 그 말씀을 듣고 난 뒤로는 연구를 하는 것, 글을 쓰는 것 하나가 좀 더 조심스럽게 느껴졌다. 아마도 '박사'라는 이름이 주는 무게감과 책임감 때문일 것이라고 생각한다.

박사논문을 쓰고 난 이후, 지금까지의 연구는 내가 좋아하는 것에 대한 집착, 몰입 혹은 지적 호기심에 대한 충족이었으며, 앞으로는 내 글을 읽는 사람들이 공감할 수 있는 연구를 하고 싶다고 생각하게 되었다. 내가 계속해서 학문을 하고 연구를 하는 사람으로서 한 발을 내디딘 것이 아닌가 조심스럽게 생각해본다.

(8) 좋은 질적 연구자는 어떤 자세를 가져야 한다고 생각하는가?

나 역시 이제 막 좋은 질적 연구자가 되기 위해 첫발을 떼었다고 생각하기 때문에 이런 내가 '좋은 질적 연구자'를 논하는 것은 언감생심이자 어불성설이다. 다만 내가 되고 싶은 '질적 연구자'에 대해 이야기하자면, 먼저 타인의 이야기를 잘 들어주는 질적 연구자가 되고 싶다. 나는 남의 말을 들어주기보다는 서로 간에 대화를 나누는 것을 좋아하는 편이다. 누구 한 사람만 말하는 것이 아니라 어떤 주제에 대해 서로 이야기를 나누거나 토론하는 것을 좋아한다. 그래서 질적 연구를 하면서 타인의 말을 경청한다는 것이 결코 쉬운 일이 아님을 새삼 깨달았다. 질적 연구에서 중요한 것은 나의 선입견이나 의견 없이 먼저 상대방의 이야기를 있는 그대로 들어주는 일이다. 이러한 경청은 상대방을 이해하고자 하는 마음가짐이 있을 때 가능해진다. 열린 마음은 상대방이 입을 열고 말하게 한다. 상대방이 말을 많이 하면 할수록 좋다. 상대방이 더 많은 이야기를 더 오랜 시간 동안 계속해서 한다면 그것은 상대방이 나를 신뢰하고 있다는 반증이다. 결국 타인의 이야기를 경청하는 일은 신뢰를 쌓는 일이다. 내가 되고 싶은 질적 연구자는 연구 참여자에게 '신뢰받는 연구자'이다.

(9) 질적 연구로 논문을 쓰고자 하는 후배 대학원생들에게 해주고 싶은 말은?

"내 것인 듯 내 것 아닌 내 것 같은 연구"

어느 유행가의 가사 같은 이 말이 질적 연구를 하면서 내가 느낀 기분을 가장 잘 대변해주는 말이 아닐까 싶다. 질적 연구는 내가 하는 것이지만, 연구 참여자에게 상당 부분을 의존하여 진행되기 때문에 연구 참여자 없이는 진행될 수 없다. 그러나 연구 참여자를 통해 수집된 자료를 분석하여 해석하는 것은 결국 나의 몫이기 때문에 질적 연구의 결과물은 나의 것이다. 여기에 내 연구의 방향성을 되짚어줄 조언자로서의 슈퍼바이저의 역할도 간과할 수 없다.

그렇기 때문에 내가 생각하는 질적 연구는 나의 연구이지만 결코 나 혼자서는 할 수 없는 연구이기도 하다.

질적 연구로 논문을 쓰고자 하는 후배 대학원생분들께 이러한 나의 경험을 바탕으로 다음의 몇 가지를 당부 드리고 싶다.

① 자신이 하고자 하는 연구를 충분히 이해하라.

이는 비단 연구의 주제나 목적만을 말하는 것이 아니다. 본인이 선택한 질적 연구라는 것이 무엇인지, 그리고 다양한 질적 연구방법 중에서도 논문을 위해 선택된 방법이 어떠한 학문적 이론에 근거하였으며, 구체적으로 어떻게 수행되는 것인지에 대해 충분히 이해한 뒤에 연구를 진행하였으면 한다. 질적 연구에 대해 제대로 이해하지 못하고 있는 상태에서 스스로 질적 연구를 하고 있다고 말하는 것이 부끄럽지 않도록 말이다.

② 친절한 질적 연구자가 되어라.

종종 질적 연구의 결과를 제시함에 있어서 충분한 맥락적 설명 없이 결론만 보여주는 경우가 있다. 연구를 진행한 연구자 입장에서는 이미 자료를 통해 모든 맥락을 파악하고 있지만, 그 글을 읽는 독자는 다르다. 아무런 설명 없이 결과만 보여준다면 결과에 대한 근거를 의심하게 되고, 결국 이는 질적 연구에 대한 신뢰성을 떨어뜨리는 결과를 가져올 수밖에 없다. 비록 맥락을 설명하는 일이 구구절절하게 느껴지더라도, 페이지가 너무 많이 늘어나게 되더라도 읽는 사람을 고려하는 친절한 글을 써주기 바란다.

③ 논문의 저주를 조심하라.

이는 나의 경험에서 비롯된 절실한 당부이다. 나는 박사논문을 쓰면서 데스크탑 고장, 노트북 고장, 외장하드와 USB 고장으로 작업하던 논문 파일과 인터뷰 자료를 3회 이상 날려먹었다. 그래서 출력해놓은 자료를 다시 입력하여 한글파일로 만드는 수고를 해야만 했다. 연구 참여자를 모집하는 과정에서도 계속해서 연구 참여자가 중도에 연락이 두절되거나 갑자기 연구에 참여할 수 없다고 통보해오는 등의 고난이 있었다. 심지어 내가 아프거나 가족에게 사고가 생기는 등의 일들도 일어났다. 박사논문을 쓰면서 내가 겪은 이 모든 일들을 나는 '논문의 저주'라고 불렀다. 부디 여러분께는 이러한 저주가 찾아오지 않기를 바라며, 설령 찾아온다고 해도 극복할 수 있도록 모든 상황을 고려하여 대비하라. 특히, 논문 관련 자료의 체계적인 저장과 백업은 백 번을 강조해도 부족함이 없다.

2) 네 말도 맞고, 네 말도 맞다: 윤희진 이야기

(1) 나는 누구인가?

나는 산과 물이 많은 읍 지역에서 자랐다. 나는 도시 아이들보다 넓은 하늘과 들판을 보며 자라면서 보다 많은 사람들의 삶을 가까이에서 지켜볼 수 있었다. 특히, 어머니 손을 잡고 마을 입구의 당산나무 아래에 앉아 마을에서 가장 나이 많은 할머니의 이야기를 라디오로 녹음하던 초등학교 시절의 경험은 연고가 없는 사람의 삶을 살폈던 최초의 기억이다. 지역에 전해오는 이야기를 채집해오라는 방학숙제를 도와주기 위해 타 지역 출신이었던 나의 어머니는 택시를 한 대 빌려 산 아래 면 지역까지 나의 손을 잡고 지역 구석구석을 함께 다니셨다. 길가에 쓰러지듯 놓인 비석들을 사진으로 찍고, 마을 사람들의 이야기를 녹음하던 당시의 일은 내게 놀이와 같은 것이었다. '휴대용 라디오'라 불리던 팔뚝보다 더 긴 라디오에 테이프를 넣고 다니던 여름날의 기억은 나를 질적 연구의 세계로 이끌었다.

이후 지역의 민속과 특산물로 홈페이지를 만들어 에듀테인먼트 홈페이지 경진대회에 참여하고, 대학에서 한국어문학을 전공하면서 타인의 삶과 지역문화에 대한 관심은 점차 높아져갔다. 특히, 기호학에 대한 교양 강의를 들은 이후 사람들의 삶을 기호로 환원하는 것에 대해 호기심을 갖게 되었다. 그리고 난 그 강의를 담당하셨던 교수님의 연구실 예비 대학원생으로 드나들게 되었고, 그 인연은 석·박사까지 이어졌다. 문화경영학을 전공하면서 향토문화 스토리텔링과 향수(鄕愁)에 대해 연구하였다. 사람들을 만나면 만날수록 그들의 다양한 이야기 자체가 학문이라고 여겨진다. 그들의 삶에 패턴이 있을지라도 그 안에는 다양한 결이 존재함을 밝히고, 그 결을 세상에 드러내어 보다 다양한 사람들의 목소리를 전해야 하는 것이 학자의 임무가 아닐까.

(2) 어떤 주제로 박사논문을 썼는가? 이 논문을 쓰게 된 계기는 무엇인가?

대학에 진학하면서 대도시에 살게 된 나는 도시인의 삶을 흉내 내며 따라가기에 바빴다. 약 20년 동안 보고 듣고 배우며 자란 지역의 때를 빨리 벗겨내야 성공할 수 있을 것이라고 믿었다. 그러나 나는 도시생활 5년 만에 고향을 그리워하고 고향이 주는 위안을 찾아 종종 고향으로 향하는 버스에 몸을 싣곤 하였다.

박사논문 주제를 '향수(鄕愁)'로 선택한 것은 이와 같은 나의 삶의 경험 때문이다. 석·박사과정 중 인천 지역의 마을지를 연구하고 이 사람들의 삶의 이야기를 들으면서 사람들이 가장 즐겁게 하는 어린 시절 고향에서의 이야기라는 것을 깨닫게 되었다. 현재의 삶이 얼마나 어려운지에 대해 이야기하면서 얼굴을 찌푸리더라도 옛날이야기로 이야기의 말머리를 돌리면 사람들의 표정은 이내 환해졌다. 도시에 사는 사람들도, 설사 도시에서 자란 사람들도 자신이 자란 지역에 대한 향수를 지니고 있음을 발견한 것은 내게 큰 사건이었다. 때마침 「워낭소리」, 「써니」와 같이 향수와 추억을 주제로 한 영화가 대중적으로 인기를 끌면서 향수는 많은 사람들이 가진 감정으로, 향수에 대한 연구 역시 문화콘텐츠와 문화경영학적 차원에서 가치가 있을 것이라고 생각하게 되었다.

그러나 향수를 연구하는 것은 '개인이 느끼는 향수는 모두 비슷비슷하다'라는 편견에 맞서는 일이었다. "고향에 대한 생각이 그렇지", "다 산이나 들판에서 뛰놀던 얘기하는 거 아니야?"라는 주변인들의 이야기를 들으며 내 연구주제는 점차 멀어져만 갔다. 실제로 연구 참여자들을 만나 그들의 향수 이야기를 들어도 주제나 소재 면에서 큰 울타리를 벗어나지 않았다. 그러나 이때 나의 슈퍼바이저들은 "사람들의 삶이 다 그렇지. 다 똑같은 삶이 어디 있어."라고 이야기하며 나의 연구를 지지해주었고, 나는 이내 사람들이 다 똑같다고 생각하는 것을 문제 삼으며 향수가 가진 다성성(多聲性)을 드러내는 것을 목적으로 향수를 연구하게 되었다.

(3) 박사논문의 주요 내용은 무엇인가?

나의 박사논문은 영종도를 고향으로 둔 실향민의 향수가 갖는 특징과 고향의 의미에 대해 논의한 것이다. 현재 인천국제공항이 위치한 영종도는 1990년대에 도시로 개발되기 이전까지 전형적인 농·어촌 지역이었다. 지역이 갑자기 도시로, 그것도 최첨단 도시로 개발되면서 사람들은 자신과 함께한 고향을 잃어버렸다고 생각하게 되었다. 특히 한국의 근대 산업화가 본격적으로 시작되던 1960년대부터 1970년대의 시기를 중앙과 구분된 주변부인 영종도에서 보낸 실향민들은 주변부에서의 경험과 첨단 신도시가 된 현재의 모습 간의 간극만큼 큰 고향에 대한 상실감을 가지고 있다. 이와 같이 인간이 자신의 고향을 인지하는 것은 아이러니하게도 고향을 잃어버렸을 때이다. 인간은 자신의 고향을 잃어버리면서 고향을 획득한다. 그렇기 때문에 향수를 느끼는 모든 사람들은 고향을 잃어버린 실향민이라고 부를 수 있다.

영종도 실향민의 향수를 살펴본 결과, 이들의 향수는 성찰성, 주민들 간의 상호작용성, 놀이성, 일상성 등의 특징을 지니고 있다. 또한, 실향민에게 고향은 사회적 지지의 역할을 하고 있었다. 안식처로서의 고향은 사람들이 돌아가 숨고 싶은 도피처가 아니라 타인과 함께 소통하는 공간으로, 이는 개인을 정서적으로 지지하고 있었다. 또한 실향민은 향수를 통해 과거에 머무는 사람이 아니라 과거와 현재 사이에서 미래를 바라보는 경계인이었다. 실향민들의 고향이 만든 향수는 또 다른 고향을 재구성한다. 향수가 지닌 다층성, 중층성은 고향을 사회적 리얼리티로 재구성하며, 이는 개인이 지닌 향수는 고유하고 개별적인 특성을 지니고 있음을 이야기한다.

그러나 많은 문화콘텐츠들은 고향과 향수를 전원적이고 이상적인 것으로 그리고 있다. 어디에선가 소 울음소리가 들리고 노란 벼들이 익어가는 모습을 고향의 정취로 그려내고 있는 것이다. 그러나 고향과 향수는 다양한 차원의 다층 격자로 구성되어 있으며, 다양하고 복잡한 의미를 지니고 있기 때문에 이들의 속성을 하나로 환원하는 순간 향수와 고향의 구체적인 의미는 사라진다. 이 때문에 고향과 향수를 그려낼 때에는 에틱(etic)과 에믹(emic), 다양한 맥락정보를 균형 잡힌 시각으로 구성함으로써 고향과 향수에 대한 다양한 시각을 수용자에게 제시하여 수용자가 주체적으로 고향을 재구성할 수 있게 해야 한다. 이와 같이 고향과 향수의 다성성에 기반을 둔 사회적 리얼리티의 재현은 인간의 다양한 삶을 이해하고 지역문화의 다양성을 확보하는 데 도움을 줄 것이다.

(4) 박사논문에 사용했던 연구방법은 무엇인가?

나는 내러티브 탐구를 활용하여 개인이 구성하는 향수와 거기에 나타난 고향을 파악하였다. 고향은 개인이 재구성한 세계이며, 향수는 그에 대한 이야기이다. 이를 연구하기 위해서는 연구 참여자들이 자연스럽게 떠올리는 향수에 대한 이야기를 끄집어내야 했다. 이 때문에 나는 연구자들과 자유롭게 개인의 생애에 관한 이야기를 나누다가 '고향' 하면 떠오르는 에피소드를 연구하였다.

연구기간은 2013년 3월부터 2014년 6월까지로, 비교적 짧은 기간 내에 수행하였다. 이 기간은 연구 대상지를 선정하고 대상 지역에 대한 현장연구기간과 연구 참여자와의 라포르 형성기간을 포함한다. 이 때문에 연구기간을 비교적 짧다고 생각할 수도 있다. 그러나 매주 영종도를 방문하여 넓은 지역을 다니며 사람들을 만나고 지역에 대한 지식과 이해를 쌓으려는 나의 열정과 영종도와 인천, 경기도 등지를 오가며 연구 참여자를 선정하고 보다 자연스러운 대화를 할 수 있을 때까지 이들과 대화를 나눈 나의 끈기가 비교적 짧은 연구기간을 보충해주었다.

나는 연구 참여자들의 내러티브를 주된 연구방법으로 삼으면서 이들의 시대적·공간적·사회적 환경을 조사하였다. 내가 경험한 세계와 그들이 경험한 세계가 다르기 때문에 그들의 이야기만 듣는 것으로는 거시적인 정보를 확보할 수 없었기 때문이다. 따라서 신문이나 서적 등을 통해 연구 참여자들의 환경에 대한 다양한 시각을 확보하는 한편, 연구 참여자들의 블로그나 온라인 카페 글 등을 통해 그들의 시선 및 중층적인 삶을 살펴보았다. 이와 같이 다양한 내러티브를 수집하고 연구하여 그들의 고향을 에피소드 내러티브 형식으로 재구성하였다.

내러티브 형식의 연구 결과는 연구 참여자들의 세계와 의미를 독자들이 이해하기 쉽게 하기 위함이었다. 그들의 세계를 범주화하고 객관화하는 것은 향수의 다성성을 보여주려는 나의 연구 목적과 인간의 다양한 삶의 결을 보여주어야 한다는 나의 철학에 위배되는 것이었다. 따라서 나는 내러티브를 통해 연구 참여자들의 삶을 보여주고, 여기에 현상학적인 연구자의 해석을 덧붙임으로써 인간에 대한 이해를 높이고자 하였다.

(5) 박사논문 수행 시 난관은 무엇이었는가?

내가 선택한 연구 대상지는 나와 아무런 연고가 없는 지역이었다. 이 때문에 연구 대상지에 대해 먼저 알아야 했으며, 연구 참여자들을 모집하는 것도 쉽지 않았다. 특히, '고향사람'이 가진 일종의 배타성과 나의 무연고성은 연구 참여자들의 마음을 열게 하는 데 오래 걸렸다. 그러나 이러한 점들보다 나를 더 힘들게 했던 것은 연구자와 연구 참여자 사이에서의 나의 위치에 관한 것이었다.

나는 연구 참여자들의 내러티브를 내러티브로 재구성하는 것을 연구 목적으로 하였다. 내러티브의 재구성이야말로 고향과 향수의 다성성을 드러내는 최선의 방법이라고 생각했기 때문이다. 그러나 연구 결과 텍스트를 내러티브로 재구성했을 때, 내가 심사위원들에게 가장 많이 들었던 평가는 "연구자는 연구 참여자의 대변인이 아니다"라는 것이었다. 그들의 이야기를 범주화하여 객관화하는 것이 연구자의 역할이라는 일부 심사위원의 의견에 논문 심사장에서의 나는 '멘탈붕괴' 상태가 되었다. 물론 이것은 내러티브라는 형식 때문이 아니라, 연구자가 그들의 이야기가 가진 주관성에 너무 끌려갔기 때문이다. 연구자와 연구 참여자 사이의 균형을 잡는 것은 매우 어려운 일이었는데, 이는 내가 그들의 이야기를 내 논문의 수단이 아니라 주인공으로 삼고자 했던 나의 의도 때문이었다. 나는 그들의 이야기를 삽화나 에피소드로 보지 않고 그들과 나의 이야기가 대등한 입장, 그리고 가능하다면 그들이 나보다 더 나은 주인공이 되기를 원하였다. 그러나 심사 이후, 나의 논문은 주관성과 객관성 사이에서 왔다갔다 줄타기를 시작하였고, 이러한 줄타기는 논문 곳곳에 흔적을 남기게 되었다.

내가 논문에 서술했던 것처럼 내러티브의 다성성을 보여주기 위해서는 에틱과 에믹, 맥락 정보가 함께 제시되어야 하는데, 나의 논문 쓰기는 그중 어느 한 부분에만 집중되어 있었다. 이는 이미 다른 논문들이 에틱에만 집중하고 있었기 때문에 그들이 보여주지 않는 결을 보여주기 위함이었지만, 다른 한편에서는 초보 질적 연구자의 실수였다고도 생각된다. 독자들이 이해하기 쉽고 수긍할 수 있는 연구 결과물을 제시하기 위해서는 질적 세계와 함께 또 다른 세계와 차원을 보여주는 것이 필요하다. 이는 질적 세계 역시 여러 맥락과 상황에서 구성되기 때문이다.

(6) 박사논문 수행 시 슈퍼바이저는 어떤 역할을 하였는가?

　슈퍼바이저들은 나를 참 많이 믿었던 것 같다. 박사학위 논문이 스스로 연구할 수 있는 자질에 관한 것이어서 그랬는지 몰라도 나의 슈퍼바이저는 나의 연구에 직접적이고 적극적으로 개입하지 않았다. 현장에 나가는 것도, 사람을 만나는 것도, 인터뷰를 하는 것도, 그 내용을 분석하고 연구 텍스트화하는 것도 온전히 나의 몫이었다. 현장연구를 포함한 내러티브 연구를 수행하면서 수많은 자료들을 채집하였는데, 이들을 정리하고 연구하는 것도 오로지 나의 판단에 의해 이루어져야 하는 일이었다. 많은 자료의 홍수 속에서 허우적거리는 나의 모습을 보고 한 슈퍼바이저는 "구슬이 많아서 꿰지 못하는 불쌍한 중생"이라고 표현하였지만, 그 역시 내가 구슬을 꿸 수 있을 때까지 기다릴 뿐이었다. 그 때문에 수많은 구슬을 눈앞에 쏟아놓고, 어떤 방법으로 어떤 순서로 꿰어야 하는지를 고민하는 데 많은 시간이 걸렸다. 그래서인지 박사논문을 마무리한 지금, 내가 선택한 구슬과 구슬 꿰기 방법에 큰 아쉬움이 남는다. '그때 이렇게 했더라면 더 잘할 수 있었을 텐데' 하는 후회와 아쉬움이 남지만, 지금도 논문을 쓰던 당시의 나로서는 최선의 방안이었다고 생각한다.

　슈퍼바이저가 매주 나의 연구 수행 보고를 들으며 별 말씀을 하지 않은 것은 연구가 가능할지를 늘 의심하던 나에게 자신감을 갖게 하기 위함이었다고 생각한다. 덕분에 나는 이제 낯선 지역, 누구를 만나더라도 연구를 수행할 수 있는 경험과 자신감을 갖게 되었다. 또한, 논문 완성단계에서 연구자가 확신하지 못하는 연구 결과를 지지하고 그것에서 가치를 발견하는 슈퍼바이저의 날카롭지만 따뜻한 눈빛은 연구를 수행하는 내내 나에게 정신적으로 큰 버팀대가 되어주었다.

(7) 박사논문 이전과 이후에 본인이 생각하는 자신의 변화는 어떤 것들이
    있는가?

나는 박사논문 이전과 이후의 변화에 대해 생각할 만큼 박사논문을 받은
지 오래되지 않았다. 그 대신 이 질문을 질적 연구 수행 이전과 이후로 바꾸
어 답하자면, '네 말도 맞고, 네 말도 맞다'는 태도를 가지게 되었다는 것이다.
나는 '좋은 것은 좋고 싫은 것은 싫은' 성격이다. 그러나 질적 연구를 하면
서 모든 사람이 나름대로의 진실을 가지고 자신만의 세계를 구성하고 있음
을 확인할 수 있었다. 이는 통계에 근거하여 사람들의 평균적인 세계를 들여
다보는 방법과는 상반되는 삶의 세계였다. 사람들의 이야기가 거시적·중앙
집권적인 시각에서 사실이 아닐지라도 개인의 생애와 맥락에서는 사실이 된
다는 점을 처음 마주했을 때, 나에게는 매우 충격적인 일이었다. '기면 기고,
아니면 아닌' 삶을 살았던 내가 '이것도 맞고, 저것도 맞는 것'을 이해하는 것
은 쉬운 일이 아니었다. 그러나 약 6년 동안 질적 연구를 배우고 수행하면서
'네 말도 맞고, 네 말도 맞다'는 말은 점차 내 가슴 속으로 들어오게 되었다.
이제는 내 성격에 분명한 것과 애매한 것이 공존하고 있다. 연구 초기에
'연구 참여자' 앞에만 서면 또 다른 내가 되던 것과 달리 요즘에는 '네 말도
맞다'라고 생각하면서 그것을 표현할 때는 딱 잘라 이야기하는 성격과 태도
로 변화하고 있다. 앞으로 질적 연구를 더 수행하면서 나의 성격이 어떻게 바
뀔지는 잘 모르겠지만, '네 말도 맞다'를 깨달은 점은 타인을 이해하는 데 큰
도움이 되고 있다.

(8) 좋은 질적 연구자는 어떤 자세를 가져야 한다고 생각하는가?

초보 질적 연구자인 내가 생각하는 좋은 질적 연구자는 남의 말을 경청하

는 사람이다. 동료 연구자들과 이야기를 나누거나 그들의 인터뷰에 동행했던 경험을 떠올려보면, 질적 연구자들도 다양한 모습을 가지고 있음을 알 수 있다. 연구 참여자가 하고 싶은 이야기를 먼저 꺼내는 연구자, 연구 참여자가 이야기를 잘 할 수 있게 말머리를 잡는 연구자, 별 이야기 없이 연구 참여자의 이야기만 듣고 오는 연구자 등 연구자들은 그들의 성격과 연구의 성격에 따라 다른 태도를 취한다. 이 중 내가 최고라고 여기는 연구자는 연구 참여자의 말머리를 잘 잡는 연구자가 아니라, 연구 참여자의 이야기를 잘 들어주는 연구자이다.

연구 결과 텍스트를 만드는 데는 연구 참여자의 말머리를 잘 잡는 사람이 유리하다. 이는 연구자의 연구 목적에 맞는 연구 참여자의 이야기를 빨리 들을 수 있기 때문이다. 반대로, 연구 참여자의 이야기를 잘 듣는 사람은 연구 참여자의 의도와 맥락에 따라 연구 결과 텍스트를 빨리 쓰기도 하고, 오래 걸리기도 한다. 그러나 질적 연구가 연구 참여자의 삶을 이해하는 것을 목적으로 한다면, 연구 참여자의 말을 경청함으로써 연구 참여자가 자연스러운 이야기를 꺼낼 수 있게 해야 한다. 연구 참여자의 눈을 보며 그의 말에 눈이나 말로 천천히 맞장구를 쳐주는 연구자의 태도는 연구 참여자를 감동시키고 그를 편안하게 만든다. 나는 이런 상태에서 재현되는 이야기와 문화 행위가 진정한 의미에서 연구 참여자의 질적 세계라고 믿고 있다.

(9) 질적 연구로 논문을 쓰고자 하는 후배 대학원생들에게 해주고 싶은 말은?

나는 질적 연구는 확실하게 정립되어 있는 틀이 없다고 생각한다. 질적 연구에 대한 철학과 기본적인 가정, 연구방법들을 바탕으로 연구자가 재조직하는 것이 질적 연구이다. 초보 질적 연구자들은 여러 서적과 논문을 찾아보면서 '내가 수행하고 있는 것이 과연 질적 연구인가?'라는 생각을 많이 할 것이다. 나는 여러분에게 "네가 수행하고 있는 것도 질적 연구가 맞다"라는 말을 하고 싶다.

그러나 질적 연구를 수행하면서 여러분은 수없이 많은 난관에 부딪히게 될 것이다. 논문 심사위원의 견해, 방법론에 대한 연구자의 고뇌, 연구자와 연구 참여자 간의 균형 사이에서 정해진 답이 없는 만큼 여러분은 아주 많은 질문들에 답해야 할 것이다. 이 과정에서 누군가는 '질적 연구를 포기할까?' 하는 생각을 할 수도 있다. 그러나 모든 연구 과정이 그렇듯이 여러분의 의지만 있다면 여러분을 도와주는 여러 슈퍼바이저들이 생겨날 것이고, 그들이 여러분을 도와줄 것이라고 믿는다. 자료에 의존하기 이전에 자신을 먼저 믿어야 한다.

3) 삶의 지향점을 바꾸는 질적 연구: 정소민 이야기

(1) 나는 누구인가?

나는 한국교원대학교 초등교육과 전공 및 중등 영어교육과 복수전공을 하였다. 첫 발령을 받은 후, 교직에 회의를 느껴 KOICA에 지원하였고 최종 합격 통보까지 받았지만, 부모님의 만류로 뜻을 접게 되었다. 이를 계기로 추후에 KOICA에 다시 지원하였을 때 스스로에게 떳떳한 자격을 갖추기 위해 인하대학교 교육대학원 '외국어로서의 한국어 교육과'에 입학하게 되었다. 석사학위논문으로 「도식조직자를 활용한 어휘 지도 방안 연구—다문화가정 어머니를 중심으로—」를 연구하면서 '다문화'에 막연히 관심을 갖게 되었다.

석사학위를 마치면서 다시는 논문 쓰는 일은 하지 않겠다고 다짐했지만, 우연히 한국어교육과에 새로 개설된 다문화교육 강의에 대한 소식을 접했고 이를 청강하게 되었다. 그 당시 다문화교육 강의를 맡으셨던 분이 현재 박사학위 지도교수인 김영순 교수님이시고, 나는 우연한 기회로 김영순 교수님과 이야기를 나누면서 인하대학교 사회교육과 박사과정 입학을 결정하였다.

박사과정 입학(2010년)과 동시에 임신을 하게 되었고, 그렇게 박사과정 첫 1년은 박사과정이 어떤 의미인지에 대해 깊게 성찰할 시간도 없이 직장생활과 수업을 병행하며 보냈다. 2011년에는 육아휴직을 하게 되었고, 그 당시 대학원의 의미는 '잠시 바람 쐬러 가는 곳'이 되었다. 그러던 중 육아 스트레스 등으로 우울증이 심각해졌다. 이를 눈치 채신 지도교수님께서 많은 응원을 해주시고 이끌어주신 덕분에 2012년부터는 연수휴직을 하고 본격적으로 연구에 집중하게 되었다.

나의 박사학위를 위한 여정은 대한민국에서 아이를 키우는 기혼 여성에 대한 사회적 시선과 자기 자신과의 투쟁이었다고 감히 이야기하고 싶다. 이 책을 읽으시는 분 중에도 나와 같은 상황에 처한 분이 있으리라 여겨진다. 그런 분들께도 응원을 보낸다.

(2) 어떤 주제로 박사논문을 썼는가? 이 논문을 쓰게 된 계기는 무엇인가?

나의 박사학위 논문 주제는 '봉사활동 경험에 대한 문화연구적 해석'이다. 앞서 언급하였듯이 나는 다문화교육에 관심이 있었고, 이는 나의 학문적 등대와 같았다. 그런데 봉사활동 경험이라니? 아마도 독자 여러분은 나의 논문 주제가 다문화교육과 무슨 상관이 있는지 의아해하실 것이다.

나는 박사과정 중 다문화교육에 대한 공부를 하면서 다문화교육이 단순히 다양한 문화에 대해 배우는 것이 아니라 사회정의를 위한 교육철학의 일종이라는 생각을 하게 되었다. 또한 다문화교육은 결국 민주시민을 양성하는 것을 지향한다는 점에서 사회과 교육의 핵심 목적인 '민주시민 양성'과 맞닿아 있다고 할 수 있다. 나는 결국 다문화교육에서 시작하였지만, 다문화교육의 철학을 근거로 시민교육의 방향을 고민하기 시작하였다. 그러던 중 우연한 기회로 '제1회 대학생 쏙쏙캠프'와 관련하여 대학생들의 프로그램 제작에 관한 자문을 맡게 되었다. 진지한 대학생들의 모습에 '쏙쏙캠프'에 관심을 갖게 되었고, 봉사활동과 시민교육의 연결 가능성에 대한 여러 논의를 떠올리면서 본격적으로 박사학위 논문을 위한 탐색에 들어갔다.

(3) 박사논문에 사용했던 연구방법은 무엇인가?

나는 해석적 현상학을 적용하여 연구 참여자들에게 봉사활동의 의미가 무엇인지 알아내고자 하였다. 특히 이들의 경험을 문화연구라는 이론적 렌즈로 해석하기 위해 자료분석방법에 해석적 현상학을 적용하여 6단계로 고안하였다. 그리고 단계 중간중간에 연구의 신뢰성을 높이고자 연구 참여자 확인, 전문가 확인 등의 전략을 배치하였다. 자료수집은 주로 인터뷰를 통해 이루어졌고, 총 24명의 대학생을 2~3차례 인터뷰하였다.

(4) 박사논문 수행 시 난관은 무엇이었는가?

연구 참여자 선정, 자료수집, 자료의 문서화, 분석, 해석, 글쓰기 등 어느 과정도 쉽지는 않았다. 특히, 나의 박사논문에서 연구의 신뢰성을 높이기 위해 사용하였던 연구 참여자 확인, 전문가 확인 등의 전략을 구사하는 데 있어 그 구체적인 방법을 고안하는 데 어려움을 겪었다. 국내 질적 연구 논문에서는 구체적인 적용 사례를 찾기 어려웠기 때문에 해외 질적 연구 논문을 주로 참고하였다. 나름대로 많이 고민하여 전략을 구상하고 실행하였지만, 지금 생각하면 약간의 아쉬움이 남는다.

(5) 박사논문 수행 시 슈퍼바이저는 어떤 역할을 하였는가?

슈퍼바이저는 연구자가 방대한 자료의 늪에서 헤맬 때 연구의 방향을 정확하게 재확인시켜준다. 또한 연구의 모든 과정을 공유하고 함께 의견을 나누기 때문에 슈퍼바이저만큼 연구자의 연구를 꿰뚫고 있는 사람은 없다고할 수 있다. 따라서 슈퍼바이저인 지도교수가 자신의 연구를 충분히 이해할수 있도록 하는 것은 매우 중요하다. 지도교수가 이해하지 못하는 연구는 연구자 외에는 아무도 이해하지 못할 것이기 때문이다.

(6) 박사논문 이전과 이후에 본인이 생각하는 자신의 변화는 무엇인가?

24명의 대학생을 만나 그들과 면담하고, 그들의 이야기를 곱씹어 생각하면서 나는 처음 박사논문 설계단계에서는 전혀 상상하지 못했던 글을 쓰게되었다. 시민적 열망과 동시에 좌절감이 가득한 그들의 이야기를 들으며 나자신이 교사로서 했던 교육적 실천을 반성하고 성찰하였다. 이러한 경험은내가 가진 삶의 지향성을 바꾸는 계기가 되었다. 신자유주의적 자기계발의주체로서 삶을 되돌아보고, 사회에 기여할 수 있는 인간의 삶을 꿈꾸게 되었다. "학자가 이상을 말하지 않으면 세상은 바뀌지 않는다"는 김영순 교수님의 말씀처럼 학자의 소명을 다하는 삶을 살고 싶다.

(7) 좋은 질적 연구자는 어떤 자세를 가져야 한다고 생각하는가?

무엇보다도 좋은 질적 연구자가 되기 위해서는 자신의 연구를 진심으로즐겨야 할 필요가 있다. 이는 비단 질적 연구에만 해당되는 것은 아니지만,사람을 대상으로 하는 대부분의 질적 연구에서는 더욱 그러하다. 학위 혹은 논문 게재를 위해 시작한 연구일지라도 자료수집 단계에서부터 탐험가가 된 듯 여정 자체에서 즐거움을 느끼게 될 것이다. 어색함과 쑥스러움을 무릅쓰고 인터뷰 요청을 하며, 연구 참여자의 이야기를 듣느라 온 정신을 집중한 탓에 현기증이 느껴지고, 손목이 시큰할 정도로 전사를 하고, 안개 속을 헤매이는 것처럼 보일 듯 말 듯한 그 무언가를 쫓아 자료들을 탐색한다. 여기에 글쓰기의 고통은 이루 말할 수 없다. 질적 연구의 이 모든 과정 속에서 여러분은 인간으로서의 정신적 한계를 시험하게 될 것이다.

이때 연구에 대해 즐거움을 느끼는 것만이 그 시험을 통과하는 데 도움이 될 것이다.

질적 연구는 때로 연구자 자신이 가진 삶의 지향점을 바꿔놓을 정도로 강력한 개인적 경험이 되기도 한다. 이는 어떤 질적 연구는 단지 연구 이상으로 삶의 모멘트가 될 수도 있다는 것을 암시한다. 즉, 강렬한 경험으로 여겨질 만큼 강렬한 감정을 경험했다는 것이다. 나는 그것을 즐거움이라고 이야기하고 싶다.

(8) 질적 연구로 논문을 쓰고자 하는 후배 대학원생들에게 해주고 싶은 말은?

보통 연구를 시작하기 전에 많은 이들이 연구를 통해 담고자 하는 이야기를 대략적으로 그려놓기 마련이다. 이는 자신이 쓰고자 하는 주제에 대해 선행연구를 많이 하고 관련 지식이 풍부할 때 더욱 그러하다. 그러나 질적 연구를 수행하면서 연구자가 미처 예상하지 못했던 점들에 민감하게 반응하기 위해서는 먼저 연구의 범위, 내용 등을 지나치게 경계짓고 질적 연구를 시작하는 것에 주의해야 한다. 질적 연구를 수행하면서 자신이 미처 예상하지 못했던 내용들에 주목하고, 이에 대해 의문을 제기해보라. 이것이 여러분의 연구를 더욱 심도 깊게 만들어줄 것이다.

4) 끊임없이 의심하고 노력하라: 임지혜 이야기

(1) 나는 누구인가?

10여 년 전 가을이 오는 딱 이맘때쯤 인하대학교 나빌레관(동아리 전용 건물) 3층 난간에 걸터앉아 하늘을 보고 있었다. 지금 생각하면 피식하고 웃어버릴 어린 나이에 사랑이라는 것이 무엇인가를 고민했던 것 같다. 그런데 그 고민을 E-Learning 수업 동영상에서 풀어버릴 것을 상상이나 했을까. 당시 내게는 취업에 딱 적당한 학점을 받을 수 있는 교양과목이 필요했고, 내게 선택된, 아니 나를 선택한 그 과목은 현재 내가 약 8년간 모시고 있는 지도교수님의 이러닝 수업이었다. 나는 그 수업에서 2% 부족한 사랑의 공식을 기호학적으로 풀어내는 신세계를 경험했다. 그리고 나는 그 신세계를 엿본 죄로 지금까지 연구자의 길을 걷고 있다. 학부 때 나의 전공은 한국 청년들이 꼭 한 번씩은 들춰본다는 공무원 수험서가 시험과목인 행정학이었는데, 워낙 다들 열심히 공부하는지라 내 작은 고민 하나 풀어낼 시간도 없이 바빴던 순간들이 생각난다. 그래서 나의 고민을 풀기 위해 도착한 장소가 동아리였는데, 역시 내 안에 끊임없이 생성되는 물음표를 해소할 수 없어 답답하긴 매한가지였다. 그러던 차에 만난 운명의 귀인이 현 지도교수이다. 그렇게 내 연구자의 길은 시작되었던 것 같다. 처음에는 지도교수를 따라서 걸었고, 지금은 지도교수의 길을 같이 걷고 있다. 내가 왜 연구자의 길을 선택했는가? 대답은 내 안의 물음표에 있을 것이다. 언젠가 지도교수님이 내게 이렇게 질문하신 적이 있다. "내가 왜 너에게 답을 가르쳐주지 않는지 알고 있는가?" 지도교수님은 내가 무엇을 원하는지 알고 있기 때문에 기다려주신 것이다. 사고(思考)는 수염과 같다. 성장하기 전에는 나오지 않는다. 나는 지금도 내가 성장하고 있다고 믿는다. 내 물음표는 없어지지 않을 것이고, 내 성장도 계속될 것이다.

거창하게 나를 학자라고 표현하고 싶지는 않다. 앞으로도 단지 내 물음표를 풀기 위한 노력이 있을 뿐이다.

(2) 어떤 주제로 박사논문을 썼는가? 이 논문을 쓰게 된 계기는 무엇인가?

어릴 적에 우리 집은 가난했다. 하지만 불행하지는 않았다. 왜냐하면 따뜻하고 친절한 이웃이 있었기 때문이다. 어릴 적부터 '나도 누군가에게 향기로운 사람이 되고 싶다'라고 생각해왔고, 그러던 중 연구자의 길에서 찾은 것이 향기로운 사람들의 공동체인 '마을'이라는 키워드였다. 그렇다면 '마을'이라는 것은 무엇인가? 무엇이 '마을'을 지속 가능하게 만드는가? 이러한 질문이 나의 박사논문 주제인 '마을문화콘텐츠'를 구상하게끔 이끌었다. 물론 이전에도 이미 '마을'은 늘 내 가슴 속에 있었지만, 감히 꺼내어 설명할 생각을 하지 못하고 있었던 것이 사실이다. 왜냐하면 '마을'의 개념은 나의 이상적인 세계에 존재하고 있었기 때문이다. 그런데 이런 나의 종교적인 세계를 송두리째 뒤집어엎은 귀인(?)이 있었는데, 그분이 바로 내 지도교수였다. 2009년 어느 날 갑자기 지도교수님이 나를 '검단'(인천광역시 서구)에 내려놓았다. 그리고 나는 그날부터 무수한 날 동안 검단을 헤매며 '마을'을 찾기 시작했다. 검단에서 찾은 마을은 어떤 모습이었는가? 그것은 내가 꽃장식해서 고이 모셔놓았던 나의 가장 아름다운 이상향의 공간이었던가? 솔직히 이야기하면 내가 찾는 마을은 그 어디에서도 발견할 수 없었다. 현실의 마을은 이해관계가 부딪히는 투쟁의 공간이었고, 부단히 노력해야만 작은 전통이라도 지킬 수 있는 '그런' 곳이었다. 나는 또다시 물음표를 품게 되었고, 그 물음표를 더욱 선명하고 명확하게 세공하는 과정이 내 박사논문의 집필과정이 되었다. 의심하지 않는 신념은 신념이 아니다. 나는 나의 '마을'을 의심하기 시작했고, 그 의심은 나의 사고를 자극하고, 나의 성장의 길을 개척했다. 내 박사논문의 주제인 '마을문화콘텐츠'는 명확히 존재하는 사전적인 개념이 아니었기 때문에 그 개념을 설명해야 하는 나에게 매우 고통스러운 과정을 요구했다. 그것은 마치 씨앗에서 발화된 새싹이 단단한 땅의 표면을 뚫고 나오는 성스러운 느낌이라고나 할까. 원래 고통과 신성함은 동전의 양면처럼 맞닿아 있는 경험이 아니던가. 그래서 난 논문을 쓰고 나서 소감으로 "출산한 것 같아요"라고 이야기했던 것을 기억한다. 그만큼 힘들게 얻었고, 또 그만큼 사랑스러운 결과물이었기 때문일 것이다.

(3) 박사논문의 주된 내용은 무엇인가?

내 박사논문에서 연구의 목적은 마을이 지니고 있는 본질적 가치를 유·무형의 문화적 행위로 형상화한 것을 '마을문화콘텐츠'로 정의하고, 이 마을문화콘텐츠의 생성과정을 끊임없이 의미를 생산하는 기호학적 해석과정으로 설명함으로써 마을문화콘텐츠의 특성과 가치를 분석하고 이해할 수 있는 하나의 해석방법—기호학적 해석 모델—을 제시하고자 하는 것이다.

마을문화콘텐츠의 재생산은 '마을'이라는 기호가 지시하는 대상이 무엇인지에 따라 다른 방향으로 진행된다. 하나는 전통적인 마을문화의 개념을 지시하는 것으로, 장소의 역사적 상징을 공유한 공동체에 의해 문화적으로 창조된 결과물이 경험적으로 전달되는 문화콘텐츠이다. 또 하나는 현대적으로 변용된 개념의 마을문화를 지시하는 것으로, 지역사회에 필요한 문화적 상징을 공유한 공동체에 의해 새로운 마을문화의 정체성이 실천적으로 창조되는 마을문화콘텐츠이다. 이때 마을문화콘텐츠는 콘텐츠 사용자 간에 대화적 상호작용을 중재하는 텍스트로서 작용한다. 그리고 그 텍스트를 매개로 하여 콘텐츠 사용자 간에 끊임없는 해석적 대화가 발생할 수 있다. 마을문화콘텐츠가 재생산될 수 있는 가장 중요한 조건은 텍스트가 담고 있는 의미가 아니라, 콘텐츠 사용자들이 상호작용의 협력적 행위로서 해석하여 찾아내는 의미에 있는 것이다.

따라서 마을문화콘텐츠의 지속적인 재생산 과정은 그것의 의미가 콘텐츠 사용자에 의해 끊임없이 반성되고 해석될 때 가능하다. 그리고 이러한 과정은 마을이라는 지역공동체에 대한 구성원들의 이해와 비전이 형성되고 성숙해가는 수준에 따라 마을문화콘텐츠가 발전적으로 전개되고 변화한다고 볼 수 있다. 나는 이와 같은 반성적 해석의 과정을 '마을문화의 형성 단계', '마을문화의 리터러시 단계', '마을문화의 소통 단계'의 과정으로 나누어 논의했다. 이처럼 마을문화콘텐츠의 재생산은 콘텐츠 사용자 간의 반성과 성찰을 통한 변증법적 진화과정으로 볼 수 있다. 마을문화의 의미에 대한 '합의-공유-반성'의 과정이 끊임없이 반복되어 더 진화된 마을문화콘텐츠를 재생산하고 있는 것이다. 이와 같은 논의를 바탕으로 재생산된 마을문화콘텐츠의 진화과정은 탐색 단계, 수용 단계, 응용 단계, 변용 단계의 4가지 마을문화콘텐츠 개발 단계로 제안될 수 있다.

본 연구는 '마을'의 의미와 가치가 현대 삶의 공간에 지속적으로 실현되기 위해서는 마을문화콘텐츠가 끊임없이 재생산되어야 한다는 것을 전제로 진행되었다. 따라서 마을문화를 구성하는 주체들이 공유하는 상징적인 실체를 '마을문화콘텐츠'로 정의함으로써 '마을문화'의 의미를 도시 공간에 정착시키고 실현하는 데 기여할 수 있는 개념적 틀을 제공할 수 있다고 판단된다. 또한 마을문화콘텐츠에 대한 기호학적 해석은 그것의 지속 가능성을 담보하는 콘텐츠 사용자 간에 필요한 소통의 모델을 제공할 수 있다고 본다. 이처럼 본 연구에서 제안하고 있는 '마을문화콘텐츠의 기호학적 해석 모델'은 마을문화콘텐츠의 본질적인 의미와 가치를 구현할 수 있는 해석적 관점을 제공함에 의의가 있다.

(4) 박사논문에 사용했던 연구방법은 무엇인가?

나의 박사논문에서는 마을문화콘텐츠가 지속적으로 재생산될 수 있는 원리를 기호학적 해석 모델을 통해 설명하고, 그것을 특정 지역의 마을문화콘텐츠를 해석하는 데 활용해보고자 다음의 3가지 연구방법을 활용하여 연구를 진행했다.

첫째는 마을문화콘텐츠의 개념을 정의하기 위해 이론을 탐구하는 문헌고찰이다. 본 연구에서는 '마을문화'의 개념을 정의하기 위해 민속학 분야에서의 논문, 보고서, 포럼 자료집 등의 연구결과들과 행정학과 사회학, 문화예술공연 분야에서의 저서, 논문, 보고서, 세미나 자료집 등의 연구결과들을 조사하고 분석하였다. 또한 '콘텐츠'의 개념을 정의하기 위해 문화콘텐츠학 분야의 문헌들을 수집하여 분석하였다. 그리고 필요에 따라 신문기사 및 인터넷 홈페이지의 내용을 참조하였다. 이와 같은 일련의 과정을 통해 '마을문화'가 '콘텐츠화'되는 과정을 설명하는 데 바탕이 되는 이론을 도출해낼 수 있었다.

둘째는 마을문화콘텐츠의 재생산 과정을 설명하기 위한 기호학적 방법론 연구이다. 기호는 다른 무언가를 대신하는 어떤 것으로, 누군가에게 무엇인가를 전달함으로써 의미를 생산한다. 기호학적인 관점에서 마을문화콘텐츠는 콘텐츠의 생산 주체가 의도하는 메시지를 콘텐츠의 향유 주체에게 전달하는 일종의 매개체로서 설명될 수 있다. 즉, 마을문화콘텐츠의 의미는 콘텐츠를 생산하고 향유하는 주체들이 그것에 의해 매개되는 메시지를 인지하고 해석하는 과정 속에서 발생하는 것이다. 마을문화콘텐츠의 의미가 지속적으로 재생산되는 것은 콘텐츠 생산과 향유 주체들의 끊임없는 해석과 반성적 실천이 전제되어야 가능하다고 볼 수 있다. 따라서 기호학적 방법론은 마을문화콘텐츠의 재생산 과정을 설명하는 데 유용한 관점과 분석 도구를 제공하여 효과적으로 활용될 수 있다.

셋째는 마을문화콘텐츠의 기호학적 해석을 위한 자료수집 방법이다. 나의 박사논문 연구의 대상으로 선택된 성남의 '풀장환상'과 강릉의 '강릉단오제'에 대한 자료를 수집하기 위해 다음 3단계의 자료수집 절차를 진행했다. 1차적인 자료수집은 도서관과 온라인 검색을 활용하여 관련 문헌 자료들을 찾는 것이다. 이렇게 수집된 자료들의 분석 결과는 연구 대상에 대한 큰 틀을 형성하는 데 활용되었다. 그리고 2차적인 자료수집은 해당 지역을 방문하여 현장에서 수집할 수 있는 자료들을 발굴하는 것이었다. 이렇게 2차적으로 수집된 자료들의 분석 결과는 연구 대상에 대한 구체적인 상을 형성하는 데 활용되었다. 마지막으로 3차적인 자료수집은 연구대상과 밀접한 관련을 맺고 있는 관계자를 찾아 심층면담을 진행하는 것이었다. 면담을 통한 자료들은 앞의 수집된 자료들로는 풀리지 않는 의문이나 명시적인 자료로 설명되지 않는 부분을 이해하는 데 큰 도움을 주었다.

(5) 박사논문 수행 시 슈퍼바이저는 어떤 역할을 하였는가?

솔직한 마음으로 내 박사논문의 슈퍼바이저는 나를 답답하게 만드는 사람이었다. 답을 가르쳐주는 것이 아니라, 내 물음표를 더 키우는 사람이라고나 할까? 어떨 때 보면 내 물음표가 정말 물음표인지에 대해 의심하게끔 이끌어 나를 혼란스럽게 만들기도 했다. 나를 검단에 내려놓고는 …… 어디 네가 '마을'을 잘 찾아내는지 지켜보겠다는 식이랄까. 이상하게도 내 박사논문에 검단이 사례지역으로 들어가 있진 않다. 하지만 검단에서 경험한 '마을'에 대한 영감은 내 박사논문의 전체를 가로지르는 핵심적인 것이 되었다. 나의 슈퍼바이저는 내가 '마을'을 찾을 때까지 기다려주는 사람이었다. 물론 마냥 기다리기만 했던 것은 아니다. 그분은 나에게 정말 많은 것을 주었다. 너무 어두워 앞이 보이지 않을까 나에게 적당한 손전등을, 행여나 내가 마을을 스쳐 지나칠까 모든 전경을 담아둘 수 있는 사진기를, 내가 허기져 정신 줄을 놓고 배회할까 배불리 먹을 수 있는 음식을, 연구에 몰입한다고 엉덩이가 커져 맞는 의자가 없을까 주말마다 앞산 트레킹을, 이성 친구도 없이 외로움에 지쳐 쓰러질까 온갖 사랑과 정성을 제공했다. 심지어 연구가 잘 풀리지 않아 분노가 치밀어 오를 때는 화풀이를 받아주시기도 했다. 생각해보니 나의 슈퍼바이저는 내가 찾는 '답'을 제외하고 나에게 필요한 모든 것을 제공해주었던 듯하다. 여전히 그분은 내게 많은 것을 가르쳐주고 있다. 연구자로서 동료를 신뢰하는 태도, 맡은 바 책임을 다하는 자세, 무엇보다도 내가 받은 것보다 더 많이 세상에 돌려줘야 하는 학자로서의 소명은 나의 슈퍼바이저가 끊임없이 강조하는 것들이다. 내가 그분의 뜻에 부응할 수 있을까. 그저 부단히 노력할 뿐이다.

(6) 박사논문 이전과 이후에 본인이 생각하는 자신의 변화는 무엇인가?

나에게 지금까지 살아온 인생의 전환점을 꼽으라고 한다면, 첫째가 대학에 입학한 것이고, 둘째가 대학원에 입학한 것이며, 셋째가 박사학위 논문을 제출한 것이라고 이야기할 것이다. 박사논문을 쓰는 과정을 감히 나 자신의 한계를 경험하는 과정이었다고 표현해도 될까. 여전히 미숙한 연구자로서 어떻게 질적 연구를 진행해야 하는지, 그 경험을 어떻게 해석해야 하는지, 나에게 마음을 열어준 사람들에게 어떻게 책임을 다해야 하는지…… 온통 어떻게 해야 하는지에 대한 답을 만들어가는 과정이었다. 질적 연구에서 그 상황에 따라, 그리고 맺어진 관계의 질에 따라 '어떻게'라는 질문에 대한 답은 매우 다양할 수밖에 없다. 그래서 정형화된 답은 존재하지 않으며, 늘 고민하고 결정하는 과정이 있을 뿐이었다. 물론 내 박사논문에서 활용한 방법론의 특성상 어떤 관계에 대한 고민의 깊이를 논의하지는 못했지만, 질적 연구이기 때문에 가지는 어려움은 매한가지였다. 그리고 박사논문이 완성되었을 때 그 기쁨은 이루 말할 수 없었다. 하지만 기쁨은 한순간이고, 졸업 이후부터는 박사논문이 가진 무게를 깊이 절감하는 상황들의 연속이었다. 박사논문은 내가 혼자 연구를 설계하고 진행해도 괜찮겠다는 승인서와도 같다. 즉, 이는 스스로 연구에 대한 책임을 감당할 수 있다는 것과 같고, 더 나아가 누군가에게 연구에 대해 설명하고 질문에 응하며 도움을 줄 수 있어야 한다는 것을 의미한다. 그래서 솔직히 이야기하면 박사논문 이후에 느낀 나 자신에 대한 가장 큰 변화는 내 부족함에 대한 두려움의 크기라고 할 수 있다. 이 두려움을 구체적으로 설명하자면 크게 3가지로 요약할 수 있다. 첫째는 사회가 기대하는 '박사처럼' 보여야 한다는 것이다. 그것은 이제부터는 미숙한 연구자가 아니라, 학계로부터 인정받은 연구자로서 그 자질과 가치를 확인받아야 하는 상황에 대한 부담감으로, 가히 상상을 초월할 정도이다. 그 부담을 견디고 오히려 그것을 당연하게 여기는 것이 박사학위의 무게일지도 모르겠다는 생각이 든다. 둘째는 스스로 개척해야 하는 길에 대한 막연한 두려움이다. 박사논문 이전에는 언제든지 질문하고 확인받을 수 있는 슈퍼바이저가 있었지만, 박사논문 이후에는 동료가 있을 뿐 연구 방향에 대해 더 이상 도움을 요청하거나 의지할 대상이 존재하지 않는다. 박사논문은 스스로 책임져야 할 연구자의 문턱을 넘어서는 의례였던 것인가. 셋째는 이제부터 나 역시 누군가의 슈퍼바이저로서 역할을 해야 한다는 막중한 책임감이다. 나의 슈퍼바이저만큼은 아닐지라도 누군가에게 내가 등대 역할을 해야 할 것인데, 이렇게나 부족한 내가 잘 수행할 수 있을까. 박사논문을 완료했기 때문에 당연히 감당해야 하는, 아니 감당할 수 있어야 하는 것이 아닌가 싶다.

사실 박사논문 이후 가장 극명하게 드러나는 것은 이러한 두려움이 아니라, 이러한 두려움과 그것을 극복하는 과정에서 나타나는 인간관계의 변화일 것이다. 나는 변하지 않았다고 생각했지만, 박사논문 이후 내가 느끼는 두려움은 나의 지인들에게 변한 나의 모습을 보여주었던 것 같다. 나는 이렇게 생각한다. '나는 변하지 않는다. 다만 우리가 서로를 이해하는 방식이 변할 뿐이다.' 박사논문을 제출한 지 어느덧 2년이라는 세월이 흘렀다. 만약 어떤 사람이 박사논문 이후에 내가 많이 변했다고 한다면, 아마 그 사람이 보기에는 앞으로 나는 더 극명하게 변해갈 것이다. 하지만 무엇보다도 질적 연구자로서 가져야 할 세상을 향한 따뜻한 마음은 변치 않을 것임을 약속할 수 있다. 아마도 나는 평생 질적 연구자일 테니까.

(7) 좋은 질적 연구자는 어떤 자세를 가져야 한다고 생각하는가?

좋은 질적 연구자에 대해 논한다는 것은 스스로 부끄러운 일이다. 왜냐하면 나 자신이 좋은 질적 연구자라고 확신할 수 없기 때문이다. 매번 '아차' 하는 순간의 아찔함을 경험하면서 질적 연구에서 필요한, 그리고 좋은 연구자이기 위해 필요한 자세들을 스스로 깨닫고 노력할 뿐이다. 그럼에도 불구하고 내가 경험한 연구의 사례가 많지는 않지만, 그동안 자신을 채찍질하며 노력하는 준거로 삼았던 몇 가지 기준을 소개해볼까 한다.

"의심하지 않는 신념은 신념이 아니다." 모든 연구자에게 필수적인 자질이며, 특히 현상을 깊이 탐구하고 그 내면의 본질을 꿰뚫어보고자 하는 질적 연구자들이 반드시 명심해야 하는 원칙이라고 생각한다. 질적 연구자에게 가장 무서운 적은 '고정관념', '선입견', '편견'이라는 사고의 벽이다. 얼마나 유연하게 세상을 바라볼 수 있는지에 따라 해석의 깊이는 달라질 수밖에 없다. 하지만 그것이 극단적인 상대주의적 관점을 뜻하는 것이 아님에 유의해야 한다. 가슴은 늘 세상을 향해 열어놓되, 본인 스스로의 가치관은 뚜렷해야 하며, 어느 순간에 도달해서는 스스로 지켜왔던 신념을 반성할 줄 아는 유연함이 필요하다.

"천재라는 것은 참을성을 갖춘 소질에 불과하다." 내가 대학원에 처음 입학했을 때, "너의 가장 큰 장점은 무엇인가?"라는 질문에 '참을성'이라고 대답했던 것이 기억난다. 내가 질적 연구를 하면서 스스로에게 가장 뿌듯하게 생각했던 것이 바로 이 '참을성'에 대한 것이다. 왜냐하면 질적 연구를 시작할 때부터 끝날 때까지 반드시 필요한 자질을 꼽으라고 한다면 그 우선순위에서 빠지지 않는 것이 바로 '참을성'이기 때문이다. 대부분의 질적 연구는 '무엇'인가와 관계를 형성하는 것에서부터 시작한다. '무엇'이라는 것이 사람이든 장소이든 아니면 어떤 개념이든 간에 나 스스로 깊이 받아들이고, 그 '무엇' 역시 나를 온전히 받아들일 수 있을 때까지 기다리는 것은 매우 중요하다. 자칫 성급한 행동은 그 '무엇'이라는 것과 피상적인 관계를 형성하여 질적 연구의 첫 단추부터 잘못 끼우는 결과를 초래하기 때문이다. 또한 질적 연구에서의 '해석'에 대한 부분 역시 나 스스로의 사고가 깊어지길 기다리는 '참을성'이 필요하다. 질적 연구를 통한 결과물의 무게는 해석의 두께와 맞물려 있기 때문에 연구 해석에 얼마나 끈기 있게 파고들 수 있는지에 대한 연구자의 태도는 필수적이라고 할 수 있겠다.

"두려움에게 도움을 받을 줄 알아야 한다." 얼마 전 개봉한 「명량」이라는 영화에서 이순신이 했던 말 중에서 "두려움을 용기로 바꾼다면"이라는 대사가 있었다. 질적 연구자는 늘 두려움에 맞서야 하는 상황에 처하게 된다. 어떤 상황이 어떻게 닥칠지 모르기 때문에 매 상황마다 적절하게 대처할 수 있는 임기응변(臨機應變)이 필요하다. 또한 연구 결과물을 아무리 열심히 들여다보아도 연구자가 알고자 하는 그리고 찾고자 하는 것이 보이지 않는 두려움에 당면하기도 한다. 두려움에게 도움을 받는다는 것은 어떤 상황에서든지 연구자가 스스로를 믿는 마음을 포기하지 않으며, 두려움을 온전히 인정하고 대면하여 그것을 극복하는 과정에서 스스로의 성장을 도모한다는 것이다. 두려움을 두려워하지 않는 질적 연구자에게 본질을 꿰뚫는 혜안의 축복이 있을 것임은 자명할 것이다.

"부지런한 농사꾼에게는 나쁜 땅이 없다." 훌륭한 농사꾼은 땅을 가리지 않는다고 한다. 질적 연구자에게 필드(field)란 가릴 수 있는 영역이 아니다. 오히려 그것은 질적 연구의 대상이기 때문에 아무도 개척하지 않은 황무지일 경우가 많을 것이다. 그렇기 때문에 질적 연구자는 부지런한 농사꾼이어야 한다. 열심히 흙을 정지하고 농수로를 설치하며, 길을 만들고 제방을 쌓아 농경지를 조성하는 선구자의 역할이 질적 연구자이다. 부지런한 질적 연구자에게 나쁜 필드는 존재하지 않는다. 다만 게으른 질적 연구자가 있을 뿐이다.

"창조라는 것은 고민 속에서 나오고, 발전은 고생 속에서 움튼다." 내가 알고 있는 질적 연구는 늘 새로운 것을 창조하는 과정이다. 그래서 늘 깊이 고민해야 하며, 그 결과는 연구자마다 상황은 다를지언정 고생하지 않고 얻을 수 없다. 질적 연구에서 연구도구는 연구자 자신이라고 했다. 따라서 훌륭한 질적 연구를 수행하기 위해서는 질적 연구자 자신이 스스로를 성장시키고 발달시켜야 할 임무가 있다.

(8) 질적 연구로 논문을 쓰고자 하는 후배 대학원생들에게 해주고 싶은 말은?

후배 대학원생들에게 어떤 말을 전해야 도움이 될지 판단이 잘 서지 않는다. 뭔가 훌륭한 선배로서 모범을 보이고 싶은 생각이야 굴뚝같지만 현실이 마음 같지 않아 늘 송구스러울 뿐이다. 아마도 내가 헤맸던 만큼 후배님들도 질적 연구에서 어려움을 겪을 것이라고 예상된다. 물론 너무나 뛰어난 자질과 능력을 가지고 있어서 나보다는 더 평탄한 연구자의 길을 걸을 수도 있겠지만, 개인적으로 질적 연구자에게 바닥을 치고 일어나는 경험은 매우 중요하다고 생각한다. 질적 연구자이기 때문에 바닥을 쳐봐야 그 바닥을 더 깊이 이해할 수 있지 않을까. 또한 질적 연구자로서 마음으로 품을 수 있는 관용의 폭이 누구보다도 넓었으면 좋겠다. 앞으로 계속 마주칠 필드에서 머리만으로는 이해할 수 없는 상황도 발생하므로……. 그리고 무엇보다도 질적 연구를 통해 자신을 깊이 반성하는 경험을 하길 바란다. 반성이 잘못한 것에 대해 후회하는 것만을 의미하는 것은 아니다. 스스로 부족함이 없었는지에 대해 돌이켜 생각해보는 성찰의 의미로서, 더 많은 세상을 이해하기 위해 더 깊은 내면의 그릇을 가졌으면 하는 바람이다.

참고문헌

강다영(2014). 문화콘텐츠 평생교육 프로그램 분석. 안동대학교 한국문화산업전문대학원 석사학위논문.

강미은(2008). 간결하면서도 명쾌한 커뮤니케이션 불변의 법칙. 원앤북스.

강진숙 · 이광우(2012). 문화예술 프로그램 생산자에 대한 문화기술지 연구: EBS 〈문화공감〉 제작진을 중심으로. 한국언론학회, 56(4), 339-478.

교육문화연구회 옮김(2002). 희망의 교육학. 서울: 아침이슬. 원저 Freire, P. (1995). *Pedagogy of Hope: Reliving Pedagogy of the Oppressed*. San Paulo.

_____(2003). 프레이리의 교사론. 서울: 아침이슬. 원저 Freire, P. (1998). Teachers as Cultural Workers-Letters to those who dare teach. San Paulo.

김경오(2013). 중국 유학생의 제한적 신체활동과 관련된 사회생태학적 문제와 개선방안: 포토보이스 연구. 한국체육학회지, 52(4), 103-116.

김경오 · 이규일(2013). 은퇴한 여자운동선수들의 사회적 장벽과 대안 모색: 포토보이스. 한국스포츠사회학회지, 26(3), 25-52.

김영순(2010). 공간 텍스트의 사회문화적 재구성과 공간 스토리텔링: 검단과 춘천의 적용사례를 중심으로. 인문콘텐츠 19, 35-59.

_____(2011). 스토리텔링의 사회문화적 확장과 변용. 북코리아.

김영순 · 김정은(2006). 문화콘텐츠를 활용한 지역문화 교육방안 연구. 인문콘텐츠, 7, 7-22.

김영순 · 김진희 외(2008). 문화의 맛과 멋을 만나다. 한올출판사.

김영순 · 박한준 외(2011). 지역문화 콘텐츠와 스토리텔링: 검단의 기억과 이야기. 북코리아.

김영순 · 오세경(2010). 지역문화교육을 위한 지명유래 전설의 스토리텔링 사례연구 ― 인천 검단여래마을을 중심으로 ―. 문화예술교육연구, 5(1), 149-169.

김영순 · 윤희진(2010). 향토문화자원의 스토리텔링 과정에 관한 연구: 인천시 서구 검단의 황곡마을을 중심으로. 인문콘텐츠 17, 327-343.

김영순 · 응엔 히에우 외(2013). 베트남의 풍습과 종교, 베트남 문화의 오디세이, 북코리아.

김영순 · 임지혜(2010). 디지털 마을지 제작 과정에 관한 연구: 인천 서구 검단을 중심으로. 언어와 문화, 6(3), 19-41.

김영천(2006). 질적 연구방법론 I. 문음사.

김은영(2011). 문화예술교육 프로그램의 영향에 대한 질적 연구: 안산 자바르떼 프로그램에 참여한 저소득층 아동을 중심으로. 예술경영연구, 19, 5-31.

_____(2012). 공부방 아이들의 문화예술교육 경험에 관한 질적 연구: 연극놀이를 중심으로. 성균관
대학교 박사학위논문.

김지영(2013). 초등학교 무용분야 예술강사들의 전문성 개발을 위한 학습공동체 사례연구. 한국스
포츠교육학회지, 20(4), 67-91.

김진희 외(2009). 체육인문학의 창. 대한미디어.

김진희 외(2012). 페다고지. 교육과학사.

김진희(2006). 교사교육에서의 스포츠교육학 수업 이미지. 한국체육학회지, 45(6), 317-326.

_____(2007). 코치 오디세이. 레인보우북스.

_____(2008). 교사수업에 대한 self-study. 도서출판 문음사. 김영천 편, 질적 연구: 우리나라의 걸작
선.

_____(2008). 체육교육에서 실천연구의 의미와 반성. 한국스포츠교육학회지, 15(1), 1-20.

김진희 · 박응임 · 배정인(2013). 대학교수의 배움 공동체 경험. 인문과학연구논총, 34(1), 403-435.

김진희 · 최원준 · 심준석(2010). 내러티브를 활용한 수업비평: 교사 배움 공동체 사례. 중등교육연
구, 58(3), 333-355.

김포군지(1991). 김포군청.

김혜전 · 홍용희(2012). 자연유치원 만 5세아의 그림 그리기 활동에 대한 문화기술적 연구. 교육과
학연구, 43(4), 57-88.

김효희(2014). 학교문화예술교육 활성화 방안 연구: 예술 강사와 고등학교 미술교사의 파트너십을
중심으로. 한국교원대학교 석사학위논문.

文化遺蹟分布地圖(2007). 仁川廣域市, 仁荷大學敎博物館.

민소영(2013). 문화예술을 활용한 마을 만들기의 경험: 광주시 시화문화마을 사례를 중심으로. 비판
사회정책, 40, 32-73.

박한준(2009). 黔丹의 歷史와 文化. 인천서구향토문화연구소.

송정희(2006). 문화체험활동을 통한 발달장애아동의 사회적응양상에 대한 질적 연구. 대구대학교
석사학위논문.

신경림 · 조명옥 · 양진향(2004). 질적 연구방법론. 서울: 이화여대 출판부.

안동대학교 연구윤리 규정(2011).

오세경(2014). 지속 가능한 여가로서 도보여행 경험에 관한 연구. 인하대학교 박사학위논문.

위키디피아 http://en.wikipedia.org/wiki/Photovoice(검색일: 2014.07.06.)

유영만(2013). 브리꼴레르 — 세상을 지배할 지식인의 새 이름. 샘앤파커스.

윤희진(2014). 지역 향수의 다성적 내러티브와 고향에 대한 사회적 리얼리티의 재구성. 인하대학교
　　박사학위논문.

이계학 외(1995). 가칭 민국여지승람 편찬을 위한 연구: 분류체계를 중심으로. 한국정신문화연구원.

이원지 · 장승희(2013). 노화에 대한 인식과 자기묘사 ― 질적 연구방법 포토보이스(photovoice)를
　　활용하여 ―. 글로벌사회복지연구, 3(2), 25-46.

이은정(2012). 집단놀이치료를 통한 다문화가정 아동의 또래관계 변화연구: 초등학생을 중심으로.
　　명지대학교 석사학위논문.

이인재(2010). 연구진실성과 연구윤리. 윤리교육연구, 제21집. 269-290.

이인화 외(2006). 디지털스토리텔링. 황금가지.

이재희 · 김기현 · 라미영(2014). 다문화 중도입국 청소년의 눈을 통해 본 이주 후 초기 적응 경험: 포
　　토보이스 방법의 적용. 한국아동복지학 45, 103-130.

이희봉역(1988). 문화연구를 위한 참여관찰방법. 대한교과서주식회사.

임지혜(2012). 마을문화콘텐츠의 기호학적 해석 모델에 관한 연구. 인하대학교 박사학위논문.

장은영(2014). 한국뮤지컬의 국제공동합작 현황과 활성화 방안. 안동대학교 한국문화산업전문대학
　　원 석사학위논문.

전은희(2012). 초등학교 다문화교육 프로그램의 실제에 대한 질적 연구: 다문화 하나 되어 프로그램
　　의 사례를 중심으로. 교육과정연구, 30(2), 111-153.

전정식 · 김경미 · 유동철 · 김동기 · 신유리(2013). 포토보이스를 활용한 지적장애인의 사회적 포함
　　연구. 지적장애연구, 15(2), 305-330.

정문성 · 전영은(2014). 교육과정 재구성을 통한 문화예술교육 가능성 탐색: '사회로 예술 하기' 사례
　　를 중심으로. 시민교육연구, 46(2), 283-305.

정이선(2011). 바르테니에프 기초원리(BF)를 활용한 발레 학습 프로그램에 관한 질적 연구: 초등학
　　교 아동을 중심으로. 이화여자대학교 석사학위논문.

조대훈(2012). 다문화 사회 이야기: 방과 후 다문화 수업에 관한 질적 사례연구. 사회과교육, 51(4),
　　147-162.

조정은(2014). 사회예술강사의 직업의식과 음악교육적 인식에 대한 질적 연구. 음악교육공학, (19),
　　85-104.

최혜실(2007). 왜 스토리텔링인가? 문화산업과 스토리텔링. 다할미디어.

한국학중앙연구원(2004). 한국향토문화전자대전 사업계획서. 한국학중앙연구원.

황성근(2013). 창의적 학술논문 쓰기의 전략. 북코리아.

Adier, P. A. & Adler, P. (1994). *Observational techniques*, In N. K. Denzin & Y. S. Lincoln (Eds.), Handbook of qualitative research (pp.377-392). Thousand Oaks, CA: Sage Publications.

Altmann, J. (1974). Observational study of behavior: Sampling methods. *Behaviour*, 49(3, 4), 227-266.

Atkinson, P. & Hammersley, M. (1994). Ethnography and participation observation. In N. K. Denzin & Y. S. Lincoln (Eds.), Handbook of qualitative research (pp.248-261), Thousand Oaks, CA: Sage Publications.

Baker, L. M. (2006). *Observation: A complex research method*. Library Trends, 15(3), 출처: http://www.thefreelibrary.com/Observation%3A+a.

Berg, B. L. (2001). *Qualitative research methods for the social sciences*(4th edition). London: Allyn & Bacon.

Bogdan, R. C. & Biklen, S. K. (2007). Qualitative research for education (5th ed.). Boston: Pearson Education.

Brewer, J. & Hunter, A. (1989). *Multimethod research: A synthesis of styles*. Newbury Park, CA: Sage.

Chatman, E. A. (1992). *The information world of retired women*. Westport, CT: Greenwood Press.

Denzin, N. K. (1978). *The research act: A theoretical introduction to sociological method* (2nd ed.). London: Facet.

Duffy, L. (2011). Step-by-step we are stronger: Women's Empowerment Through Photovoice. *Journal of Community Health Nursing*, 28(2), 105-116.

Edwards, R. & Mauthner, M. (2002). Ethics and feminist research: theory and practice. in M. Mauthner, M. Birth, J. Jessop and T. Miller (eds), *Ethics in Qualitative Research*. London Sage. pp. 14-31.

Ellis, G. & Brewster, J.(1991). *The storytelling Handbook for Primary Teachers*. London: Penguin Books.

Frey, J. & Fontana, A. (1993). *The group interview in social research. In D. Morgan* (Ed.), Successful Focus Groups: Advancing the State of the Art (pp. 20-34). Newbury Park, CA: Sage.

Gerson, K. & Horowitz, R. (2002). Observation and interviewing: options and choices in qualitative research. in T. May (ed.), *Qualitative Research in Action*. London: Sage.

Gorman, G. E. & Clayton, P. (2005). *Qualitative research for the information professional* (2nd ed.). London: Facet.

Gubrium, J. F. & Holstein, J. A. (2002). Handbook of Interview Research: Context and Method. Thousand Oaks, CA: Sage.

Hays, P. A. (2004). *Case study research*. In K. deMarrais & S. D. Lapan (Eds.), Foundations for research: methods of inquiry in education and the social sciences (pp.217-234). Mahwah, NJ: Lawrence

Erlbaum.

Kvale, S. (1996). InterViews: An introduction to qualitative research interviewing. Thousand Oaks, CA: Sage.

Langdridge, D. (2004). *Introduction to Research Methods and Data Analysis in Psychology.* Harlow: Pearson Education.

Lincoln, Y. S. & Guba, E. G. (1985). *Naturalistic inquiry.* Beverly Hills. CA: Sage.

Maclean, K. & Woodward, E. (2013). Photovoice Evaluated: An Appropriate Visual Methodology for Aboriginal Water Resource Research. *Geographical Research*, 51(1), 94-105.

Merriam, S. B. (1998). *Qualitative research and case study applications in education.* San Francisco, CA: Jossey-Bass.

Miles, M. B. & Huberman, A. M. (1994). *Qualitative Data Analysis* (2nd edition). Thousand Oaks, CA: Sage Publications.

Mishler, E. G. (1986). *Research interviewing : Context and narrative.* Cambridge, MA: Harvard University Press.

Morgan, D. (1986). Focus Group as Qualitative Research, *Qualitative Research Methods*, Sage Publications, p.11.

Patton, M. Q. (1990). *Qualitative evaluation methods* (2nd ed.) Thousand Oaks, CA: Sage.

_____(1990). *Qualitative research and evaluation methods.* Newbury Park, CA: Sage.

_____(2002). *Qualitative evaluation methods* (3rd ed.). Thousand Oaks, CA: Sage.

Pike, K. L. (1954). *Language in relation to a unified theory of the structure of human behavior.* The Hague: Mouton.

Polit, D. F. & Hungler, B. P. (1987). *Nursing research: Principles and methods* (3nd ed.). Philadelphia: J. B. Lippincott.

Punch, K. F. (2005). *Introduction to social research: Quantitative and qualitative approaches* (2nd ed.). Thousand Oaks, CA: Sage.

Schramm, W. (1971). Notes on case studies for instructional media projects. *Working paper for Academy of Educational Development*, Washington D. C.

Spradley, J. P. (1979). *The ethnographic interview.* New York: Holt, Rinehart & Winston.

_____(1980). *Participant observation.* NY: Holt, Rinehart and Winston.

Stake, R. E. (1981). *Case study methodology: An epistemological advocacy.* In W. Welsh (Ed.), Case study methodology in educational evaluation. Proceedings of the 1981 Minnesota Evaluation Conference. Minneapolis: Minnesota Research and Evaluation Center.

_____(1995). *The art of case study research.* Thousand Oaks, CA: Sage.

Streng, J. M., Rhodes, S, D., Ayala, G. X., Eng, E., Arceo, R. & Phipps, S. (2004). Realidad Latina: Latino adolescents, their school and a university use photovoice to examine and address the influence of immigration. *Journal of Interprofessional Care*, 18(4), 403-15.

Wang & Burris, M. A. (1997). Photovoice: concept, methodology and use for participatory needs assessment. *Health Education and Behaviour*, 24, 369-386.

Wang, C. (1999). Photovoice: a participatory action research strategy applied to women's health. *Journal of Women's Health*, 8, 185-192.

Wang, C., Burris, M. A. (1994). Empowerment Through photo novella: portraits of participation. *Health Education and Behaviour*, 21, 171-186.

Wolcott, H. F. (1992). *Posturing in qualitative inquiry.* In M. D. LeCompte, W. L. Millroy & J. Preissle (Eds.), The handbook of qualitative research in education (pp.3-52). New York: Academic Press.

Yin, R. K. (1994). *Case Study Research: Design and Methods.* Thousand Oaks, London, New Delhi: Sage.

_____(2003). *Case study research design and methods* (3rd ed.). Thousand Oaks, CA: Sage.